中国社会科学院创新工程学术出版资助项目

小康社会的权利理论

A RIGHT THEORY IN
THE MODERATELY PROSPEROUS SOCIETY
IN CHINA

贺海仁 著

社会科学文献出版社
SOCIAL SCIENCES ACADEMIC PRESS (CHINA)

的兴起和发展是源自中国社会发展的内在需要，是内在视角，而不是模仿或移植西方国家价值观和政治制度的结果。

权利话语之所以是经久不衰的经典话题，乃在于权利是现代社会表达人之所以为人的合法性理据。把人当人的观念虽然古老，通过权利方法保障人之尊严和人之价值的历史却相对短暂。1789年法国《人权和公民权利宣言》指出："无视、遗忘或蔑视人权是公众不幸和政府腐败的唯一原因。"这就从认识论角度揭示了权利的几个标志性要素及其相互之间的关联性：人权、人之不幸和腐败。实现幸福的途径可以多种多样，不同的人对幸福的感受也不尽相同，但造成人的不幸的状况却总是伴随形形色色的恐惧。无法把握未来，或者自己的未来受制于其他主体任意控制是导致恐惧的重要因素。处于恐惧中的人是不幸的人，也是权利缺失的人。

从历史上看，对大多数国家和社会而言，人权话语不是表达人的目的和人的幸福的主要话语，然而，一旦接受了国际人权宪章的原则规定（哪怕是保留性接受），人权话语就是具有规范意义的正当性话语，同时确立了国家尊重和保障人权的义务。小康社会是儒家眼中的理想社会，对民众基本生存状况的关切和落实程度成为衡量历朝历代当政者的伦理义务。20世纪80年代，改革开放的设计者重新启用了小康社会这一古老的概念，并赋予其新的内涵。解决和保障人的生存成为国家的宪法义务。改革开放的总路线是实现小康社会，把贫穷的中国变为富裕的中国，把生存概念提升至生活概念。在物质极其匮乏的年代，对于有饥饿经历或具有饥饿记忆的人群来说，权利的概念或许是奢侈品，随着后物质主义时代的来临，人的多样性需求尤其是自我实现的需求则会不断呈现出来。马克思指出："理论在一个国家的实现程度，总是决定于理论满足这个国家的需要的程度。"小康社会的权利理论需要从权利角度把握当代中国人的基本需求及其未来走向，满足社会成员在"衣食足"后的"荣辱"需要和"仓廪实"后的"礼节"需要。无论对国际社会还是中国国家，人权话语的发展都是对人的生存状态及其价值的重新认知和界定，这是一种在现代性来临之际从人类社会角度处理人与人、人与国家关系新的思维方式。

无救济即无权利，把纸上的权利转变为实践中的权利需要重视权利的救济行动、方案和学理。救济权既是对法定权利的保障，也是对道德权利的宣示。现代权利理论集中表达人是目的而非手段的理念，强调权利主体和救济主体的内在统一，这种权利观要求每一个人有从人的角度认定自己是受害人的资格，并在这一前提下展开一系列救济实践，以此排除了把人视为敌人的非救济论和恩赐式的威权救济论。每一个人有做人的资格和尊严，也要承认每一个人具有认定为受害人的权利，这是理解人权主体性原则的重要视角。人只有作为主宰自己命运的人，才能克服通向未来的不确定状态以及由此产生的各种恐惧，这就要求自我救济权利成为权利哲学的主导思想。人权的主体性原则反对原子式的个人主义思潮，反对各种形式的私力救济（如私刑、复仇等），提倡具有商谈精神的自力救济（如调解、和谈等）。正如《世界人权宣言》所倡导的，人权的真正精神是要建构具有"兄弟般精神"的新熟人社会和世界。1793年康德被问到他所在的时代是否已经是启蒙的时代，他回答说，不是，但已经是进入启蒙的时代。如果要问当下中国社会是否已经是权利的时代——不是，但已是走向小康社会的权利时代。

最后，需要说明的是，本书近三分之一的内容系首次发表，对于已经发表的部分论文，在尽量保持其历史原貌的同时，从本书体系统一性的角度做了必要修正、改写或调整。

贺海仁
2016年1月6日于北京东花市

目 录

第一章　权利救济与改革开放……………………………………001

第二章　小康社会的权利观………………………………………025

第三章　新熟人社会视野下的权利理论…………………………049

第四章　受害人的权利救济………………………………………081

第五章　上访救济的功能转化及其命运…………………………103

第六章　人权与拥有人权的权利…………………………………121

第七章　权利救济的现代性话语…………………………………155

第八章　权利救济的基本结构及其转型…………………………177

第九章　平等与人权………………………………………………203

第十章　权利救济视阈下的司法功能……………………………217

第十一章　中国国家人权观：以人权白皮书为分析对象………243

第十二章　国际人权法与全球治理………………………………273

第一章 权利救济与改革开放

20世纪70年代末80年代初，中国社会面临治国理政方式的艰难抉择，在"依纲治国"还是"依法治国"的治国方略问题上仍然存在重大的分歧。争论的实质显示延续了半个世纪的革命理论和经验在新的历史阶段是否需要修正，以及如何修正的历史难题。"两个凡是"主张加重了共产党作为革命党的色彩，维护了一套被实践证明错误的路线。果断推翻"两个凡是"主张成为面临的首要时代任务。在这一过程中，平反冤假错案和落实政策被选作新的历史起点的突破口，开启了未来改革开放大发展的序幕。

一　平反冤假错案与落实政策

冤假错案在中国社会具有特定的内涵。冤案、假案和错案虽有不同，却也相互关联、相互渗透，共同表达了是非曲直的问题。倘若案件是为非，非为是，曲为直，直为曲，都可以造成冤假错案。平反冤假错案就是把颠倒了的是非曲直关系逆转过来。平反是中国社会救济受害人的传统话语，当一个人受到"冤枉"时，他就成了受害人，也就需要某种救济机制。1978~1982年是现代中国社会权利发展中极为重要的历史时期，对权利的大范围救济奠定了共和国未来权利发展的方向和实践基础。平反冤假错案、落实政策和真理讨论成为这一特殊时期的关键词。

（一）平反冤假错案以人和公民的权利事实上遭到侵害为前提

从1957年"反右运动"开始并经过"文化大革命"的"内乱",[①] 一大批公民的人身权利、经济权利、民主权利等遭到运动式的严重践踏。从权利主体上讲,在特定历史条件下丧失权利的公民主要是指下面几类人群：

（1）1957年在反右运动中被错划为右派的党员、干部和群众。被划为右派的人称为"右派分子"及其子女、亲属等。[②]

（2）1957年至"文化大革命"期间受审查且涉嫌严重历史问题或定为敌我矛盾的人,被称为"叛徒、特务,死不改悔的走资派"以及他们的子女或家属被错误地视为"出身不好",也被错误地定为"叛徒子女""特务子女"或"黑帮子女"等。[③]

（3）1976年清明节因参加"四五运动"而被收审、关押、判刑或宣布为"反革命分子"的人。[④]

（4）以阶级划分的观点和方法定"身份"的所谓"地主、富农"等人。

以上各种人在政治上统称为"地、富、反、坏、右",那么,他们究

---

① 对"文化大革命"性质的定位,《关于建国以来党的若干历史问题的决议》指出："'文化大革命'不是也不可能是任何意义上的革命或社会进步。它根本不是'乱了敌人'而只是乱了自己,因而始终没有也不可能由'天下大乱'达到'天下大治'。……历史已经判明,'文化大革命'是一场由领导者错误发动,被反革命集团利用,给党、国家和各族人民带来严重灾难的内乱。"

② "一些被摘掉右派帽子的人和他们的家属子女,听到党中央宣布不再叫他们'右派分子'或'摘帽右派',不歧视他们和他们的家属子女,并且要切实做好他们的安置工作以后,心情十分激动的。"《人民日报》1978年11月17日。

③ 尽管高层已注意到这种株连是不妥当的,但未采取措施予以有力地纠正或阻止。例如,1968年,毛泽东在一次讲话中指出："即使是反革命分子的子女和死不改悔的走资派的子女,也不要称他们为'黑帮子女',而是说他们属于多数或大多数可以教育好的那些人中间的一部分（简称'可以教育好的子女'）,以示他们与其家庭有所区别。"《人民日报》1978年2月18日。

④ 邓小平同志在会见美国、日本朋友时指出："天安门事件是个错案,当然必须纠正。"《人民日报》1978年11月28日。

竟丧失了什么权利？假如以 1954 年宪法设定的公民权利为判断标准，被错误地定为"地、富、反、坏、右"并因此遭到否定的宪法权利和法律权利主要包括以下几个方面：

（1）选举权和被选举权。被错划为"地、富、反、坏、右"的人及其子女丧失了入团、入党、晋升和参军等政治权利，而入团、入党和参军等在这一特殊历史时期是参选和被选的先决条件。

（2）工作权和受教育权。大批被打倒的公民失去了工作，生计难以维持，他们的子女入学受教育十分困难或被剥夺。

（3）财产权。被打倒的人的个人财产权，如房产、字画、家具等遭没收、充公。

（4）人身权。相当多的被打倒的人被贴上遭受歧视的各种标签，其人格和身心遭无端否定。任意被辱骂、殴打致伤、残、死随处可见。武斗、批斗等暴力活动成为许多人心头永远无法抹去的记忆。

（5）通信自由权。公民的通信自由被严重剥夺，特别是与海外的通信几乎成为无人敢涉入的禁区。

上述被剥夺的权利范围之广、人数之多、影响之深为新中国成立后罕见。① 从法学角度看，这当然不是简单"平反冤假错案"的问题。平反冤假

---

① "在这里，一个十分重要的问题是，对于林彪、'四人帮'篡党夺权，摧残党员、干部队伍造成的严重后果，必须有足够的估计。……以致积案如山，成千上万的革命同志多年蒙冤难白，并且株连和影响到他们的家属、子女，这就使落实政策所涉及到的不是几百万人，而是上千万人。"见《抓紧落实党的干部政策》，载于《组工通讯》第 1 期，1978 年 6 月 1 日。当然，已经无法具体统计有多少人的什么具体权利在 1957~1978 年被否定或剥夺，但一组对被否定的权利的救济数字对此可见一斑："1978~1980 年底，中国共产党在全国范围内复查平反'文化大革命'中冤假错案 290 万人。到 1984 年底复查纠正'文化大革命'前的历史遗留案件 188 万件。复查改正错划右派 54.7 万人，纠正右倾机会主义分子 12.5 万人，复查平反知识分子冤假错案 15.8 万件（有些可能有交叉），同时，为 70 万干部补发了扣发和减发的工资 13.2 亿元，清退了 113 万被查抄的财物，妥善处理了应收回的 85 万名下放人员……"参见何载《冤假错案是这样被平反的》，中共中央党校出版社，1999，第 3 页。

错案泛指"平反假案、纠正错案、昭雪冤案"。冤案、假案、错案虽然在发生学意义上各有不同,但冤案、假案均可以归结为错案。错案要么是冤案要么是假案,冤案和假案只是程度不同的错案。冤案要昭雪、假案须平反,重在使错案得以纠正,这一切都需要诉诸权利救济。通常认为,救济是纠正、矫正或改正发生或业已造成伤害、危害、损失或损害的不当行为。[①] 与纯粹的道德意义上的援助和帮助词义不同,在矫正不当行为的意义上,救济具有了它的内在规定性。

权利救济是指人或公民享有的或应当享有的权利事实上遭到否定或侵害时,通过一定的程序、制度安排或行为方式予以补救的一种权利保护方式。权利救济包含了对权利实施或提供救济这一基本含义。对权利实施救济意味着权利既是救济的根据,也是救济所追求的目的和目标。为此,它包含了至少两个方面的预设:一是权利的存在;二是已经存在的权利遭到否定。社会成员如果没有权利或没有某一方面的权利,也就不存在权利或某一方面的权利被否定的问题——在此情形下无权利可以被否定,也无权利可付之于救济,救济自身失去了对象。冤假错案首先是对 1954 年宪法所规定的公民权利的全面否认,立足点这一点,从权利救济的角度探讨平反冤假错案的主题才是有的放矢。

(二)"落实政策":平反冤假错案的另外表达

权利救济的方法在学理上可以划分为多种类型,如行政救济、司法救济、公力救济、程序救济等,都可以称为制度性救济。制度性救济是以合法

---

① 《牛津法律大词典》,光明日报出版社,1988,第 764 页。在古汉语中,救济通常与抚恤相通互用,称为"救恤"。《三国志·魏书·张范传》:"救恤贫乏,家无所馀,中外孤寡,皆归焉。"现代汉语在解释救济时大体上把它定义为救援或某种慈善行为,但鲜有纠正或矫正不当行为的含义。

性为特征的救济机制，在某种程度上，凡是公力救济都是制度性救济。落实政策是公力救济在中国的特殊表达，体现了一种中国式的校正正义。在具体落实政策的方式上，主要包括有计划、有步骤的自上而下的行政救济和公民通过上访信访等两种公力救济形式。

鉴于绝大多数人是因政治原因而非司法原因丧失权利，如果能够取缔政治原因所给予的不恰当的歧视身份，则相应的人身权利和民主权利随即得以恢复。例如，对"天安门广场事件"的整体平反，就可以基本上恢复被打倒人的各种权利，无须通过个案一一复查。又如，中共中央关于摘掉右派分子帽子的决定，所产生的必然结果是"摘掉帽子以后，我们应不再叫他们'右派分子'或'摘帽右派'了。今后在提职、提级、调整工资、奖励、授予职称等问题上，都要与其他职工一样对待，不要歧视他们"[①]。毋庸置疑，大量的冤假错案仍然需要由申诉人以上访信访形式向有关部门分别或单独提出，为此产生了新中国成立以来最大的上访潮。有学者指出1979~1981年三年间信访工作的特点是："来信数量之多，是建国以来之'最'；上访人数之多，是建国以来之'最'；投入处理上访问题的人数之多，是建国以来之'最'；解决问题之多，是建国以来之'最'。"[②]

（三）"疑难案件座谈会"与撤销中央专案组

1978年2~4月，在胡耀邦的领导下，中共中央组织部分两批，每批各三次召开了名为"疑难案件座谈会"的会议。两批会议研究、讨论了180多个全国范围内被认为"疑难"的案件。被称为"疑难"的案件要么已经由中央

[①]《一项重大的无产阶级政策》，《人民日报》1978年11月17日。
[②] 刁杰成编著《人民信访史略（1949~1995）》，北京经济学院出版社，1996，第261页。

专案组定案，要么案件涉及对毛泽东的批评言论。① 如果考虑到疑难案件座谈会不是由法官、律师、法律学者等法律人参加，而是由各部委、各省市的组织部门的负责人参加，就很难说这是一个讨论法律案件的座谈会。然而，这的确是讨论案件的座谈会，它对推动平反冤假错案、落实干部政策所产生的作用是难以估量的。疑难案件座谈会讨论的案件都是已经被定性且已终结的案件，它们当中的许多案件被认为是"铁案"，重新讨论案件就是要启动一种"翻案"的机制，达成"翻案"的原则。"疑难"包含了双重含义，既表明对案件结果公正性的质疑，也揭示了恢复事物本来面目的困难程度。不是案件的事实问题而是案件的性质本身成为首先克服的对象，而案件的性质主要取决于谁是案件的裁决者，如果反对"两个凡是"就是反对毛泽东的逻辑成立，即使案件事实清楚明朗，也是难以翻案的。疑难案件座谈会的贡献在于通过审议个案对"两个凡是"提出批评，确立了超越"两个凡是"的平反冤假错案的原则。

成立于"文革"时期的中央专案组下设第一办公室、第二办公室和第三办公室。每一个办公室根据需要另设专案组。各专案组根据案件大小程度设立主案组，主案组又可以分设分案组。② 在职责上，第一、三办公室主要办理涉及"敌我矛盾"的案件。中央专案组根据领导人的意志和斗争的需要立案，办案程序和过程不受监督和控制，其结论具有终局性。今天，当我们反思冤假错案产生的原因时，这种脱离监督、丧失程序正义的办案组织和方式无疑是重要因素。1978年11月25日中央工作会议决定撤销中央专案组，

---

① 后者的例子是一个被判处死刑的案件："罪犯"说过："刘少奇、邓小平都是党和国家领导人。中央有什么分歧，可以坐下来开诚布公的交换意见，为什么一定要打倒？""把毛泽东思想说成是'顶峰'，我就不同意。'顶峰'，马克思主义还怎么发展？""江青凭什么当中央文革负责人？""早请示，晚汇报，像念经似的。这是搞迷信，很庸俗！"参见戴煌《胡耀邦与平反冤假错案》，中国工人出版社，2004，第78~79页。
② 以贺龙专案组为例。专门审查贺龙的案件是主案组的工作，与贺龙有牵连的嫌疑人设立了十几个分案组。

全部案件移交中央组织部，这一重要的成果在其后不久召开的十一届三中全会上得到确认，"过去那种脱离党和群众监督，设立专案机构审查干部的方式，弊端极大，必须永远废止"。[①] 撤销中央专案组与下面所谈到的向审判方式的转变有关联，它预示着在事关党员干部的基本权利救济方面需要超越党内审判的思维和模式。

以执政党文件形式平反冤假错案是具有中国特色的公力权利救济，也可称为"政策性的权利救济"。"落实政策"在平反冤假错案的过程中起到了权利救济的作用，在某种意义上，"落实政策"可以与"落实权利"互换。在实际的效果上，"落实政策"具有与权利救济相同的两个方面含义，一是应当享有的"政策"在实际中让人享有，二是使被剥夺的"权利"恢复原状。"落实政策"预设了某种权益的前提性存在，政策未落实预示着某种权益、福利或待遇没有到位或被剥夺，以致使相关政策的受益人丧失了应得的权益。毋庸置疑，"落实政策"是一种事后的追认行为，主要表现为党和国家发布的红头文件，而司法机关的再审行为受制于这些具有平反性质的红头文件，这些不是现代意义上规范化的司法救济行为，却是制度性的公力救济行为。

二 "两案"的审判：从专案组到审判组织的转变

20世纪80年代对林彪、江青两个反革命集团的审判，史称"两案"审判或"历史的审判"。平反冤假错案与审判"两案"具有内在的联系。审判"两案"推动了方兴未艾的平反冤假错案运动，为防止造成新一轮的冤假错案则应当废除专案组办案的形式。造成冤假错案的原因固然与历次的政治斗

[①] 《中国共产党第十一届中央委员会第三次全体会议公报》。

争和意识形态有关，但通过专案组的形式剥夺公民的各项权利是不可忽视的因素。① 与在审判组织内部形成的专业职能部门如民事审判庭、刑事审判庭或合议庭对案件的审理不同，专案组不是一个常设机构，其组织形式、人员构成、运行机制都具有不确定性。认识到专案组办案的危害性，并坚决予以否定是促成审理"两案"的重要动因。

（一）35名法官组成的特别法庭

1980年2月中共中央决定将"两案"移交司法机关审理，3月，中共中央成立两案审判指导委员会，指导委员会下设审判工作小组，工作小组下设两个办公室：一个是审理"四人帮特别法庭"办公室，一个是审理林彪集团办公室。9月，五届人大常委会第十六次会议决定，成立最高人民检察院特别检察厅和最高人民法院特别法庭。特别检察厅由24名检察官组成，特别法庭由35名法官组成。特别法庭分第一法庭，负责审理江青、张春桥、姚文元、王洪文、陈伯达5个"文职"人员；第二法庭负责审判黄永胜、吴法宪、李作鹏、邱会作、江腾蛟等"军职"人员。特别法庭从11月20日开庭审理，至1981年1月25日作出判决，同年3月6日经五届全国代表大会第十七次常务委员会决议撤销。

特别法庭仅有不到200天的生命，它的历史使命也是特定的，而且特别法庭的组成人员中有相当多的人不是职业法官，例如像费孝通这样的知名人士。然而，与在政治斗争名义下产生的形形色色的专案组不同，审理"两案"的组织是由最高权力机关产生和组成的专门审判组织，具有程序正义的正当性。"两案"的审理可称为"人民公审"，却不是有着历史局限性的大众审判。

---

① 彭真指出："林彪、'四人帮'砸烂公、检、法，搞那么多专案组，疯狂地诬陷迫害干部群众……"彭真：《关于中华人民共和国宪法修改草案的报告》，载《彭真文选（一九四一——一九九一）》，人民出版社，1991，第432页。

特别法庭的组成不仅有35名法官,也包括其他不可或缺的诉讼参加人——公诉人、辩护律师、证人等。既不同于专案组,又有别于大众司法的特别法庭,具备现代审判的基本形式要素,采用了公开审判、律师辩护、重证据不轻信口供等审判原则。①

(二)"翻案"与"铁案"的逻辑

在中国历史上,铁案与翻案的逻辑如同形影不离的孪生兄弟。虽然追求铁案成为所有办案者的永恒愿望,但对已成为"铁案"的案件的翻案行为始终不断,且一旦铁案被翻,翻案本身就获得了实现正义的美誉。在中国特有的语境中,成功的翻案被称为平反冤假错案。

七十年代末八十年代初的中国社会是在对冤假错案的"翻案"和对"两案"的定案的相互依存关系中走向新的历史的,不论如何表达,无疑为以后中国法制化建设提供了弥足珍贵的经验和参照适用的指导性案例。在当时的历史背景下,通过审判使"两案"具有既判力并使其成为"铁案"而不会被"翻案"不能不说是否定专案组的另外一个原因。在"两案"审理中,区分犯罪事实与政治错误是审判结果经得起考验的重要标准。在开庭审理"两案"前夕,彭真指出:"特别法庭只审判林、江反革命集团的罪行,不审理党内、人民内部的错误,包括路线错误,不解决党纪、军纪、政纪的问题。后者不是法庭职权范围内的问题,而是需要另行处理的问题。"② 就后者而言,1945年4月20日中国共产党第六届中央委员会扩大的第七次全体会议

---

① "我们对待林彪、江青反革命集团,不是从什么永恒的正义、不变的道德和义愤出发,而是严格根据体现着人民意志的社会主义民主和法制原则,通过法定的司法程序,对他们依法治罪。"《社会主义民主和法制的里程碑——评审判林彪、江青反革命集团》,《人民日报》1980年12月22日。

② 《彭真同志在干部会议上的讲话》(1980年11月),载《历史的审判》(上),群众出版社,2000,第3页。

通过的《中国共产党关于若干历史问题的决议》和1981年6月27日中国共产党第十一届中央委员会第六次全体会议通过的《关于建国以来党的若干历史问题的决议》，以党的决议形式纠正了党在不同历史时期的领导错误，其意义是深远的。在把政治错误问题和犯罪问题作出区分的场合，犯罪问题应当以有别于处理政治错误的方法进行。"对于他们的超出党纪范围，属于触犯国家刑律的问题，则要由国家司法机关依法审理。"①

将审判置身于政治路线斗争之外，并赋予它超出政治的独立品质，并不能完全摆脱政治策略的整体影响。因为在把法律视为专政工具的特定的历史时期，犯罪，特别是反革命罪，在观念上仍是属于"敌我矛盾"。"为什么必须严格地把党内、人民内部的错误与反革命罪行分开？因为它们是两类根本不同性质的问题。"② 对两类矛盾的划分以及相应的不同的处理方法适应了大规模的阶级斗争的需要。但是，通过审判来区分和处理两类不同性质的矛盾，不管人们主观上的出发点如何，在客观上促成了解决矛盾方法和尺度的同一性准则的形成。1979年召开的全国高级法院院长和军事法院院长会议，是中国司法史上的里程碑式会议。这次会议决定，在审判案件中，家庭出身、个人成分和一般性的历史问题将不再作为判案的依据。

审判越来越走向它的本来面目，遮蔽审判的非法律因素逐渐被剥离。审判只依据法律和事实的理念正在恢复或形成。政治话语、个人激情、斗争热忱等不能作为犯罪事实的构成要素，更不能成为确定犯罪事实的主因。斗争的策略和方法正在发生变化，不仅使平反的冤假错案不至于被"翻案"，也需要使被认定的案件不被"翻案"。审判承担了这一功能，它需要使案件

---

① 《社会主义民主和法制的里程碑——评审判林彪、江青反革命集团》，《人民日报》1980年12月22日。
② 《彭真同志在干部会议上的讲话》（1980年11月），《历史的审判》（上），群众出版社，2000，第4页。

成为"铁案"。经过审理的案件虽然一定不能被翻,但由于翻案也需要经过定案时的同等的程序,因此翻案的概率大大地降低了。"时间是最好的验证,特别法庭所定的罪没有一条可以推翻,历史证明是铁案如山。"①

三 权利启蒙和权利斗争

平反冤假错案,是新中国成立以来规模最大、影响最广的一次权利救济运动。如果说真理标准问题的大讨论奠定了改革开放的思想基础,是一个"思想大启蒙",②那么伴随着真理标准大讨论的是关于平反冤假错案的权利启蒙运动以及关于民主和法制兴起的法律启蒙。权利启蒙——借助于对冤假错案的平反,使人们"应得""应有"的意识得以展现,唤醒了人们久睡不醒的权利意识。权利救济被置于真理的名目之下,使权利启蒙一开始便具有合目的性的终极价值,权利意识觉醒继而诉求民主和法制为权利的制度性设计创造了先机。

(一)权利救济与马克思主义真理观

在著名的真理标准问题的大讨论中,平反冤假错案即权利救济本身既是坚持真理的标准,也是这场讨论的重要成果。"要真正地拨乱反正,首当其冲的就是全面落实干部政策,平反冤假错案。"③而要做好平反冤假错案工作,就要以客观事实为根据,一切从事物的本来面目出发。"认真地平反冤案,也是恢复和发扬我们党的实事求是的优良传统的一个重要方面。我们对冤案、错案、假案进行平反昭雪,必须坚持以客观事实为根据,而不以某些人的主

---

① 李海文:《"两案"的审理及其历史经验》,《当代中国史研究》2001年第5期。
② 邢贲思:《哲学的启蒙与启蒙的哲学》,《人民日报》1978年7月22日。
③ 戴煌:《胡耀邦与平反冤假错案》,《炎黄春秋》1995年第11期。

观意志为转移。凡是不实之词，凡是不正确的结论和处理，不管是什么案件，不管是在什么时候，在什么情况下搞的，也不管是什么人批的，都要实事求是地改正过来。全错的全改，部分错的部分改。事实是最顽强的东西。一切不实之词和错误处理，都经不起实践的检验，都经不起时间的考验，最终都是站不住的。对冤案、错案、假案，今天不坚决纠正，明天还是要纠正的。自己不主动纠正，我们的后人、我们的子孙也是要纠正的。"① 把真理、党的优良传统与权利救济结合在一起，是当代中国权利启蒙中的一个时代特征。借助于神圣的真理并以真理的名义，权利本身显示出其庄严和伟大。

（二）权利救济与法制

通过什么样的程序实现或补救被否定和剥夺的权利，不仅是实体正义的要求，也是对法律的程序品质的要求。加强法制的呼声，首先而且自然而然的是从对权利的司法救济角度提出来的。"十分需要一部社会主义的《诉讼法》，使人民群众有冤能申，有理能辩，有权根据法律的规定，进行诉讼，以保卫自己的合法权利。"② 在总结冤假错案产生的原因时，有两个方面强化了权利救济司法化进程：第一，林彪、"四人帮"对社会主义法制的破坏，"大体经历了两个阶段：第一阶段，无产阶级文化大革命初期，在他们一伙的煽动指使下，掀起了一股砸烂'公、检、法'的反革命妖风，司法机关备受摧残，广大革命干警惨遭迫害；第二阶段，在他们篡夺了司法机关的一部分权力后，便把专政的矛头指向人民群众，肆意践踏社会主义法制的人民民主原则，把封建法西斯制度中的一切最残酷的暴力镇压手段，用来对付革命干部和革命人民"。③ 第二，设立专案机构审查案件是一种非司法性审查方式，

---

① 《平反冤假错案的历史借鉴》，《人民日报》1978 年 11 月 20 日。
② 《民主与法制》，《人民日报》1978 年 7 月 13 日。
③ 《民主与法制》，《人民日报》1978 年 7 月 13 日。

是造成冤假错案的一个重要原因。"砸烂公检法"取缔了司法救济的可能性,为专案机构的不受制约的自由裁量权打开了方便之门。对法制的呼唤,隐含了对法律的正当程序的诉求。① 正当程序在法哲学上的表现是诉讼理性主义,它与政治运动和民众热情格格不入。

(三)权利救济与民主

对公民权利的否定以及随后而来的大范围对权利的救济,特别是对"天安门事件"的平反预示着应当在一种更为广泛的制度基础上合理安排人民的权利。人们注意到,对民主政体或者宪法政治的要求是在"为民主权利而斗争"的口号下进行的。"人民的民主权利,靠人民用自己的斗争去争取和保卫,而不是靠什么神仙皇帝来恩赐。民主政体要求一切权力属于人民。"② 更为重要的是,"人民群众对干部进行严格监督,有权撤换不称职的干部,是自己真正当家作主、管理国家的一项极为重要的保证"。③ 这种由平反冤假错案引发的对社会主义民主的再认识为制定1982年新宪法打下了坚实的基础。1982年新宪法较为全面、完整地规定了公民的各种权利,在制宪技术上把"公民权利和义务"一章提至国家机构一章之前,显示出人民高于国家机构、国家机构从属于人民的优良制度安排。

康德指出,启蒙运动就是人类摆脱自己所加之于自己的不成熟状态。从

---

① 1978年3月,85岁的梁漱溟发表了著名的"危言法制"讲话,他说:"毛主席为了解决刘少奇的问题,写了《炮打司令部》的大字报。如果按党章,刘少奇是中共中央第二把手,必须召开党的代表大会才能解决问题;如果按照宪法,刘少奇是国家主席,必须召开全国人民代表大会来解决。"他审视时局,提出了"依法治国"的治国方略,"中国的局面由人治渐入法制,现在是个转折点,今后必定要依靠宪法和法律的权威,以法治国,这是历史发展的趋势,中国的前途所在,是任何人也阻挡不了的。兴许还会有人有意无意地搞人治,但我可以断言,这是一条走不通的死胡同。"海清文编著《百名中外人士评说十一届三中全会》,改革出版社,1988,第105~106页。
② 《人民万岁——论天安门广场革命群众运动》,《人民日报》1978年12月21日。
③ 《坚持社会主义的民主原则》,《人民日报》1978年9月28日。

"五四运动"开始,权利启蒙就是中国社会变迁的主旋律。在新文化运动中,权利启蒙更多的是通过对权利观念的传播,倡导人的自由和个性的解放,其对象是专制主义;在新民主主义运动中,出于对民族救亡的燃眉之急的考虑,权利启蒙强调的是民族权利或群体权利,其对象是帝国主义。七十年代末的权利启蒙继续了新文化运动未完结的启蒙主题,"'四人帮'倒台之后,'人的发现'、'人的觉醒'、'人的哲学'的呐喊又声震一时。'五四'的启蒙要求、科学与民主、人权和真理,似乎仍然具有那么大的吸引力量重新被人们发现和呼吁"。[①] 不过,这次的权利启蒙却具有它自身的特点,尽管重复了新文化运动时期的权利、民主、真理等口号,权利启蒙是建立在恢复对被否定的具体权利的安排上,权利主体不再是抽象的人、公民或国民,而是一个又一个具体的个人。救济个体人的权利增强了权利启蒙运动的广度和深度。

1978~1982年大规模的平反冤假错案实践从一个侧面否定了包含毛泽东定下的某些"铁案"和"两个凡是"的主张,解放了一大批此后成为改革中坚力量的干部群众,成为真理大讨论过程中的一块试金石。与以往平反冤假错案的经验和方法不同,它确立了平反冤假错案的一系列现代法制原则,提升了司法审判的价值,逐渐形成了以公力救济为中心的权利救济格局,否弃了那种以非公共规则裁决案件的私力救济,这种转变对未来社会的发展具有重要作用。

四 当代中国权利救济制度的形成

伴随着大规模的平反冤假错案运动、"两案"审理及1982年新宪法的制定,中国社会初步确立了现代意义上的权利救济体系,主要包括司法救

---

① 李泽厚:《中国现代思想史论》,天津社会科学出版社,2003,第30页。

济、行政救济、上访救济、调解和仲裁救济、社会救济等。以下对法律救济体系及其要素的讨论仅涉及其框架意义和初期成长性特征。

(一) 司法救济

改革开放后，重建被砸烂的"公检法"，恢复具有中国特色的司法制度，不仅是拨乱反正总路线的题中应有之义，也是社会主义法治建设的时代要求。在否定人治、加强法治的共识之下，建立健全司法制度是"执法必严"法制方针的重要体现。社会观念发生了重大变化，从"有纠纷找领导"逐渐转向"有纠纷找法院"，为权利而斗争的战场在法院，而不是居委会、领导的办公室或一个德高望重的长者的家里。法院审判被视为实现社会公正的重要手段，有权利就有救济的观念不仅被接受，而且采取了英国式的救济观，这意味着在权利遭到侵犯后，通过司法予以救济的观念得到加强。在此梳理以下几个方面：

第一，司法救济以权利救济为标识。在实施司法救济时，首先应当注意的是谁的权利和什么权利遭到了侵犯，受害人应当或需要获得什么救济方式。刑法中的罪名、民事案件中的案由大体上是以权利分类为标准的。[①] 不能归属于一个罪名或案由的权利往往认为不可追究或不具有可诉性。在刑事领域加重了对犯罪嫌疑人、罪犯、受害人及证人的权利保护，在民事领域则强化了对当事人诉权的维护。设定权利—权利被侵犯—司法救济成为现代权利救济的一般机理。

第二，司法救济的正当性以程序正义为判断标准。程序正义具有四个属性：(1) 平等。任何人都需要得到同等对待，以此免遭那些操作程序的人的偏袒和专断行为的侵害。(2) 准确。一种公平的程序必须努力去揭示与所进

---

① 较早的规定如最高人民法院《关于执行〈中华人民共和国刑法〉确定罪名的规定》和最高人民法院《民事案件案由规定（试行）》。

行的分配相关的全部信息，即使在能够表明更为独断的做法会产生总体上好的结果的情形中也是如此。或者说，诉讼双方的声音都应当被倾听，即使裁决似乎是显而易见的。（3）公开。一种公平的程序必须是一种开放的程序，在其中运作的规则和标准对运用它们的人们而言是透明的。（4）尊严。一种对程序的内在的约束而不是程序本身表现出来的正面的特征。[①] 20世纪90年代以来，方兴未艾的司法改革浪潮始终是在公平正义的指导思想下进行的，其显著标志是突显了程序正义在社会正义中的价值。《刑事诉讼法》《民事诉讼法》和《行政诉讼法》三大诉讼法的不断修改和完善以及最高司法机关对这些程序法律的有效解释，迎合了社会对司法公正的诉求，进一步提高了司法救济的能力。

第三，国家赔偿、法律援助制度等是司法救济的重要组成部分。随着国家赔偿法的颁布和完善，国家改变了自己不会犯错误的观念，认同在行使权力的过程中因公职行为而给公民或法人造成损害的事实。这不是一般意义上的平反冤假错案的问题，而是国家以加害人的身份参与到权利救济行列中的义务行为。另外，国家对那些处于贫困状态而权利遭受侵犯的弱权利主体提供法律援助，鼓励并且支持需要得到法律援助的人走向法院，维护自己的合法权益。2003年9月生效的《法律援助条例》确立了法律援助制度的框架，为穷人、弱势群体以及社会中的最少受惠者提供了为权利而斗争的法律武器。

（二）行政救济

公民和组织通过行使听证、复议等权利，要求国家行政机关以行政裁决的形式实现对权利的救济，为行政救济。

行政救济是依法行政原则的必然结果，是现代社会优化政府治理的内

---

① 〔英〕戴维·米勒：《社会正义原则》，应奇译，江苏人民出版社，2001，第108~111页。

在需要。行政机关的违法行为和不当行为应当予以矫正，并需要对行政管理相对人的权利进行一定的补救。这种矫正措施，如果由行政机关负责组织实施，就是行政救济。[①] 行政复议制度是行政救济的重要组成部分。一般而言，行政复议是行政复议机关对行政管理相对人（公民、法人或者其他组织）认为侵犯其合法权益的行政决定，基于申请而予以受理、审查后所作出的行政裁决。行政复议机关经审查认为一项行政决定合法的予以维持；认为该行政决定违法的应作出撤销决定；认为该行政决定不当的应作出变更决定。《中华人民共和国行政诉讼法》的颁布，推动了行政法治制度的发展。作为行政诉讼制度的配套，1990年12月，国务院颁布了行政复议条例，成为我国第一部专门规范行政复议行为的行政法规。经过实践的经验总结，1999年4月，九届全国人大常委会第九次会议审议通过了《中华人民共和国行政复议法》，标志着行政复议制度进入了新的历史发展时期，确立了行政救济作为我国法律救济制度的重要地位。

行政救济拓展了行政管理相对人的权利分类和保障机制。这些主要包括：(1) 获取相关信息权，如了解权、被告知权、卷宗阅览权、咨询权、询问权、索取有关资料权、听证权、要求说明理由根据权等。(2) 表达意见权，如提出异议权、陈述申辩权、沉默权、反驳权、提供证据权等。(3) 参与权，包括依法参与决策权和参与行政行为做出过程权。(4) 救济权，既包括依法对明显违法的行政行为的抵制权和反抗权，也包括申请复议权、提起行政诉讼权、申诉权及相关的一些权利。[②]

行政救济与行政诉讼都是法律救济，但行政救济不是一种诉讼救济，二者的主要区别是：(1) 受理救济的机关不同。受理行政救济的机关为行政机关，即原来作出行政决定的机关及其上级监督机关。受理行政诉讼的机关

[①] 王名扬：《法国行政法》，中国政法大学出版社，2003，第535页。
[②] 孙琬钟、江必新：《行政管理相对人的权益保护》，人民法院出版社，2003，第224页。

为法院。(2)受理机关的职权不同。受理行政救济的行政机关,在不损害相对人和第三人既得权利的范围内,可以撤销或变更原来的行政决定。受理诉讼救济的法院,在行政诉讼中一般不能变更有争议的行政决定,原则上只能撤销违法的行政决定。(3)审查方式不同。(4)裁决的性质不同。行政救济的决定是单方面的行政行为,诉讼救济的裁决是一个司法行为。

(三) 上访救济

上访由信访和人访组成,来信称信访,来人称人访,简称"来信来访"。上访权是一项宪法性权利,主要是指公民通过向有关国家机关的申诉、控告或检举,要求恢复名誉、赔偿损失、落实政策、取消不合理的义务负担等。宪法第41条集中规定了公民的上访权利。宪法第41条由3款组成。第1款规定了上访权的五个方面,即批评权、建议权、申诉权、控告权和检举权;同时规定公民在行使上述权利时,不得捏造或者歪曲事实进行诬告陷害。第2款规定了国家机关对公民的申诉、控告或者检举负有处理的义务,但对批评和建议,则免于处理的义务。该款同时衍生出国家机关的另外两项义务,即对公民的申诉、控告和检举,负有"不得压制"和不得"打击报复"的义务。第3款为国家赔偿的依据,可作广义和狭义两种理解,一是国家机关和国家工作人员对侵犯公民的所有权利负有赔偿责任;二是国家机关和国家工作人员对侵犯公民的上访权利负有赔偿责任。

1996年1月生效的《信访条例》创造性地规定新的行政上访体制。该条例明确把上访事项分为"对行政机关及其工作人员的批评、建议和要求"和"检举、揭发行政机关工作人员的违法失职行为""控告侵害自己合法权益的行为"两种类型。对后一种形式的上访事项,条例赋予受理机关两项"告知"的权力或义务,一是告知上访人上访事项属于各级人民代表大会以及县级以上各级人民代表大会常务委员会、人民法院、人民检察院职权范围内的，应分别向有关国家机关提出；二是告知上访人对已经或者应当通过诉讼、行政复议、仲裁解决的上访事项，应当依照法律的规定办理。在"告知"的标准不能明确或不可能明确的情况下，行政上访的事项不可避免地局限于"对行政机关及其工作人员的批评、建议和要求"方面。更为重要的是，过去通行的一般意义上的上访信件转发、转交的责任也被豁免了，转发、转交仅限于国家机关内部的科层体制。

毋庸置疑，进入21世纪以来，在我国运行了60多年的上访制度发生了深刻的危机。一方面，人民的权利需要得到更多形式的保护，上访救济尽管成效不大，却是众多受害人乐于采用的方式；另一方面，上访机关已越来越难以承担一次又一次的上访浪潮，改革现有的上访体制是不可回避的历史任务。

（四）调解救济和仲裁救济

同行政救济一样，调解救济和仲裁救济不仅是重要的法律救济形式，也是具有自身特征的法律诉讼外的解决纠纷机制。

调解是指公正的第三方帮助当事人达成一个双方都接受的争议解决方案或建议一个处理方法。新中国成立以来，特别是20世纪80年代以后，国家继续鼓励、支持各种形式的民间调解，同时强化了人民调解和司法程序中的调解。我国的《宪法》《民事诉讼法》《村民委员会组织法》《居民委员会组织法》《继承法》《人民调解委员会组织法》等法律法规对人民调解均有明确规定。2002年9月最高人民法院通过了《关于审理涉及人民调解协议的民事案件的若干规定》，从司法解释的高度明确了人民调解协议具有民事合同的性质，这是在新形势下提高人民调解工作的进一步尝试。2004年8月18日最高人民法院公布了《关于人民法院民事调解工作若干问题的规定》，全面系统地规定了司法过程中的调解工作。

仲裁，又称公断，是指当事人依据协议自愿将争议交付独立的第三方处理且处理结果对当事人均有法律约束力的争议解决方法。在我国，从仲裁组织机构和受案范围的角度上看，仲裁主要分为涉外仲裁和国内仲裁，分别受相应仲裁规则和程序的指引，具体的原则和规定体现在《中华人民共和国民事诉讼法》《中华人民共和国仲裁法》《中华人民共和国合同法》等法律以及相应的国际仲裁制度之中。调解救济和仲裁救济是重要的非司法救济形式，在弥补司法救济的缺陷、完善法律救济的体系方面发挥着越来越显著的作用。

（五）社会救济

宪法第45条规定，公民在年老、疾病或者丧失劳动能力的情况下，有从国家和社会获得物质帮助的权利，国家有义务发展为公民享受这些权利所需要的社会保险、社会救济和医疗卫生事业。公民在年老、疾病或者丧失劳动能力的情况下有权获得国家和社会的帮助，这种帮助不是人道主义意义上的慈善，而是一种权利。社会救济的权利意味着要求国家和社会对救济对象负有责任和义务。具体而言，公民的社会救济权利是指公民要求国家和社会施行给付的权利，即给付领受权及其相应的申诉权。基于公民享有这样的权利，法律应当确立公民享有何种内容、范围和程度的给付领受权以及当发生给付纠纷时解决的途径和方法。根据宪法的规定，国家从下面三个方面落实和履行社会救济的义务：

第一，建立健全社会保险制度。劳动法第70条规定："国家发展社会保险事业，建立社会保险制度，设立社会保险基金，使劳动者在年老、患病、工伤、失业、生育等情况下获得帮助和补偿。"

第二，完善社会救助制度。社会救助主要是指对因地震、风灾、海啸、水灾、土崩、火山爆发、火灾、虫灾、瘟疫、旱灾以及其他自然灾害所造成的生命财产损失给以帮助和补救的义务行为。

第三，强化社会福利制度。主要是指改善和提高老年人、妇女儿童、残疾人等特殊人群以及公共福利的水平。通过社会保障法律制度完善社会救济，是深化改革、实现社会公正、建立改革开放共享社会的时代需求。

没有具体的数据表明，司法救济在权利救济体系中处于中心地位，[①] 尽管在制度指导和观念导向方面似乎倾向于此。此外，上访制度究竟是中国传统社会的"京控"的现代延续，还是1978~1982年大规模平反冤假错案的一个成果，尚难以澄清。[②] 从现实情况下，这两者的因素均不能排除。上访制度建立在多级和无限制申诉的基础上，因而是否构成了对司法权威的挑战，也有待于进一步研究。但无论怎样，我们毕竟建立了一套现代意义上的权利救济制度，它首先不是西方法律制度"西学东渐"的产物，而本源于中国1949年10月以来的权利斗争。在公民权利普遍遭到蔑视、轻视或践踏的时候，在大规模平反冤假错案的时候，在这样的侵权和维权的历史实践中，权利得以生成和成长。更为重要的是，权利意识在真理的讨论之下得到庇护，催生了中国现代的民主和法制思想。这一切构成了中国改革开放政策的主要原则和内容，具有深远的历史意义。

在21世纪初，因应社会变迁，秉承20世纪80年代初的修宪风气，中国社会迎来新的修法时机。在关于修改什么的问题上，固然可以有众多的良

[①] 《公民权利和政治权利国际公约》第2条被认为是国际人权救济法的主要渊源，该条第3款除规定了法律救济的诸形式，如立法救济、行政救济或其他有效的救济，倡导"发展司法救济的可能性"。其他有效的救济在各国情况又各有不同，如在北欧的议会监督官、欧洲人权法院、ADR机制、公民不服从制度等。尽管如此，所有这一切都构成了现代法律救济的多重表现形式。中国政府于1998年10月签署了《公民权利和政治权利国际公约》，但尚未完成对该公约的批准工作。

[②] "在1978年和1979年，随着文化大革命压制的受害者为平反蜂拥到北京的政府部门提交他们的申诉状（有时以大字报的形式），京控被普遍地（当然是非正式的）复活了。而且，在1980年代，上诉人继续成群结队地去最高人民法院。"参见欧中坦《千方百计上京城：清朝的京控》，载高道蕴等编《美国学者论中国法律传统》，谢鹏程译，中国政法大学出版社，1994，第505页。

好建议，然而，始终能够确认的是，宪法需要最大限度地沿着保障公民权利的方向运行。对公民权利的保障不是仅仅在宪法中增加新的权利种类就可以实现。戴雪在谈到制宪的技术和理念时指出，有两类方法维护人民的权利：一是从权利的宣言或宣示开首，如法国的人权宣言；二是从维护已有权利起始，如英国的普通法救济方法。戴雪批评了只考虑宪法权利宣示而轻视权利救济的做法。为什么在人权宣言之后，特别是在法国大革命时期，法国的人权遭到了空前的践踏，"则以法兰西民国实未设计权利受到损害之后救济方法故，英国则大异也。——权利本身与强行权利的方法在英宪中常有不可分离的相互联属。所以古语称道，在有法律之地即有救济办法存在"。[①] 设计权利救济的方法，确立宪法救济制度是宪法的任务。唯有给权利指明救济的方法，权利才是真正意义上的权利。

[①] 〔英〕戴雪：《英宪精义》，雷宾南译，中国法制出版社，2001，第241页。

第二章 小康社会的权利观

在中国文化语境中，温饱和小康表达了一种人们的生存需要的满足。改革开放30多年来，由国家主导、实施和基本完工的小康工程代表了这一特定时期的主旋律，这是认识当代中国问题的一个重要出发点。从马克思历史唯物主义的立场看，满足人的生存需要是历史的起点，也是所有意义、符号、价值、观念等事物的起点。马克思在《德意志意识形态》中指出："人们为了能够'创造历史'，必须能够生活。但是为了生活，首先就需要吃喝住穿以及其他一些东西。因此第一个历史活动就是生产满足这些需要的资料，即生产物质生活本身，而且这是这样的历史活动，一切历史的一种基本条件，人们单是为了能够生活就必须每日每时去完成它，现在和几千年前都是这样。"[①]

在中国的话语实践中，不论人的生存需要，还是第一个历史活动，都可以指向民生的表达，而更为直接的表达，则是温饱及其小康。鲁迅在《呐喊》自序中曾经问道："有谁从小康人家而坠入困顿的么？"作为一种生存状态，人们习惯于把脱贫视为解决了温饱问题，而把那种薄有资财、可以安然度日的生活称为小康生活。20世纪70年代末80年代初，饱经风霜的中国社会终于回到了"第一个历史活动"的起点上，并在差不多30多年的时间内基本上解决了中国人的温饱问题，总体上实现了小康水平。今天，当人们站在这一来之不易却也是理所当然的逻辑起点时，马斯洛的需要理论又清晰地向我们走来。在人们耳熟能详的马斯洛的需要层次理论

[①] 《马克思恩格斯选集》第1卷，人民出版社，1995，第79页。

中，人类的多种需要作出了谱系安排：从人的生理需要开始，依次走向安全需要、社交需要、尊重需要和自我实现需要。这些需要具有一定的级进结构，在强度和优势方面也存在着一定的顺序。在马斯洛看来，人的生理需要得到满足后，随即而来的就是人的安全需求。[①] 不过，没有十分有效的证据显示，在一个并非自然状态的社会里，生理需要和安全需要之间存在着泾渭分明的界线，而且生理需要满足之后紧接着出现的是安全需要而不是别的需要。在这一点上，经验观察似乎比理论更具有说服力。马斯洛关于人的需要的递进理论更多地表达了温饱之后人们追求尊严和人格完善的社会和政治意义，这也是中国社会在小康之后需要回答的问题。[②]

一 需要与权利

人的每一种需要都包含着应当"满足"的张力，在这个意义上，"满足"是需要的内在的构成要素而不是外在条件。然而，在现实生活中，应当满足的需要未必得到满足，而有些需要也不是非要满足不可。人的客观需要和主观需要之间总是存在着难以弥合的差距，而主观需要与没有止境的人的欲望之间从来就不存在明确的界限。因此，一个人的需要是否应当得到满足以及如何得到满足受到了多种因素的制约。有多种多样可以揭示和满足人的需要的方法，其中，以权利作为方法维度显示出越来越重要的作用。

阿马蒂亚·森用权利分析的方法研究贫困、饥饿和饥荒问题就是一个

[①] 参见〔美〕马斯洛《人的动机理论》，陈炳权等译，载马斯洛等著《人的潜能和价值》，华夏出版社，1987，第162~166页。

[②] 对于近似的命题，孟子问："惟救死而恐不赡，奚暇治礼义哉？"（《孟子·梁惠王章句上》），管子"回答"说："仓廪实知礼节，衣食足知荣辱。"（《管子·牧民》）

例子。在面对免于饥饿的需要时,权利方法所重视的是人们通过社会现有的合法手段支配食物的能力,这些手段包括生产机会、交易机会、国家赋予的权利以及其他获得食物的方法。[1] 这样就给人一种权利可以当饭吃的意思表达。为什么会这样呢?权利是现代社会表达正当性事务的基本概念,权利"意味着权利主体资格的提升、利益的安全、能力的增长或主张的强化,并因此意味着人的地位的提高、人格尊严的强化和个人自由的增进"。[2] 拥有权利意味着需要主体享有了某种利益、主张、资格、权能和自由,在此意义上,权利更多的是一个指涉性概念,它提出了相对义务人对权利主体为或不为的义务,确立了权利文化作为表达新型社会关系的现代标识。不仅需要用权利的概念表达事物的正当性和合法性,也需要通过将义务落实到相对主体的身上实现权利。相应的,无权利意味着无利益、无主张、无资格、无权能和无自由,意味着相对的义务主体可以逃避履行责任。依照这一逻辑,可以从下面两个方面理解需要和权利的关系:

1. 无权利的需要和无义务满足需要

在无权利的状态下,需要主体并不能以权利主体的身份出现。出自需要主体的诸多需要,虽然是客观存在的,却是不能得到满足的,这尤其表现在需要主体不能在一个正当性的框架下要求他人和社会必须满足他的这些需要。人们需要解决温饱和无权利要求解决温饱是不同的问题,在后一种情况下,需要主体凭借非法的或非制度性的手段来满足自己的需要,就成为一种颇为自然、有效的方法,这与负有义务的人应当满足需要主体的需要仍然存在着巨大区别。例如,对那些认为需要吸食毒品的人来说,他们没有要求他人和社会为他们提供用以满足其毒瘾的权利。

---

[1] 参见〔印〕阿马蒂亚·森《贫困与饥饿》,王宇等译,商务印书馆,2004,第61~69页。
[2] 夏勇:《走向权利的时代——中国公民权利发展研究》"绪论",中国政法大学出版社,2000,第9页。

2. 有权利的需要和有义务满足需要

需要凭借权利得以实现，首先意味着需要是一个应当肯定的合理性概念；其次，他人和社会负有满足需要的责任和义务。如果权利主体的需要没有得到满足，那么，权利主体可以通过一定的程序甚至凭借合法强制力实现需要。有必要指出的是，有义务满足需要和有责任满足需要仍然是有区别的。研究表明，需要和责任的关系既可以转化为相关义务的关系，也可以呈现一种与义务无关的关系。例如，公权力对社会成员所负有的体恤的责任本质上是关怀的责任、兼听的责任、为民做主的责任、亲民爱民的责任，而不是与社会成员的权利需要相对应的义务，公权力不是非要满足社会成员的某些需要不可。在权利分析的框架中，需要如果不以"可主张"来表现，它就不可能成为权利，因为权利的一个基本特性就是"可主张"，[1] 当然，这不意味着任何时期的人类需要一定要通过权利的符号才能实现，人类社会在长时间段内是在没有权利概念和权利文化中度过的，在这一点上，我们切莫夸大权利的历史普适性。

在任何社会里，社会成员都有安全的需要。不同的社会或不同的社会成员对安全的要求侧重点不同，这与人们所处的社会环境和每一个人对社会环境的感知相关。在战争和动乱的年代，保住自己及家人的生命是首要的需要；在相对和平的年代，避免意外事故、疾病的侵扰等则是重要的；对穷人来说，如何使起码的衣食住行不至于在明天落空是头等大事；对富人来说，财产的安危则是压倒一切的大事。不过，在马斯洛看来，人的安全需要虽然是多元的、有层次的，但仍然具有可以概括的内容，包括：(1) 物质上的：如操作安全、劳动保护和保健待遇等；(2) 经济上的：如失业、意外事故、养老等；

---

[1] 参见夏勇《乡民公法权利的生成》，载夏勇主编《走向权利的时代——中国公民权利发展研究》，中国政法大学出版社，2000，第628~629页，同时参见夏勇《人权概念起源——权利的历史哲学》，中国政法大学出版社，2001年修订版，第46~47页。

（3）心理上的：希望解除严酷监督的威胁、希望免受不公正待遇，工作有应付的能力和信心等。因此，秩序、稳定、公平感、对未来的希望等就成为安全的构成要素，相应的，工作无保障、生活不稳定、遭受不公平的分配待遇以及未来渺茫的状况显示的是不安全的并且可以带来恐惧感的局面。

在人的安全需要给定的情况下，将安全需要提升到权利的高度是确保安全需求得到满足的基本条件。作为权利的安全需要是指下列三种紧密相关的问题：(1)给需要主体提供安全需要或提供条件帮助需要主体实现安全需要。例如，确定社会的低度公平，营造共同发展的稳定环境。(2)对基本安全需要得到满足的需要主体提供持续不断的安全保障措施，以维护、巩固基本的安全需要。(3)对被不公正地剥夺了基本安全需要的需要主体提供充分、有效的救济。上述三个方面也可以归结为两个方面，一是提供积极满足需要主体安全需要的条件和措施；二是消极地不去破坏需要主体的安全需要。前者涉及的权利问题是需要主体的充分就业权、就业安全权、社会福利权、公平待遇权、安全救济权等；后者涉及的权利问题是免遭人身伤害权、免受不公平对待权、免遭财产被剥夺权等。

20世纪上半叶，人类社会经受了战争、种族灭绝、极权统治、核爆炸等重大社会事件，被视为恐怖的时代。1948年12月由联合国大会通过的《世界人权宣言》是人类社会结束这样一个恐怖时代，构建一个新时代的标志。它把人人享有言论、信仰自由并免予恐惧和匮乏的权利等四大权利宣布为普通人民的最高愿望，并作为所有国家和人民努力实现的理想目标。这种源于罗斯福总统"四大自由"的权利宣言在1966年12月颁布的两个人权公约，即《公民权利和政治权利国际公约》和《经济、社会和文化权利国际公约》中得到进一步发挥和落实。按照世界人权公约，只有在创造了使人可以享有其经济、社会、文化权利及公民和政治权利的情况下，才能实现人类免于恐惧和匮乏的自由的理想。如果说免于恐惧这一表达起初是作为人的一种自由状态,那么,保障这一自由的方法则是要使越来越多的人类社会成员享有人权公约所宣称的各项安全的权利。① 在这里,有必要不厌其烦地归纳世界人权公约中关于安全权的主要内容。世界人权公约中对安全权的规定,主要包括下面几个方面:(1)工作权。人人应有机会凭其自由选择和接受的工作来谋生的权利以及接受技术的和职业的指导和训练的权利;享受公正和良好的工作条件的权利(包括享受最低工资、同工同酬、同等机会、节假日休息等权利);参加工会、罢工的权利等。(2)社会保障权。人人有权享受社会保障,包括社会保险的权利。(3)家庭权。包括保护婚姻自由、母亲和儿童的权利等。(4)免于饥饿和获得相当生活水准的权利。包括人人有权为自己和家庭获得相当的生活水平,包括足够的食物、衣着和住房,并能不断改进生活条件;享受最高的体质和心理健康之权利,包括降低婴儿死亡率、改善卫生条件、预防和控制各种疾病等。(5)教育权。(6)民族自决权,包括不受外来民族干涉、侵略和压迫的权利。(7)法律平等保护权、司法救济权及公正审判权。(8)生命权、人身自由和安全权。(9)不被施以酷刑、奴役或强制劳动的权利。(10)人格尊严权。(11)宗教自由权和结社权。② 以上所述未必穷尽所有安全权利,然而对阐明本章的主题已经足够充分了。免于恐惧的权利是对作为人权的安全权的集合性表达,作为一个集合性权利而非具体的权利无疑具有巨大的伸缩性和解释空间。同时,免于恐惧的权利试图作为一个基础性的概念并通过这一概念重新认识权利哲学中的一些基本命题,也具有方法论上的意义。

---

① 需要注意的是,免于恐惧不论是作为一项自由还是作为一项权利,都是与作为免于匮乏的自由或权利有区别的。免于匮乏的自由或权利主要涉及人的生理需要,是对人的最低需要的满足,或者说,它属于温饱需要的问题。不过,免于匮乏的权利和免于恐惧的权利的区分在实践中是没有意义的,因为由匮乏所引起的恐惧以及满足匮乏的需要所带来的安全感总是相辅相成的。
② 贺海仁:《小康社会的政治法学》,载舒富民主编《中国全面小康发展报告(2006)》,社会科学文献出版社,2006。

二 恐惧源于对未来的不确定性

恐惧往往作为描述性的范畴而非分析性范畴被广泛使用。临床医学、精神分析学和心理学或许能够生动和细致地描述恐惧的表现形式,却不能给恐惧下一个完整的定义。与恐惧相关的一些词语,如忧虑、担心、焦虑、不安、害怕、恐慌等都可以辅助完成对恐惧的说明,不过,这些词语本身的模糊性质及其在边界上的重叠又使得定义存在循环论证的嫌疑。它们或许在表达恐惧的程度方面而不是性质方面更加有用,例如忧虑或担心可能是低度的恐惧,而不安或恐慌则有可能是重度意义上的恐惧。给恐惧下定义的真正困难在于,它更多的是一种由主体才能体验到的感觉,即一种使主体身临其境的状态、过程。例如,《牛津简明英语字典》在对恐慌定义时就把它归到感觉的范畴,即恐慌是"对危险或警报的一种突然而过度的感觉"。在把握恐惧的感觉方面没有人比主体自身更具有发言权,而且就主体而言,恐惧作为一种感觉也更多地导向只可意会而不可言传的境界。当然,这不能导致恐惧的不可知论,在词与物的关联中,词尽管具有无限的解释力和异常丰富的多样性,但仍然可以大致勾画出恐惧的构成要素和基本内容,而这与恐惧的根源有关。

长期以来,人类在大自然面前饱经困苦和不幸。今天,即使人类社会已经步入有史以来科技文明最为辉煌的时代,也常常无法预见、无法避免给人类造成巨大损害的自然灾害。当然,虽然人们对自然界的恐惧依旧存在,却与远古时代的先民所处的境况截然不同。在科学进步论者眼里,面对一个巨大的自然灾难,人们要么把它归结为人的疏忽大意,要么认为还没有找到更有效的控制办法,"科学技术还没有发展到这一步"的表述总是透露出人们对前景的乐观态度。此外,尽管人们对一些自然灾害束手无策,但现代社会逐步建立起了一整套以保险制度为核心的补救措施,降低或弥补了自然灾害对个体人的损害程度。然而,如果说技术的日益完善和发展减轻了人们对自然灾害的恐惧程度,却也同时形成了新的恐惧来源。任何一项新技术的问世都如同双刃剑,在医治人们的创伤时,又在有意无意对人们造成新的伤害。核技术的发明一方面在医疗救治条件、新能源利用等方面改善了人类社会的处境;另一方面,由此可能造成的毁灭性灾难的阴影却无时无刻不笼罩在人们的心头。现代技术是人的肉体与灵魂分离后为满足肉体的需要而迅速发达起来的现代性理性。仅仅在20世纪,现代技术近乎疯狂地开足了马力,发展到可以轻而易举创造肉身的程度。不仅牛可以被创造,创造者也可以创造自己。在日益专业化的技术面前,普通大众的经验丧失了判断和抵御风险的能力,专家系统如同自然威力一样主宰了人们的生活实践。[1] 在日常生活中,倘若没有专家的指导,人们简直寸步难行。对专家系统的过分依赖,在使人们失去自我判断和自我实现的能力的同时,也令专家系统为了推卸责任而时时发出越来越多足以引起人们新的恐慌的警告。[2] 不同于科学理性的局限性所带来的恐惧,社会结构的变迁使得社会关系不仅从熟人社会走向陌生人社会,也使得陌生人社会更多地充满了敌意。

  社会被分裂成两个世界。在熟人的世界里,人们是安全的,充满了温馨和甜蜜;在陌生人的世界里,人们是不安全的,随时可能给人们带来危险。随着工业化速度的加快,熟人社会的领域不断缩小,被称为陌生人的社会的疆域扩大了,它预示着充满危险的陌生人社会成为人们生活的主要交往

---

[1] 关于专家系统的更为详细的论证和批判,参见〔英〕安东尼·吉登斯《现代性与自我认同》,赵旭东等译,三联书店,1998。

[2] 有时候,这些警告如此之多,令民众无所适从,而相互矛盾的专家警告使民众已经不知道鸡蛋究竟煎着吃有利于健康,还是煮着吃有利于健康。

对象。更为不幸的是，不断萎缩的传统熟人社会也常常遭到"杀熟"行为的侵蚀而变得面目全非，同样令人恐惧。[1] 此外，传统自由主义哲学在提倡人的权利和自由的同时，是以时刻防备着国家和政府对公民权利和自由的侵犯为理论前设。自由主义者不是无政府主义者，但时常流露出对政府权力的厌恶和担忧，这似乎成为家常便饭。在极端的情况下，政府被宣称为必要的有害者，这预示着政府是一种危险的来源。如果说政府是不得不要的东西，那么，这个东西也如同猛兽一样需要驯服得当。

所有类型的恐惧都指向一个基本点，即人们对造成或可能造成危险丧失了控制力，它既表现为对危险事物不能作出有效的预见，也表现为对行将到来的危险失去了抵御的能力，还表现在无力摆脱危险的局面。恐惧往往由处在危险或面临着危险的感觉而来，至于这种危险是真正的危险还是虚构的危险却是不重要的。危险是一种破坏力量，它对主体造成伤害或可能造成伤害。危险无处不在，但不是有危险就有恐惧。当危险是可以预见并且有办法控制时，并不必然产生恐惧，只有在意识到危险即将来临却无法控制时，恐惧才具有存在的基础。[2] 但在这里把恐惧、风险和冒险作出适当的区分是有必要的。

风险往往是一种危险，这种危险不仅为人们预先知晓，更为重要的是，人们为这种危险提供了防范的措施或者补救的办法。在风险的概念下，危险

---

[1] 关于"杀熟"现象的分析，参见郑也夫《走向杀熟之路》，载郑也夫主编《中国社会中的信任》，中国城市出版社，2003。

[2] "9·11"事件后不久，哈贝马斯恰好出现在余殃尚未消散的纽约，他敏锐地概括了正处于恐怖状态的美国或欧洲社会："9·11事件之后的数日当中，美国媒体大段绘声绘色地渲染生化武器的场景，以及关于各种核恐怖主义的思考，所有这一切都只不过是显示出政府在最低限度确定危险的级别时的无能——没有人能估算出危险的程度；也没有比较务实的方法可以评估危险的种类、级别或者可能性，也没有任何方式可以使可能受影响的地区逐渐变得越来越少。"见〔美〕博拉多莉《恐怖时代的哲学》，王志宏译，华夏出版社，2005，第33页。

是被驯服的危险，虽然仍然具有破坏力，却不是恐惧的来源。排除危险性的方法并不是让危险不发生，在不可避免的情况下，对已经到来的危险后果的积极干预，即人们通常所说的事后的补救行为，也在风险的范畴之内。与危险和风险不同，冒险的内涵更倾向于主动探试危险或风险。冒险的主体对可能来临的危险或风险采用了准备承受的积极姿态，在这个意义上，冒险可完全不作为恐惧的来源来对待。事实上，谨慎的冒险不仅不会给主体带来恐惧，而且往往被当成美德被社会赞扬，它为英雄主义的诞生提供了源源不断的素材和重要标准。一个标榜英雄或骑士的时代，不是削弱而是增强了人们的安全感。由此可知，处于恐惧状态的人正是处在了一个危险不能确定的状态之中，他所熟悉的并且一直参与其中的秩序被瓦解了或者暂时地被瓦解了。

（一）自由与安全

现代社会对自由的维护总是通过政府的合法强制力来完成的，因而，要获取一个安全的环境并且足以使自由的主体可以存续下去，让自由付出一定的代价总是必要的。[1] 按照法律经济学的观点，这乃事关成本—收益的精当算计。如果自由的收益大于它所支出的各种成本，做出这项安排的人，就是一个合格的理性人，也是备受功利主义者赞赏的对象。自由和安全的关系恐怕并非一定要用复杂、深奥的理论进行解说。排除价值判断和每一个时代都必然存在的各种各样的正当性话语，在"合法的"社会实践领域之外，由

---

[1] 史蒂芬·霍尔姆斯说："在1992年，美国的司法——包括执行、诉讼、判决和改判——花费了纳税人大约940亿美元。专用于保护犯罪嫌疑人和被拘留者基本权利的资金包含在这项拨款中。由于对个人权利的保护总是以权力关系的创造和维持为先决条件，所以对个人权利的保护从来不是免费的。"〔美〕史蒂芬·霍尔姆斯等《权利的成本——为什么自由依赖于税》，毕竞悦译，北京大学出版社，2004，第77页。

被保护人向保护人支付一定的代价来换取个体的安宁从来都是一个心照不宣的历史事实。弗洛姆说在安全的社会里人们没有自由，在自由的社会里人们缺乏安全，在一定程度上加强了这一论点。[①] 在自由主义哲学看来，问题的重点不是自由少一点还是安全多一点的数量对比关系，自由的个体同时也是一个孤立、孤独的个体，这一个体如同处于荒野中的人失去了与其他人的各种联系，他或她需要依靠个体的力量保护自己的一切。一切必要的社会联系都被视为可能影响个体自由的枷锁而不是自由的条件被革除了。萨特意义上的存在主义则更进了一步，他人的存在意味着对个体自由的否定和限制。不仅是陌生人，所有的外在于主体的人都成为个体自由选择的障碍，对自由的追求就变成了投入到危险事业中的严酷斗争。

（二）未来的不确定性

人类社会"除魅"之后，人们一方面失去了对地狱的恐惧感，另一方面也失去了神灵乃至上天的庇护，更为重要的是，人失去了对未来可以选择的方向。既然不论好人和坏人都不可能下地狱，但也不可能上天堂，在本体的意义上，人类自身走向了没有目的地的旅途。自从尼采宣布"上帝死了"之后，人们的确发现没有了上帝的世界充满了不安、忧虑和恐惧，为此，保罗·纽曼不无沮丧地说："尽管旧的善良抗衡罪恶的宇宙存在问题，但是生活在一个无神灵的宇宙却是让人胆怯。没有天堂、没有地狱、没有炼狱、没有监狱、没有永恒的生命，一切都是无意义的，姓名不详、吞噬着一切，这使得罗切斯特大人血管冰凉、让克尔凯郭尔感到战栗、让让·保罗·萨特感到恶心"。[②] 只是从一个时点开始，人们面对的是广阔无垠的却是朦胧并

---

① 参见〔德〕弗洛姆《逃避自由》，刘林海译，国际文化出版公司，2002。
② 〔美〕保罗·纽曼：《恐怖——起源、发展和演变》，赵康等译，上海人民出版社，2005，第238页。

略显暗淡的未来。对于这种境况，有人主张回到过去，回到曾经有明确目标和生活目的的某个时代，也有人雄心勃勃地不仅勾画也实践着一个理想社会。然而，略带伤感并且沉溺于过去美好时光的人从来也没有真正使时光倒流，相反，对回到过去的主张在某种程度上却与乌托邦主义者貌离神合，这就是有计划地建构有意义的新的社会。对于付诸实践的这种新的社会实验行动，从莫尔的理想国到苏联社会主义制度的解体，为一种自发秩序理论提供了反面的素材，当然，自发秩序理论使人在自由的海洋中独自遨游却不能看到希望的岛屿，强化了人的理性的有限性，削弱了人所具有的构建社会的能力。

（三）信任关系的瓦解及其人格缺失

一种怀疑主义的气氛愈来愈浓厚地笼罩着人们的观念、思想和行动。从不相信陌生人开始，对自己视野范围内的不能完全控制的所有事物都采取了疑心战略。承诺尽管还没有完全退出历史舞台，却变得更加珍贵，不过，对承诺的怀疑却使承诺变得可有可无。那种在信任的黄金时代才能听得见的"一诺千金""一言既出，驷马难追"等掷地有声的誓言一去不复返了。极度的怀疑主义使社会成为公共精神病人，一些未经证实的危险就能激起人们无限的想象力，以致引起灾害的真正原因弄清了很久，依旧有人用想象的因果关系指导自己的行动。如果社会总是处在怀疑的气氛当中，基本的信任关系得不到优先确立，对他人和社会的恐惧就会被各种未经证实的传言、异常丰富的想象力和过度的悲伤情绪引起。时刻担心受到伤害与过分谨慎从事的行动紧紧联系在一起。裹足不前、保持现有的状态、克制精神等就成为指导人们行动的原则。不仅如此，探索未知领域的有意义的冒险行动可能成为危险之源。具有冒险精神的人常常也包括那些锐意进取、勇于创新的人，但在担心受到伤害的恐怖文化中，这些人成为奚落嘲笑甚至打击报复的对象。

与此相关，英雄主义受到了前所未有的解构，人的勇敢品质消失了，消解了人在社会领域进行大规模实验的探索精神。

三 免于不幸的权利

恐惧作为一种不幸的状态或事实起源于多种因素和背景，不过，这些因素和背景又是相互矛盾和相互竞争的。例如，克服自然威胁的重要方法莫过于一次又一次地吹响以科学理性为显著特点的进步主义的号角，但因此有可能引发人们对专家系统的普遍的怀疑，产生新的不安和恐惧。对未来的设计和追求成为人们生活的动力，然而，希望有人对未来作出承诺与担心受到奴役的心理同时存在。相互依存的人类事实以及日益紧密的全球化浪潮不仅没有打消人们不断增强的陌生人意识，反而强化了亲密群体的萎缩和隔阂，如此等等。如果不从更为广阔的角度和背景中反思问题，我们所看到的局面则是在免除一个恐惧的同时，也得到了更多的恐惧，而免于恐惧的方法又可能成为制造恐惧的一个手段。

恐惧是一种不幸的状态，这意味着恐惧是真实的存在，而不是假象的游戏。[①] 长期以来，人们以各种方式和恐惧做斗争，以消除心灵深处的痉挛、肉体的颤抖和惊恐不安的眼神。祈祷和赎罪是一种方法，进步主义则是另一种方法。它们都或多或少地在某些领域消除或减轻了人们的恐惧。然而，恐惧自身没有消失，恐惧总是以这样或那样的形式出现。从恐惧的历史来看，人类社会的进步不在于是否能够彻底消灭恐惧，而在于人们是否把消除恐惧

---

① 克尔凯郭尔从本体论的意义上区分了"无辜的恐惧"和"辜的恐惧"，前者被作为尚未实现的自我表现出来，它不是过错，也没有过错的严肃性，在某种程度上，它甚至以某种讨人喜欢的方式展现出人的不安。相反，辜的恐惧是一种不自由的表达，是一种负担和不幸。参见〔丹〕尼尔斯·托马森《不幸与幸福》，京不特译，华夏出版社，2004，第 323~341 页。

作为一项权利要求和主张，这就要求人们不再封闭在恐惧的自我阴影中，不再作为自我归罪的原因和人必然要承受的苦难。换句话说，作为权利的恐惧向他人和社会敞开了那不幸的一面，但已不是为了吸引他人的怜悯心、好奇心，而是发出消除这一不幸状态的资格和主张。因此，免除包括恐惧在内的权利就成为新时代的景观。

18世纪，美国人在其《独立宣言》中宣布了追求幸福是全体人类的普遍权利。免于恐惧的权利不仅被提到历史发展的高度，而且追求幸福的权利也应运而生。这是一个乐观、大胆和勇敢的决定，它在向人们展望未来美好前景。但是在另外一方面，它也是一个危险的宣布。由于每个人的幸福观是不同的，在满足差异万千的幸福需要的过程中，国家既没有能力也没有一个恒定的标准履行它的这一义务。所幸的是，对幸福权利的宣布更多地涉及个人自由度，从要求国家不妨碍或者提供有限度的帮助的角度出发，追求幸福的权利是每一个自由人行使权利的目标和方向。[1] 然而，在认识领域，不论对国家还是社会成员，不加分析地把免于不幸的权利和追求幸福的权利混为一谈，造成了严重的恶果。事实上，不是解决当下现实中的不幸，而是规劝人们忍受正在加剧的痛苦，以此服从一种给定的未来的幸福观，这就不仅取缔了免于不幸的权利，也为一种危险的社会治理方式提供了合法性的借口。

争取免于不幸的权利，首先要厘清追求幸福的权利哲学中存在的悖论。功利主义首先混淆了幸福和快乐的关系，以为经过理性的计算就可以谋求幸福。快乐作为一种感官上的刺激从来就是飘忽不定的，幸福也不是一个个快乐的简单相加。功利主义并非人们想象的那样庸俗和反道德，相反，不论古

---

[1] 对《独立宣言》文本的权威研究，参见〔美〕卡尔·贝克尔《论〈独立宣言〉——政治思想史研究》，彭刚译，江苏教育出版社，2005。

典功利主义还是现代功利主义都以理性的自由人作为问题的出发点。功利主义同样需要平等的社会起点（在这一点上，它是一个现代性理论命题），但它在实质上是结果主义。这一特征使功利主义走向了用"剩余幸福"弥补某些不幸的道路。也就是说，社会的总体福利、幸福和快乐在与总体的苦难、不幸和痛苦相加后仍有富余，那么，社会的行动在总体上就是健康的和有效的。对这种富余的分配，特别是向不幸人的适当调剂，则关系到正义的结构问题。有关用牺牲少数人的幸福来成就大多数人或社会整体的幸福，而后再向那些不幸的人予以补偿的思路和实践，如果是一种正义的话，充其量是迟到的正义，而迟到的正义在严格意义上是不正义的。功利主义可以为了所谓的整体幸福或者说大多数人的幸福而牺牲那少数人的幸福，罗尔斯观察到了功利主义的这一秘密。他说，功利主义有关正义的准则是从达到最大满足余额的目的获得的。这样一来，原则上就没有理由否认可以用一些人的较大得益补偿另一些人的较少损失，或更严重些，可以为了使很多人分享较大利益而剥夺少数人的自由。因此，作为公平的正义是优先于善（例如幸福）的概念，而由正义保障的权利也不应受制于政治的交易或社会利益的权衡。①

乌托邦主义同样是一种整体幸福观哲学，是变相的功利主义。所不同的是，乌托邦主义是以牺牲当前的利益而成就未来幸福主题的面貌出现的。在某种程度上，乌托邦主义不是单纯地辅之以理念和思想，它往往伴以各种具有美好名目的社会实验、社会改革和社会方案。乌托邦工程描绘了未来整体社会的蓝图，以认为可以使用的必要手段实现关于善的终极目标。在这一过程当中，任何当下的不幸、苦难和痛苦，倘若为了明天的目标，都是或应当是被容忍、被忽视的——因为未来是可以补偿这一切的。"乌托邦工程的

---

① 〔美〕罗尔斯：《正义论》，何怀宏等译，中国社会科学出版社，1988，第26、27及30页。

主张会容易成为持续的拖延行动的手段,把行动拖延到以后各种条件更为有利的时候。"① 这难道不是另类意义上的关于迟到正义的表述吗? 只是鲍曼用"延迟满足"表达了这一含义。延迟满足是关于普遍幸福的诺言以及人们对幸福和更多幸福的期待,它不仅逐渐变成了社会整合的主要合法方案,也逐渐变成了任何个体参与协作和共同事业的首要动因。然而,鲍曼清醒地认识到,延迟满足涉及了抵押未来的风险问题,"一旦已知的满足在尚不了解的、完全模糊的、无法认识和拒绝认识的事物的名义下被牺牲,其风险将是巨大的和不可能被完全评估的。巨大的风险不仅导致了对占卜者、预言者和巫师的无穷尽的需求,也导致了对声称掌握了可靠的历史法则并能够因此控制未来的、野心勃勃的政治家的无穷尽的需求"。②

在反对功利主义和乌托邦工程的斗争中,波普尔提出了系统的零星工程的概念。从一开始,波普尔就从伦理学的角度正确指明了不幸和幸福,或痛苦与快乐之间存在着不对称的关系,因为不幸或痛苦在重要性方面不能被快乐或幸福抵消。对社会共同体而言,不是分享越来越多的幸福,而是分摊不可避免的不幸才是改变人类命运遭际的明智办法。③ 系统的零星工程不是要求首先获得幸福快乐的权利,而是一种在能够避免的情况下不被造成不幸的权利。假如他们遭受苦难,他们有权利要求给予所有可能的帮助。因此,采取寻找社会上最重大最紧迫的恶行并与之斗争的方法,而不是追求其最大的终极的善并为之奋斗的方法,表达了零星工程的基本理念。④

---

① 〔英〕卡尔·波普尔:《开放社会及其敌人》(第一卷),陆衡等译,中国社会科学出版社,1999,第293页。
② 〔英〕齐格蒙特·鲍曼:《被围困的社会》,郇建立译,江苏人民出版社,2005,第138~139页。
③ 〔英〕卡尔·波普尔:《开放社会及其敌人》(第一卷),陆衡等译,中国社会科学出版社,1999,第131页下注释。
④ 〔英〕卡尔·波普尔:《开放社会及其敌人》(第一卷),陆衡等译,中国社会科学出版社,1999,第291~315页及相关页下的注释。

如果不幸是不可避免、不可回避且必须要解决的，与其要一个人承担不幸，不如让众人共同分担不幸。与通过追求幸福的方法来解决不幸的问题不同，零星工程的方法一方面直接面对现实社会中沉甸甸的不幸命题，不加以漠视、无视或掩饰；另一方面提出了面对不幸的共同的社会责任的概念。当然，如果不幸只是由于个体自己的原因造成的，那么，让其他的人或者整个社会来分摊这一不幸，可能会破坏人应当谨慎而有节制生活的态度，削弱仍然需要倡导的社会美德，在严重的情况下，会使社会陷入无可救药的险境和困境。

然而，当人的不幸是社会的产物，也就是说，不幸是社会成员被迫接受的负担，让社会分摊不幸不仅是正当的，而且也是可能的。因此，区分两种观念、理论和实践是必要的，这意味着不是追求一种幸福的哲学，而是避免不幸的哲学，不是一种建设有关幸福的社会工程，而是建设有关不幸的社会工程，才能妥善解决人的不幸和幸福的关系。如果幸福是人生的终极追求，在不幸和苦难不可避免的社会，也只有先根除眼前的不幸、当下的苦难，才能成为追求幸福的现实的第一步。20世纪初，康有为在《大同书》中用简洁明快的笔法描述了人们所遭受的种种不幸和苦难。他怀着不忍之心，概括和总结了人间的"九界"之苦，在此基础上，他提出了唯有破九界，才能实现"救苦"之道。[①] 去九界之后的社会就是大同社会。康有为从苦难意识出发，正视不幸和苦难具有积极的现实的一面，然而，在见到苦难之后，不是着手解决这些苦难，而是回避这些苦难，决定了康有为的哲学不可避免地归属到乌托邦主义的大本营中。

赋予不幸以权利属性，的确表达了对消除不幸的信心和权威。消除不幸

[①] 破"九界"即去国界合大地，去级界平民族，去种界同人类，去形界保独立，去家界为天民，去产界公业生，去乱界治太平，去类界爱众生，去苦界至极乐。参见康有为《大同书》，华夏出版社，2002。

在任何时代都是无可厚非的道德诉求,但也只有在权利的时代,才要求人们从相互团结和相互关怀这一道德和法律的双重义务的角度,推动人和社会的协调发展。不过,也要看到这一权利的局限性。避免不幸的权利并不会真正地解决所有在人世间发生的不幸和苦难。关于权利的合法性和正当性论证只是确立了人们处于不幸状态时不是孤立无援而是有所凭借的资格、摆脱困境的可能性以及可欲的方法论基础。

四 权利问题

贝克说:"阶级社会的驱动力可以概括为这样一句话:我饿!另一方面,风险社会的驱动力则可以表达为:我害怕!"[①] 每一个时代都有自己的困境。通常而言,时代困境大体上是指特定时代全体成员都自觉或不自觉地感触或感知到并且深陷其中而尚未达成共识的整体局面。不同于80年代初,中国社会对"改革开放"所达到的全社会上下惊人的共识局面——这一局面使中国在不到30年时间里完成了解决温饱工程的伟大业绩,21世纪之初,在总体上实现小康的背景下,社会反而出现了前所未有的躁动、不安乃至恐惧的精神状态,其形态表现各异,但都共同指向在生存和发展意义上的无力状态。人人都言称自己是某种状态下的受害人,是被时代(而且是有目共睹的正在发展中的时代)剥夺了应得之物或已有之物的受害人。如果这种说法尚有夸大其词的嫌疑,那么,随着"弱势群体"一词的广泛运用和传播,社会各阶层的人都纷纷把自己视为这样或那样的弱势群体的一分子,则逐渐成为常态。被公认为弱势群体的人群的范围从农民、农民工、残障人士、妇女、儿童、老人到工人、市民、大学生、教师,最后竟也发展到干部、知识分

[①] 〔德〕贝克:《风险社会》,何博闻译,译林出版社,2004,第57页。

子这些在传统上被认为掌握了国家权力和话语权力的人群。最具有代表性的是,那些新富阶层,即拥有了资本权力的人,也并非矫情地把自己放置在弱势群体的队伍当中,而这非但没有增加人们的幽默感,反而为沉重的历史平添了严肃的内容。①

在《论公民》中,霍布斯首次提出了"权利问题"。权利之所以成为问题,是"因为争辩的双方都相信他们自己是受害方"。② 在自然状态中,人人为了生存的需要都有捍卫自己生命、自由、身体和财产的绝对权利,人人是自己案件的当事人,也是自己案件的裁决者和执行者。判断事物是非曲直的标准就是自己。正如施特劳斯所评价的,在霍布斯的自然状态中,只有绝对的权利,而没有绝对的义务。正因为如此,每一个人为了自己的利益可以去攻击别人,当然也被别人所攻击,而这一切之所以符合正义乃是因为它符合每一个人的判断。这样一来,自然状态流行的是一个个权利人自己的正义观,而缺乏统一的正义观,但谁又能否认这一个个个体的正义不是正义呢?自然状态就成为战争状态,每一个人都为自己的生存而战,一切为了保卫自己的生命、身体、自由和财产而战的手段、行为和措施都是被允许的,但也造成了一切人对一切人的战争状态。战争状态的结果呈现出两个方面:一是人人成为他人捍卫自己生命、身体、自由和财产的受害人。也就是说,每一个人既是自己权利的主体,又是他人权利的客体。他在"合法"(指自然法)伤害他人的权利时,又被或同时被他人伤害了自己的权利。这真应了中国"螳螂捕蝉,黄雀在后"那句成语,但你能指责螳螂捕蝉不对,黄雀捕螳螂有问题?那都是它们为了自己的生存所获得的权利。另外一个结果是潜在的战争状态,即使不发生事实上的战争,由于每个人都知道他人随时有可能

---

① 一寒:《遍地都是弱势群体》,《中国网友报》2004年10月25日。
② 〔英〕霍布斯:《论公民》,应星等译,贵州人民出版社,2003,第35页。

对自己的权利造成威胁,人们就都处于不安全的状态当中。这两种情况都缺乏使人们安全的保障,即没有人保证另外一个人在未来的某一时刻是否会遭到攻击、受到伤害、面临死亡。对于一个中国文化氛围中的人来说,关于自然状态的假定仅仅是一个假定。没有人相信在社会状态之前人类曾经生活在霍布斯所描述的自然状态中。

在免除恐惧的斗争中,争取自由,不受外来的干预或胁迫,让权利主体按照个人意志实现自己的利益成为重要的一个方面。哈耶克关于自由是最低限度约束的表达以及克尔凯郭尔的关于恐惧是人的不自由的定义都意识到了自由对免于恐惧的重要性。不论从任何角度看,一个缺乏自由感的人或者处于不自由状态的人都可能随时面临危险,他者即使依照仁慈原则行事也免不了好心办坏事的局面。然而,当自由的属性被揭示为一种负担,而负担无可争辩的是恐惧的一个重要来源时,逃避自由也就成为免于恐惧的一个绝好的方法。卡西尔指出:"不管是在个人生活里还是在政治生活里,自由经常被看作一种负担而不是一种特权。在特别困难的条件下,人们试图抛弃这种负担。"[1] 卡西尔是在解释康德的自由观时说出这番话的。按照康德的看法,自由等于自律,是个体的一种特殊的决定,它意味着我们在行动中所服从的法则不是外面强加给我们的,而是道德主体将这个法则给予自身。因此,从不自由的状态到自由的状态,是道德主体积极创造和努力的结果,体现的是一种个人的责任。"这里自由和责任达成了某种平衡。个体从剥削、不平等或压迫的状况所产生的行为枷锁中解放出来;但是,它并不因此具有了任何绝对意义上的自由。自由假定,在与他人的关系中,行动要有责任感,并且承认这中间有集体的义务。"[2] 如果我们既要依赖于他人,试图通过他人的力量

---

[1] 〔德〕恩斯特·卡西尔:《国家的神话》,范进等译,华夏出版社,2003,第349页。
[2] 〔英〕安东尼·吉登斯:《现代性与自我认同》,赵旭东等译,三联书店,1998,第250页。

解除威胁，又要逃避自己的责任，那么，处在这种两难境地的人就已经触及了当代恐惧的实质问题。

美国汉学家孔飞力在系统考察了1768年清朝的妖术现象后认为，备受困扰的社会所面临的问题是，这个社会的基本矛盾无法通过增进生产来解决，而导向毫无原则地"对损失进行分摊"。一旦危机来临，普通人就有了很好的机会来清算夙冤或谋取私利。这是扔在大街上的上了膛的武器，每个人——无论恶棍或良善——都可以取而用之。[①] 以怨报怨、恩将仇报、落井下石、雪上加霜等词语都在不同程度上表达了一种扩大或加重了不幸。一个艾滋病的患者，在绝望之后，向社会发起了报复：故意向那些无辜的性伙伴传播同样可以致命的病毒。一个癌症患者，走出医院，身上绑满炸药，在公共场所引爆。这一切都是不幸没有得到众人和社会的分摊而走向另一个极端。个人责任和社会正义在总体上所显示的问题，不是要求社会追求在未来可以实现的终极的善，而是在现实的层面消除正在发生的不幸和苦难。避免让他人陷入困境或不幸既是正义社会的主张，也是拥有免于恐惧权利的社会成员的责任和义务。恩格斯曾经把这样的一个社会称为不正义的社会，即社会中有一部分人只享有权利而不承担义务，另一部分人却只承担义务不享受权利。倘若换算成本文的主题，这样的社会也是不正义的社会，即社会中一部分人只享受幸福，而另一部分人只承受不幸。

在一个人人有权追求幸福的社会里，如果对他人的不幸和苦难不仅视而不见，还要扩大和加重这种不幸和苦难，就是另外意义上的不公正的社会。终结这样的社会，是历史的使命，也是人类社会的必然选择。世界上第一部成文法典——《十二铜表法》刻在了大石柱上。其中的一段文字是这样写的：为大家牺牲的财产，应由大家来补偿。此后，它被演绎为"一人为大

---

① 〔美〕孔飞力：《叫魂——1768年中国妖术大恐慌》，上海三联书店,1999，第300~303页。

家，大家为一人"的共同海损原则，而当代社会保障制度也愿意在这一古老的原则中寻找根据，那么，人类社会在渡过苦难之海、通向幸福彼岸的时候是否也需要从中寻求什么吗？正确处理好"分摊不幸"和"共享幸福"的关系不仅具有哲学上的意义，也具有重大的现实意义。总之，我们既需要从起点出发反思历史，也需要确立新起点关照未来。

第三章

新熟人社会视野下的权利理论

树敌的观念和实践是人类社会产生分裂的基本根源。谁掌握了判断和确认他人为敌人的权力，谁就拥有了伤害和消灭他人的正当性力量。化敌为友的理论和实践依然建立在承认敌人存在的基础之上，它虽然没有故意制造敌人，却承认了敌人的合法地位和资格。把政治领域中敌人概念转化为具有法律规范内容的公敌，即法律意义上的敌人，迎合了现代人权法律的程序性规定，但也没有排除敌人的隐形存在。只要敌人还是一个非人化的存在，只要设置或制造敌人还是一项特权，人与人之间的和平状态就难以实现。免于被敌人的权利除了要求扩大适用反人类罪的范围，排除敌我政治观，解构由来已久的陌生人理论，同时需要在更广的范围内重塑人与人之间的关系，这涉及对现代性问题的重新诊断以及相应的观念结构的转型，为新熟人社会的建构提供观念和理论支持。

一 "去熟人化"的历史进程

传统社会是由熟人构成的关系共同体，与传统社会决裂的现代社会消灭了熟人，并通过陌生人填补了熟人留下的空间。一旦陌生人进入社会科学领域，一种阐释人与人之间关系的新政治哲学思维就诞生了。现代性理论是一种陌生人理论体系，它与传统社会的熟人理论形成了鲜明的对比，前者是关于"他们的世界"，处理的是"我与它"的关系，后者则是关于"我们的世界"，处理的是"我与你"的关系。相对于熟人而言，陌生人既没有明确的来源，也没有清晰的去向，但是，陌生人仍是在"我们"视野范围的存在，是"我们"视而不见的存在。这种存在规定了一种无法克服的悖论：一方面"我们"需要与陌生人建立交易关系，希望陌生人像熟人那样在"我们"的圈子之内活动，因为"我们"只有在自己的圈子内才是安全的；另一方面，陌生人本身又是缺乏传统熟人信任基础的存在，在屡屡发生的迫使自己"就相信他一回"的"一锤子买卖"的过程中，焦虑和内在的恐惧也就频频发生了。相对于安全所具有的确定性特征，恐惧，归根到底是一种不确定状态。

　　社会契约理论是认识现代性社会的一把关键性钥匙。通过社会契约论，一系列有关认识和解说现代性原理的概念和学说徐徐展现出来了：市场经济、契约自由、理性、民主、人权、主权、市民社会、宪政、有限政府、代议制政府、自由选举、人格平等、自由主义、功利主义等。这个清单还可以继续列举下去，但已经在清单中的概念都指向共同的目标，即对个人主义价值的倡导和张扬。然而，现代性理论的一个悖论就在于，解放了的个人被解除了与他人和社会的关联，成为市民社会中的理性人和国家领域中的机器人。大多数现代性论者注意到，现代社会是一个不断分化、日趋复杂和充满了危机的社会，而组成社会的主体则是一个个被解放却原子化的软弱个体。自由的人等同于孤独的人，但自我放逐是导致孤独的重要因素。孤独可以是一种人生态度和信仰，但很难达至幸福的境地，因为幸福只有在人与人的关系中才能获得，准确地说，幸福只有在熟人关系中才能获得——熟人关系确立了一种可以预见和规定的后果。幸福是由他人自发自愿给予本人的肯定和奖赏，绝不是什么个体人自我满足和自我实现的表演。孤立的人缺乏幸福，易于产生焦虑、不安和恐惧，这一点成为早期启蒙哲学无法解决的重大问题，成为现代性悖论的核心问题。

　　在弗洛姆著名的关于逃避自由的论述中，逃离伊甸园的亚当和夏娃虽然自由了，却增添了恐惧和不安。在个人主义社会，他指出：（人们）"并没有获得能使他的个人自我得以实现，即他的智力、感情和感官方面的潜力得以发挥这一意义上的积极自由。自由给人带来了独立和理性，但同时又使人陷于孤独，充满忧虑，软弱无力。""人摆脱了所有精神权威的束缚，获得了自由，但正是这种自由给他带来了孤独和忧虑，使他被一种个人无意义和无权力感压得喘不过气来。"[①] 主体哲学关注人自身的生存状态和自我追求幸福的方法，却发现这不过是自由的人拔着自己的头发想要飞的堂吉诃德式的滑稽举动。

早期启蒙哲学在宣布人的解放和自由的过程中，发现了个体人的存在价值和个体意义，个体的人从"自然状态"中走出来，面带解除传统权威束缚和压迫之后的喜色，在"文明状态"的大地上建立属于自己的"领地"，并通过约定和相互承认的契约捍卫领地的主权。根据让·布丹关于主权的经典定义，主权是民族国家才具有的本质属性，它是最高的、完整的、不可侵犯的权力，与此同时，就个体人所享有的天赋权利或人权而言，个体人的权利借用了主权的概念，每一个被启蒙或解放了的个人就是一个国家，他们各自享有自己的主权，不容他人侵犯。早期的启蒙哲学作为一种主体哲学，其主体性所指涉的对象既包括国家也包括个体，权利理论既指国家主权也指个体的人权。这样一来，现代性借助于启蒙运动和工业革命将国家主义和个人主义平行地安放在被重新塑造的历史结构之中。

无论是主权还是人权的概念，只有在民族这一"想象的共同体"框架下才具有质感，也才有现实的抽象性。陌生人在市场经济条件下是以"理性人"的面目出现的，理性人让陌生人在市民社会中具有了合法性。在政治领域，陌生人则以民族国家的公民身份粉墨登场。哈贝马斯描述了现代性在欧洲的出现过程："作为现代意识形态，民族认同一方面表现为克服地域主义局限的趋势。在19世纪的欧洲，民族在那些一直是陌生人之间建立起了一种

[①] 〔美〕弗洛姆：《逃避自由》，工人出版社，1987，第11页。

新型的团结关系。从普遍主义角度扭转对村落和家庭、地区和王朝的赤胆忠心,是一个困难而又漫长的过程。在20世纪之前,西方所有的民族所有的民众可以说都经历了这个过程。另一方面,这样一种抽象的一体化形式又表现为随时准备为了祖国打击敌人、牺牲自己的精神和勇气。"[1] 民族、主权和外人等都是欧洲的地方性知识和经验,它们是否一定具备普遍主义的功能一直是有疑问的。倘若现代性不等同于西方性的命题成立,导致现代性的关键因素——市场经济和工业社会就会把现代性推向全球各个国家和地区。民族既是由陌生人组成的新型人际关系共同体,又被作为一种隐喻的家庭关系和复杂的亲属关系共同体,只有这样才能确立敌人的存在,才有了"我们—意识"的存在以及想象的熟人关系共同体。想象的熟人关系无疑具有相当大的局限性和封闭性,它同时也创造了陌生人和敌人共同体,这与熟人社会理论所倡导的"无外"共同体形成了鲜明的对比。[2]

现代性完成了人与人之间的"去熟人化"工作,在观念和理论上诠释了人与人关系的这种非熟人特征。在现代性理论的视野之下,去熟人化的产生既是工业化、城市化和世俗化运动的必然要求,也是重新需要阐释的人与人关系的前提。从简明的角度看,有两种不同的"去熟人化"路径:一是将陌生人敌对化,从而确立我们—他们对抗性的人际关系;二是借助于自由建构关系这个维度,通过拟制的方法将陌生人"再熟人化",从而完成新熟人社会的建构工作。再熟人化是对熟人社会否定之否定的历史进程,它肯定了熟人社会的内在合理性,但通过自由的原理重新组织了社会。再熟人化社会依然是熟人社会,而不是陌生人社会,但也与传统的熟人社会拉开了距离。源于西方的现代性理论瓦解了传统的熟人社会,却没有在观念的导向上完成再熟人化的工作,这就使得被解放的个体除了呈现"碎片般"的孤立特征外,

---

[1] 〔德〕哈贝马斯:《包容他者》,曹卫东译,上海人民出版社,2002,第151页。
[2] 贺海仁:《无讼的世界:和解理性与新熟人社会》,北京大学出版社,2009。

没有建立起现代共同体所需要的社会关系前提,而这个前提如此重要,以致缺乏对现代性下人与人关系性质的重新定性,就无法完成启蒙的使命。因此,现代社会的本质仍然处在熟人社会的视野当中,它表达了这样一种观点,即现代社会是一个自由建构新熟人关系的社会。

二 野蛮人的观念简史

传统启蒙哲学没有消灭敌人,它在团结朋友的同时也制造了同样多的敌人,朋友的产生恰恰是由于敌人的存在。传统主体哲学用陌生人理论强化了由来已久的野蛮人叙事。野蛮人包含多种含义,但在把人划分为"优良"和"卑劣"、"高贵"和"贱下"等方面形成了约定俗成的思维,它确立了"人"和"非人"最原始的划分标准。

按照阿伦特的表达,西方历史起源于柏拉图和亚里士多德的教诲,终结于马克思主义理论。柏拉图和亚里士多德的思想中保留了关于野蛮人最初的文字记载。柏拉图毫不掩饰地声称所有异邦人天生都是敌人,对他们征战是合适的,也是可以奴役的。[①] 亚里士多德为了论证城邦统治的合法性,承袭了古希腊把人划分为"希腊人"和"野蛮人"的传统,但比柏拉图走得更远,他把"某些人天生是奴隶"的适用范围推广到除希腊人以外的所有其他民族。亚氏十分欣赏欧里庇得《伊菲琪尼在奥里斯》中的一句诗:"野蛮人应当由希腊人为之治理。"古希腊人自称为最优良民族,他们鄙视外邦人,以"吧尔吧里哥"作为"野蛮的"专有名词(该词约在公元前 5 世纪开始流

[①] 在这个问题上,柏拉图借苏格拉底之口指明了内外之别也是敌我之分的观念定位,"当希腊人抗拒野蛮人,或者野蛮人入侵希腊人,他们是天然的敌人,他们之间的冲突必须叫做'战争';如果希腊人同希腊人冲突,他们是天然的朋友,不过希腊民族不幸有病,兄弟不和罢了,这种冲突必须叫做'内讧'。"〔古希腊〕柏拉图:《理想国》,郭斌和等译,商务印书馆,1986,第 210 页。

行），罗马兴起之后承接了这种说法并把罗马和希腊以外各族称为"野蛮人"（barbaries）。古希腊人即使在战争中失败后为奴，也不大会被其他希腊人称为野蛮人或真正的奴隶。真正的奴隶是会说话的工具，奴隶是对象，是客体，是可以根据主人的好恶随意处分的他物。

野蛮人是非人，敌人是非人的最典型的代表，这种野蛮政治观形成了敌我政治观的最初表现形式。根据这一传统，温特总结道："希腊人把波斯人再现为'野蛮人'，基督教圣战者把土耳其人再现为'异教徒'，中世纪欧洲人害怕他们在利格尼茨被蒙古人打败就宣称那是一场善与恶的交战；后来，欧洲人把美洲人当作奴隶对待；在我们这个世纪，我们也经历了亚美尼亚的种族灭绝，残杀犹太人的暴行、早期冷战、北爱尔兰恐怖活动、波尔布特政权、巴勒斯坦和以色列原教旨主义、波斯尼亚内战、胡图人和图西人之争等等。所有这些都是以把他者再现为具有摧毁和奴役自我的意图为基础的"。[①] 这份关于敌我关系的温特清单表明，敌人的具体指涉对象虽然总是发生变化，但人和非人的角色结构却一直保留下来。

野蛮人是绝对的外人，他们在"文明人"的眼里往往发生身份上的转化，这种转化虽然可以在接受"文明人"开出的条件下擢升为"文明人"，但由于不同文明在根源上的唯一性和不可复制性，让域外的"野蛮人"转变为"文明人"遇到了无法逾越的障碍。事实上，当源于古希腊的野蛮政治观与基督教结合以后，一种被称为"西方文明"的文化就形成了，当今的西方社会大概就是在这个意义上寻根并不断阐释根的意义。韦伯《新教伦理与资本主义精神》的核心命题是"为什么在西方文明中，而且只有在西方文明中，出现了一个（我们认为）其发展具有世界意义和价值的文化现象？"这个提问本身既自信又武断，因为时至今日并非所有的国家和民族都接受了韦

[①] 〔美〕亚历山大·温特：《国际政治的社会理论》，秦亚青译，上海世纪出版集团，2008，第257页。

伯意义上的西方文明，困难在于即使那些在主观上想要全面接受西方文明的国家，要么缺乏古希腊的根，要么不属于基督教社会，从而在客观上不能全面地融入西方文明。日本在近代喊出了"脱亚入欧"的口号，其全面接受西方文明的决心不可谓不大，然而，日本社会的精神架构既不是希腊的也不是基督教的，日本的精神的底蕴仍然浸染了儒家、佛教等东方文化。韦伯的这个提问既是问题本身，也是一种早已包含结论的"正确答案"，它宣示了西方文明的独特性和优越性，在事实上阻却了非西方文明向西方文明靠拢的意向性指令。

敌我政治哲学源于西方，不是中国本土的产物。众所周知，夷在中国传统文化中占有一席之地，也是容易引起误解的概念。夷不是客人、陌生人，也不是当然的敌人。夷人或许是野蛮人、未开化的人或前文明的人，但夷人或夷族不是外人，也不是异族，它并不指向具有特定身份的族群或人群。许倬云说："'夷'是中国典籍中最古老的名词，其含义不复带贬义，还是意指'仁者'。"[1] 在中国传统文化中，衡量夷的标准不是某一个人属于哪种社会阶层或族群，而是能否遵守礼制的标准。熊十力说："民族思想之启发，自孔子作春秋，倡言民族主义，即内诸夏而外夷狄。但其诸夏夷狄之分，却非种界之狭隘观念，而实以文野与礼义之有无为判断标准。"[2] 凡是违反礼制的人，都有可能成为夷人甚至禽兽，一个身居中原的华夏之人，因不遵守礼制而变为夷人或禽兽，而一个远在天边的异族人，因为遵守礼制就可能是文明人、君主或圣人。孟子著名的"人禽之辨"极具说明力。孟子说："人之所以异于禽兽者几希，庶民去之，君子存之。"这里的"之"是指儒家所倡导的礼——一套规范所有人的规范标准和机制。孟子把礼的标准细化为仁、义、礼、智等几个方面，并作为判断"人"与"非人"的准则，他由此断

---

[1] 许倬云：《我者与他者：中国历史上的内外分际》，三联书店，2010，第7页。
[2] 熊十力：《读经示要》卷二，台北乐天出版社，1973，第130页。

言道:"无恻隐之心,非人也;无羞恶之心,非人也;无辞让之心,非人也;无是非之心,非人也。恻隐之心,仁之端也;羞恶之心,义之端也;辞让之心,礼之端也;是非之心,智之端也。"这是中国文化对"非人"的基本理解,也是对待"人"与"非人"的基本态度和方法,即划分人与非人的标准乃是仁义礼智的内在标准而不是它们所属的社会学身份,这与基于社会学身份(如出生、财产、性别、民族、信仰、国籍等)而把一部分人类共同体成员称为野蛮人并以此作为历史起源的社会形成了鲜明的对比。

在中华文化中,对人际关系性质的判断,只有远近之别,而无内外之分。中国传统文化典籍中虽然常常可以发现关于"野蛮人"即"夷"的记载,"华夏"与"蛮夷"相对比,但是,夷夏的划分并无明确的界限。① 在可以同化的地方则同化之,不能同化的地方则善待之,后者正是儒家经典中常说的"抚远"的含义。② 远人不是外人,而是可以归化的自己人,归化的方法既不是战争,也不是其他形形色色的暴力行为,而是"有教无类"的教化方法,但也不是那种自上而下的家长式教育的方法,而是提倡以修身为起点的自觉认同的方法。更为重要的是,尽管有夏夷之别,但对所谓的夷保有四海一家的兄弟观念。梁启超就此指出:"盖我先民之对异族,略如

---

① 《左传》中出现了两条"野人"的记载,(1)僖公二十三年,晋公子重耳过卫,"卫文公不礼焉,出于五鹿,乞食于野人,野人与之块。公子怒,欲鞭之。子犯曰:'天赐也。'稽首,受而载之。"(2)定公十四年,"卫侯为夫人南子召宋朝,会于洮,大子蒯聩献盂于齐,过宋野。野人歌之曰:'既定尔娄猪,盍归吾艾豭?'"这里所称的野人是西周春秋时期国野制下的居住于邑外的平民,与贵族相对应,战国以降,国野制下的原始居住状况被打破并最终消失。参见胡新生《西周春秋时期的国野制与部族国家形态》,载文史哲编辑部编《早期中国的政治与文明》,商务印书馆,2011。
② 战争的动机和目的不在于掠夺和占领,《国语·越语上》称:"古之伐国者,服之而已。"王者之师的判断标准不仅在被征服国家民众悦之,也在于获胜后"置君而后去之"。见《孟子·梁惠王章句下》。

长兄对其弱弟,当其稚时,不与抗礼。及既成年,便为平等,弱弟之自觉,亦复如此。又同姓不婚之制,亦为夷夏混界一要具。"[1] 这里谈到了同姓不婚制度的伟大意义。《礼记·大传》云:"系之以姓……虽百世而昏姻不通者,周道然也。"中国自周始就确立了同种族之人不得互婚的制度,从而使"百姓"相互之间织成了一张亲戚之网。同姓不婚的实践自觉地践行了优生学的原理,部分地满足了达尔文理论中的适者生存的法则,解除了不同民族或种族间联姻的观念和制度障碍,为建构越来越大的熟人社会奠定了社会基础。

无论是生物达尔文主义还是社会达尔文主义都是西方文明的副产品。在"文明人"和"野蛮人"对比的隐喻下,白人的出生和血统就成为一个人是否文明的重要标志,而有色人种则是需要继续进化的落后种族。[2] 抛开最为极端的纳粹德国时期维护雅利安人纯种地位的理论和实践不谈,美国有关禁止不同种族之间通婚的法律制度曾经长期存在。1883年,美国最高法院确认了一部禁止不同种族之间通婚的法律的合宪性,它判决说,亚拉巴马州惩罚种族间通奸比其他通奸更为严重的做法并未违反宪法,[3] 直到1967年最高法院才判定一部白人、非白人通婚的法律没有给予平等的法律保护。福山指认说,在美国南北战争前的数十年中,"特殊制度"(奴隶制)的南方捍卫者提出新论据,以证明在道德和政治上对黑人的排斥和征服是合情合理的。有的援引宗教理由,有的谈及种族之间的"天然"等级,还有的以民主的名义

---

[1] 梁启超:《先秦政治思想史》,浙江人民出版社,1998,第46页。
[2] 关于种族优劣论最为系统也最为臭名昭著的例子当属19世纪中叶戈比尼的《论人类种族的不平等》。在这本书中,戈比尼集中论证了"历史仅仅起源于白色人种的交际"这样一种观点,作者用所谓的纯粹的逻辑推论认为,其他有色人种没有生命,没有意志力,没有他们自己的活力,历史的衰落在于高贵血统的人与低等血统人之间的同居或联姻。参见〔德〕恩斯特·卡西尔《国家的神话》,范进等译,华夏出版社,1999,第274~301页。
[3] Pace v. Alabama, 106 U.S. 583 (1883).

来做辩解。①

时至今日，虽然生物达尔文主义声名狼藉乃至成为历史上的笑柄，但是关于文明人和野蛮人的划分并没有由此而消失。② 在某种程度上，西方文明特指白人文明。白人之间也有矛盾和冲突，但那是属于兄弟般的内部争斗或柏拉图所说的"内讧"。③ 划分文明和野蛮的标准是制度文明，它以是否与西方制度相吻合的方式再次确认了不同国家和民族间潜在的敌对状态，也为白人中心主义提供了新的合法性根据。西方边界的小心划分没有掩盖以白人为主体共同体，想象的共同体居然有了明确的界限。④

只有为数不多的西方思想家看到了欧洲人的"野蛮性"。J. 斯威夫特在《格利佛游记》一书中以极其辛辣的语言和无比虔诚的态度认定欧洲文明是充满了"撒谎、推卸责任、欺骗、蒙混等恶习"的劣等文化，而在欧洲之外却存在着"高尚的民族"，后者有着"荣誉、正义、真理、节制、公德、刚毅、贞洁、友谊、仁慈和忠诚等"高贵品质。⑤ 这些高尚的民族才是真正的巨人，足以成为欧洲的老师。自诩为文明的欧洲颠倒了世界，混淆了文明和野蛮的秩序。斯威夫特把高尚的民族称为"慧骃"，而把欧洲称为"野

---

① 〔美〕福山：《政治秩序与政治衰败：从工业革命到民主全球化》，毛俊杰译，广西师范大学出版社，2015，第11页。
② Loving v. Virginia, 388 U.S. 1 (1967).
③ 关于"战争"和"内讧"的关系的划分逻辑，德里达给了否定性评价："内讧（stasis）和战争（polemos）之间的纯粹差异，在柏拉图的《理想国》之中依然是一种只有话语才能接近的'范式'。我们看到，柏拉图还偶然从某种高高在上的立场出发向我们推行这么一种想法：这种范式界限应该被抹杀，来自外部的敌人必须当作内部的敌人来对待。无论我们是否主张尊重这种界限，这种区分的纯粹性在任何情况下都无法诉之于现实。要执行这么一种严格的概念界限，是不可能的。"〔法〕德里达：《论绝对的敌意：哲学的因缘和政治的幽灵》，载〔法〕德里达《〈友爱的政治学〉及其他》，胡继华译，吉林人民出版社，2011。
④ 关于西方的边界的详细划分，参见〔法〕菲利普·尼摩《什么是西方：西方文明的五大来源》，阎雪梅译，广西师范大学出版社，2009。
⑤ 把斯威夫特与卢梭相提并论并作为同等阐释现代性危机的人当属列奥·施特劳斯，参见〔美〕列奥·施特劳斯《自然权利与历史》，彭刚译，三联书店，2003。

胡",他愤怒地写道:"现在当我看到'野胡'在'慧骃'拉的车里悠闲地坐着,似乎'慧骃'是畜生,而'野胡'反而是理性动物了"。① 斯威夫特的立场和观点不仅在当时即使在今日也是惊世骇俗的。斯威夫特谴责欧洲文化并不是孤例。在《论永久和平》中,康德无不嘲讽地写道:"欧洲野人与美洲野人的区别主要就在于:美洲野人许多部落是被他们的敌人统统吃光的,而欧洲野人却懂得怎样更好地利用自己的被征服者而不必把他们吃掉。欧洲野人懂得最好是用他们来扩充自己臣民的数目,因而也就是继续扩大战争工具的数量。"② 在康德眼里,野人通常是指不服从任何外界法律的强制从而粗鲁和畜生式地贬低了人道的人,他们不愿意服从一种他们本身就可以制定出来的法律的强制,宁愿疯狂的自由而不愿理性的自由。在这个意义上,野人无处不在,即使那些宣称走出了自然状态的欧洲人也不例外,比起其他地方的野人而言,欧洲野人的野性有过之而无不及。③

源于西方的现代性开启了一个"想象的共同体"的先例,这个共同体尽管是"想象的",却具有明确的界限和范围。它以民族单一属性确立了人与人之间的不平等关系,不具有共同文化背景和历史根源的人和民族,就会永远成为外人、他者、陌生人或敌人。这是一个封闭的共同体,它与其他被称为外人的共同体不存在共生的关系,只有不断盘剥、打压和消灭作为敌人的外人,才能稳固和强化这个想象的共同体。按照萨义德东方学的观察视角,西方和非西方的区别也是"熟人(欧洲、西方、'我们')同陌生人(地中海以东地区、东方、'他们')之间的差别",而且假定前者天生优越于后

---

① 〔英〕J.斯威夫特:《格列佛游记》,沈明琦译,太白文艺出版社,2008,第2页。
② 〔德〕康德:《论永久和平》,何兆武译,上海人民出版社,2005,第20页。
③ 当然,就人类平等的观念而言,智者派和斯多葛学派无疑是早期西方哲学中的一个亮点,但它们都缺乏与各自的历史环境相对应的政治法律工具,因而总是被视为一种乌托邦思想或哲学家的梦幻。

者。① 隐晦但坦诚的卡尔·施密特在谈到民主政治的本质时就说过:"民主制的平等概念是一个政治概念。如同一切真正的政治概念一样,它也涉及到区分的可能性。因此,政治民主的基础不是所有的人均无区分的状态,而是一种归属关系:某些人属于一个特定的民族。这种属于一个民族的状态可以通过一系列不同的要素(共同的种族、信仰,共同的命运和传统)予以确定。因此,平等作为民主制的本质属性,其对象范围仅限于内部,而与外部了无关涉。"② 自由地制造敌人乃是现代性的一个显著特征和后果,通过树敌和盘剥敌人,西方社会成功保持了启蒙的成果——这些本来具有普遍意义但其成果却只能由"我们共同体"垄断和独享。自由地制造敌人和通过自由建构新熟人社会仅有一步之遥,却显示了不同的现代性理论的方向性趋势。

三 谁之共同体?因何共同体?

大屠杀已经成为一个专有名词,它是人类历史上绝无仅有的悲剧,它所导致的种族灭绝是一项无法惩罚并无法饶恕的罪行。在纳粹德国时期,被屠杀的犹太人达六百万之多,谁该对被大屠杀的犹太人负责呢?对这个问题的追问可以从没有争议的主体开始:希特勒、党卫军、国家社会主义,然后是有争议但被逐渐默许的主体:与纳粹分子合作的犹太人委员会以及基督教神学对犹太人驱逐的模糊表达以及冷漠的德国民众,后者可以扩展为具有"平庸的恶"的所有人。阿伦特关于大屠杀泛责任主论为探讨众多的大屠杀原因束提供了人性维度,但是"平庸的恶"仍是一个结果而不是最初的原因。即使平庸的恶是潜伏在每一个人身上的病毒而被终身携

---

① Edward W. Said, *Orientalism*, New York: Pantheon Books, 1978, pp.43-44.
② 〔德〕卡尔·施密特:《宪法学说》,刘锋译,上海人民出版社,2005,第243页。

带，但要让这种病毒引发像大屠杀那样的人类历史上最为惨烈也最有效率的悲剧，没有非凡的能力和卓越的组织是不可能完成的。大屠杀是工业理性的产物，它暴露了现代性所竭力倡导的科学和技术理性的局限性。大屠杀是在与典型的现代工厂相同的程序和流程中静悄悄完成的，如同现代屠宰场处理动物和分解动物尸体那样干净利落：每一个环节都有专人负责并实施严格的劳动分工，手工作坊式的屠宰场当然不能与之相提并论。对后者而言，一个师傅带领几个徒弟即使十分勤勉尽责，也难以扩大再生产。费恩戈尔德观察到奥斯维辛的现代工厂的工业化特征："〔奥斯维辛〕也是现代工厂体系在俗世的一个延伸。不同于生产商品的是：这里的原材料是人，而最终产品是死亡，因此，每天都有那么多单位量被仔细地标注在管理者的生产表上。而现代工厂体系的象征——烟囱——则将焚化人的躯体产生的浓烟滚滚排出。还有现代欧洲布局精密的铁路网向工厂输送着新的'原料'。这同运输其他货物没有什么两样。在毒气室里，受害者们吸入由氢氰酸小球放出的毒气，这种小球又是出自德国先进的化学工业。工程师们设计出了火葬场，管理者们设计了以落后国家可能会嫉妒的热情与效率运转着的官僚制度体系。就连整个计划本身也是扭曲的现代科学精神的映射。我们目睹的一切只不过是社会工程一个庞大的工作计划……"[1] 相比较而言，尽管同样血腥和残酷，秦国坑杀 40 万赵国俘虏、日本侵略军在南京屠杀 30 万无辜平民以及达尔富尔武装力量清洗异族百姓都显得那么"笨拙""原始""无效率"乃至"不环保"。倘若没有最为先进的技术、设备以及相应的流程设计和组织，系统、大规模地屠杀生灵就是"非不为也，实不能也"。大屠杀本身就是一门学问，但它是现代科学技术忠实的体现者。

---

[1] 费恩戈尔德：《大屠杀到底有多么独特？》，转引自〔英〕鲍曼《现代性与大屠杀》，杨渝东等译，译林出版社，2002，第11页。

现代社会最伟大的成就之一是科学理性的产生和广泛发展，它通过日益提高和完善的科学技术不仅使人类社会在物质生活水平上渐渐摆脱了对自然的依赖，也开始试图仿制和控制自然。每一次重大技术的发明和使用都是人类社会征服自然的标志，这使得"机器"一词具有无比深远的历史成就和意义。就历史阶段的相对意义而言，各种形式的机器分别从不同方面替代或增强了人的器官的自然功能，它们没有人的形状却具有"机器人"的美誉。在替代或辅助人的自然功能方面，所有的机器都是机器人，这从世界上第一台蒸汽机出现直到今天的互联网技术均是如此。机器人构成了一个仿自然的、纯粹的理性世界。统治这个理性世界需要一整套的理念、法则和方法，它们既不同于人的世界，也不同于纯粹的自然世界，前者由习惯养成的道德法则、后者则由自然形成的自然法则起作用。机器人的世界不需要道德法则，也不需要自然法则。在机器人的世界里，需要的不仅是以客观和准确为核心的科学理性，更需要"价值中立"的现代官僚管理制度，它们统一起来就是现代理性。韦伯的下列一段话描述了现代官僚制度："准确、快速、清楚、了解文件、持续、谨慎、一致、严格服从、减少摩擦、降低物质和人的消耗——这些在严格的官僚制度管理当中都被提升到了最优状态……最重要的是，官僚制度化为贯彻实施根据纯客观考虑而制定的专业化管理职能原则提供了最佳的可能……事务的'客观'完结主要意味着事务根据计算法则并且'无视人的因素'所获得的完结。"在这段描述中，现代官僚制度的特征一目了然：理性的、有计划的、科学信息化的、专门的、被有效管理的、协调一致的……而这些特征综合起来就构成了有别于前现代社会的现代理性，这当然也是机器人的理性。

上面已经提到，韦伯在《新教伦理与资本主义精神》一书开篇就提出"为什么在西方文明中，而且只有在西方文明中，出现了一个（我们认为）其发展具有世界意义和价值的文化现象？"与这个相对应的提问还可以是"为什么大屠杀会而且只会发生在世界文明化程度最高的中心?"韦伯认为西方文明是独特的,只可能在西方产生也只能在西方范围内适用,如果这个判断成立,大屠杀也只会在西方产生也同样只能在西方范围内再现,除非西方以外的地方也适用了带有西方特色的现代性。据当代著名社会学家鲍曼介绍,1978年当代社会研究所召开了一次小规模的"大屠杀之后的西方社会"座谈会,研究大屠杀的专家鲁本斯坦提出了一个虽未肯定却是暗示性结论的观点:韦伯应当对大屠杀负责,虽然大屠杀不是韦伯愿意看到的。因为在韦伯对现代官僚制度、理性精神、效率原则、科学思维、赋予主观世界以价值等现代性理论的精致阐释中,并没有可以排除纳粹暴行的可能性机制。韦伯的法律社会学中也没有对普适的人权留有余地。他在1895年弗莱堡的演讲中有意识地借用了尼采的话说,我们(德国)的后代会认为,我们要负责的不是经济管理的成功,"而相反是我们在世界上为他们征服了和留在我们身后自由活动领域的量"。[1] 鲍曼似乎同意了鲁本斯坦的观点,但把大屠杀的最终原因归结于现代性。他指出:"正是由于工具理性的精神以及将它制度化的现代官僚体系形式,才使得大屠杀之类的解决方案不仅有了可能,而且格外'合理'——并大大地增加了它发生的可能性。这种可能性的增长与现代官僚体系将无数道德个体追逐任何一种结果(包括不道德结果在内)的行为协调一致的能力之间,存在的不仅仅是偶然的关系。"[2] 为此,他否定了大屠杀仅仅具有"德国性""病态性""偶然性""意外性"等观点,得出了"现代文明不是大屠杀的充分条件,但毫无疑问是必要条件。没有现代文明,大屠杀是不可想象的。正是现代文明化的理性世界让大屠杀变得可能"[3]。持有这种观

---

[1] Weber, M., "The National State and Economic Policy", in K. Tribe (ed.), *Reading Weber*, London and New York: Routledge, 1989, pp.188-209.
[2] 〔英〕鲍曼:《现代性与大屠杀》,杨渝东等译,译林出版社,2002,第25页。
[3] 〔英〕鲍曼:《现代性与大屠杀》,杨渝东等译,译林出版社,2002,第18页。

点的人并不止鲍曼一个人，鲍曼也不是指出大屠杀与现代性具有因果关系的第一人。从尼采开始，对现代性的反思就成为研究现代文明的重要主题。康德、马克思以及早期的法兰克福学派都从不同的立场和角度解释了现代性的问题、困境以及悖论，而源于尼采的后现代主义更是釜底抽薪一样否定了现代性的局限和现代性所标榜的最高合法性。

现代性究竟出了什么问题？难道为人类社会带来技术进步和物质文明的现代性真的有问题？难道推进工业化、城市化和现代化的历程和发展趋势在总体上是错误的？倘若否定了韦伯解释的工具理性，削弱现代官僚主义制度，就可以有效避免诸如大屠杀事件吗？事实上，不是现代性有问题，而是对现代性的诊断出了问题。现代性的悖论不在于工具理性和目的理性无法兼容，也不在于科学技术和与其对应的官僚制度不相匹配，而在于对人与人关系的定位出现了问题。现代性理论正确地使每一个人从旧有的熟人社会中解放出来，让他们享有与本性相符的各种权利和自由，并且凭借个人的不受任何外来制约的主动性和创造性追求每一个人认为幸福的生活。但是，自由和权利本身不能构成幸福，幸福需要在人际关系的意义当中显现，这也是为什么以主体性为导向的现代性理论会受到极大的质疑并且被主体间性的现代理论所替代。

大屠杀的记忆促使现代性理论发生了重大变化，其重大标志乃是通过对公共领域的发现和重新阐释现代性，建构新型的人际交往行为。公共领域之所以值得捍卫，是因为只有在这个领域中，人的自由和权利才能得到真正实现。但是，不仅在早期资本主义时期政治权力侵害了人或公民的权利，在晚期资本主义时期经济的或技术的权力也侵蚀了公共领域。哈贝马斯区分了"系统"和"生活世界"，前者主要是指经济和国家，后者是市民社会的另外表达。系统往往是作为工具理性的形式出现的，生活世界则是本体理性。系统和生活世界都有存在的合理性，真正需要做的是彼此之间不去侵夺对方的恰当位置，尤其应当消除或抵制系统对生活世界的殖民——对不受统治的话语和非工具的主体性进行"官僚化"和"经济化"。为此，交往行为理论要求主体"非策略性"地交往、对话，结成交往主体并达致交往团结，这样既可以向政治和经济系统施加压力，也可以有效达成社会和解。哈贝马斯观察到，"古典法理学那种抽象的法人概念必须为一种主体间性的概念所取代：个体认同是和集体认同交织在一起的。由于法人也只能通过社会化的途径达到个人化，如果不保护那些主体间的经验关系和生活关系（他们就是在这样的关系中形成其个人认同的，也只有在这样的关系中才能保持其认同的稳定性），他们的完整性也就缺乏保障"。① 依托皮尔士的实用主义和奥斯汀的语言行为理论，哈贝马斯用一种主体间哲学代替了此前广泛存在的主体哲学，其中生活世界是践行主体间性的理想世界。

生活世界是由"共同言说者"组成的共同体，"共同言说者"是主体间哲学的主人，如果缺乏共同言说者或缺乏合格的言说者，交往行为就不会发生，即使发生也是工具性、策略性和不真实的。那么，谁才能是或成为合格的共同言说者呢？从哈贝马斯的表述看，共同的言说者最初是自然而然产生的，它源于日常生活的实践，正是在日常交往中，我们被一套不言而喻的真诚的语法规则所支配，而且人们也默认了这套不带有策略性的语法规则，这套规则就是他所定义的"由各种共同的背景性的信念、自明的文化真理和相互之间的期待构成的坚实基础"。"任何一个生活世界都用一种共同的文化知识、社会化模式、价值和规范来装饰它的成员。生活世界可以看作交往行为付诸实现的前提条件，反之，生活世界又必须通过交往理性完成自身的再生产。"② 共同的背景授予我们想他人之所想，急他人之所急，这种可能性被称为"采取共同的视野的对称条件"。然而，这种定义共同言说者的条件和

---

① 〔德〕哈贝马斯：《后民族结构》，曹卫东译，上海人民出版社，2002，第239~240页。
② 〔德〕哈贝马斯：《后民族结构》，曹卫东译，上海人民出版社，2002，第200页。

规则并没有超出民族共同体的范围，它依然建立在共同的语言、文化和信仰等前理性的基础之上，只有在特定的共同体的范围内，才能找到共同的言说者，超出了这个特定的共同体，由于前反思和前阐释不再发生作用，有关共同言说者的叙事就会中断。在后殖民主义和全球化的新时代，应当消除西方的交往方式和话语的殖民效果。

哈贝马斯注意到前理解文化对构建共同的言说者共同体的巨大困难，转而求助于"宪法爱国主义"，在这一公民宗教的概念下，他试图努力扩大言说者共同体的范围，直到让它超出欧洲走向全球。在批评后现代主义思潮的时候，他指出："后现代理论的装备太差，根本无法区分殖民性的话语和有说服力的话语，前者是依靠制度的强制性而在全球获得推广的，后者则是因为有自明性而被全球接受的……比如人权，尽管不同文化在如何正确解释人权问题上还存在争议，但很显然，人权语言可以让那些持有异议的人把他们的不满以及他们对于压迫者的要求充分表达出来，在亚洲、南美洲和非洲是这样，在欧洲和美国也是这样。"[①] 宪法爱国主义可以消解民族国家的界限，并且可以通过程序价值所体现的民主在欧洲进而在全球实现康德的世界公民这一理想主体，他们也应当是合格的共同言说者。既然通过宪法可以爱国，也可以通过欧盟宪章或世界宪章爱欧洲、爱世界，后者则是欧洲和世界范围的公共领域或人类意义上的"生活世界"。

有说服力的话语当然与生活世界紧密相关，因为它是共同言说者自然而然的"自明"的且有效力的话语，真正的生活世界自然会产生真诚对话及令人放心的效果，同时有说服力的话语不是外在的和被强制力赋予的，而是在民主程序中形成的。然而，言说者相互理性交往和沟通技术是一回事，但他们为什么要"坐下来"相互讨论、辩论和沟通则是另外一回事。交往行为

---

① 〔德〕哈贝马斯：《后民族结构》，曹卫东译，上海人民出版社，2002，第196页。

理论提示了太多的交往理性的价值、规则和技术规范,但对那些还处在生活世界之外或者想逃离生活世界的人而言则未必有效。对于具体的纠纷而言,和解或调解无论如何都比强制的判决有价值。按照法经济学的方法和结论,和解的收益总是大于成本,但是纠纷当事人为什么要坐下来并且与对方一本正经地商谈和解则超出了交往行为理论规则的调整范围,这已经涉及交往行为理论的前理解问题。如果纠纷当事人已经同意与对方和解,真诚的话语就会压倒策略性的话语,除非"同意和解"一开始就是一个策略或迫不得已的力量平衡的结果,而在你死我活的敌对关系当中,能够坐下来谈判更多的是势力平衡的结果,而不是真诚地希望发展未来的社会或国家的和平关系。经验证明,敌人之间不会产生真正的和谈,敌我关系决定了消灭"对手"(灭讼)而不是消灭"争议"(息讼或无讼)才是问题的实质。陌生人关系也不会让纠纷当事人坐下来和谈,这是因为陌生人只是远方的存在,他只是偶然地进入我的视野,或者只是在我没有防范的情况下与我发生关系,我并没有与之发生长期关系的意愿,换句话说,陌生人是不存在的存在,它只是我的社会关系中的例外关系或偶然关系。只要敌人和陌生人还是交往过程中必须排斥的对象,就不会产生和谈的情景和语境,也不会产生和谈的效果,更遑论和谈的时候是否出现了策略性问题。

所有的和谈、调解、商谈、协商等交往理性形式必须满足熟人的条件,唯有熟人关系才能让纠纷当事人进行实质性的对话。熟人关系包含着天然的信任,哪怕这种熟悉是拟制的熟悉关系。在交往的时候,如果一开始就排除了熟人的因素,就不会创造一个和谈条件和氛围。这本应成为交往理性的前提的却是哈贝马斯交往行为理论最为缺乏的部分,由于缺少这种前提,交往行为理论就带有浓厚的乌托邦色彩。此外,言说者共同体或多或少也是一个封闭的体系,它不仅拒绝没有共同文化和传统的成员介入,也对言说者提出了过高的要求，它要求交往理性的主体应当满足社会公认的知识、水平和能力，而这一条件只有精英阶层才可以做到，这样一来，生活世界即使不是由抽象的公民构成的话，也主要是由带有贵族身份的精英构成，它排斥了非精英的大众的广泛参与。因此，倘若言说者共同体不向所有的人开放，哪怕有一个人被视为陌生人或敌人，交往行为理论就因其"排外性"不可避免地染上现代性疾病而大打折扣。

四 化敌为友的理论困境

阿伦特自问自答道："在所有的人中间，为什么独独是犹太人遭到灭顶之灾？——仅此问题的回答便是：永恒的敌视。"[1] 天敌、私敌和公敌都表达了人与人之间你死我活、不共戴天的战争状态。在自然界，真正意义上的天敌具有相互依赖和相互排斥的双重性格，它们既希望天敌被消灭以满足自己的生存需要，也希望天敌整体生存同样维系自己的生存需要。就天敌这个词而言，它既不是非法的，也不是不道德的。天敌的概念包含了敌人和朋友的双重因素，敌人和朋友相互纠结在一起，难以区分但也似乎不能区分，因为失去了其中的任何一个因素，天敌关系的结构就会崩塌，从而影响到作为天敌任何一方的存在。相反，私敌和公敌却有合法和非法、道德和非道德的区分，前者是伦理意义上的，后者则是政治意义上的。无论是道德的私敌还是合法的公敌都赋予本人一项特权，即本人有权利消灭敌人而不受任何制约。

敌人是一个免责的概念，既免除了行为人的法律责任，也免除了行为人的道德责任。"隐含在这个敌人概念之中的一个人的死亡，即在一切战争之

---

[1] 〔美〕汉娜·阿伦特：《极权主义的起源》，林骧华译，三联书店，2008，第43页。

中、在内战或者外战之中的死亡不是自然死亡,因为敌人必须被杀;也不是谋杀,因为战时杀人不是犯罪。"① 然而,私敌和公敌在性质上是不相同的,公敌具有公共性,而私敌则不具备这种性能,因而敌人的概念也必然是带有绝对敌意性质的公共产品。卡尔·施密特说:"敌人并不是指那些单纯的竞争对手或泛指任何冲突的对方。敌人也不是为某个人所痛恨的私敌。至少是在潜在的意义上,只有当一个斗争的群体遇到另一个类似的群体时,才有敌人存在。敌人只意味着公敌,因为任何与上述人类群体,尤其是与整个国家有关的东西,均会通过这种关系而变得具有公共性。"② 敌人不是天敌,也不是私敌,而是具有公共性的冲突的对方,敌人只有在一个特定的集体共同体中才能成立和辨认。某一个人是不是敌人,不能通过个体人的痛恨观或复仇正义来决定,而只能依靠某一个人是否属于一个特定的共同体的成员身份来界定。

一个人是否属于一个特定的共同体既有客观的历史的标准,也有主观的意识形态的标准,前者如出生、血缘、语言、民族等,后者如国籍、信仰、爱好、兴趣、见解等。这些确定人的身份的客观或主观标准并非一定会产生对立和冲突,而是说它们单独或共同的作用可以为树立敌人提供必要条件。敌人产生的原因当然复杂得多,但是,倘若把这些划分人的身份的客观或主观标准中的一个或两个方面绝对化,就容易产生结构性的对立。结构性对立是那种无法通过对内部改造就能解决的冲突,这种意义上的改造只是缓解或掩盖了冲突。对冲突结构进行整体性的修正需要"哲学上的突破",每一次人类历史上的哲学大突破都是对人的身份特殊性的破坏,其总体目标都呈现向"人的平等身份"这一最高的普遍原则进发的态势。只有确定了人

---

① 〔法〕德里达:《论绝对的敌意:哲学的因缘和政治的幽灵》,载〔法〕德里达《友爱的政治学》及其他》,胡继华译,吉林人民出版社,2011。
② 〔德〕卡尔·施密特:《政治的概念》,刘宗坤等译,上海人民出版社,2003,第143页。

的身份同一性原理，才能最大限度地最终克服由不同的特殊共同体身份可能造成的敌人的概念。根据人的身份同一性原理，属于人类共同体的人才不被当作敌人对待，也就可以有效消灭公敌的存在，尽管这并不必然消灭私敌的现象。

康德在晚年提出了"人的联盟"的概念，在这一概念之下，他所设想的世界共同体成员就享有了在人类意义上彼此同等对待的权利，其中的一项权利就是不被当作敌人看待的权利，这从根本上清除了敌人的先验意识和任何敌我政治理论的前设。不被敌人的权利之所以会产生，是"因为所有人都赋有在其他人的社会中出现的权利，这是因为他们具有共有地球表面的权利。既然地球是一个球状体，那么他们就不能消散在无边无际的地方，而是必须相互之间宽容对方的团伙"。这是一个宣言式的论证方法，证明人人作为地球的共同共有人所享有的固有权利。那么，如何能够做到不被他人以敌人对待呢？一方面，康德用殷勤取代了敌对感。"殷勤意味着，当一个陌生人抵达其他人的领土时，他有不被带着敌意来对待的权利。"来到"他人的领土"上的是"陌生人"，既不是敌人，也不是熟人，对后者而言，熟人本就在自己的领土上，本来就属于"我们共同体"的组成部分。"他人的领土"既是主权式的地理概念，但何尝又不是同一的共同体概念呢？另一方面，陌生人也不具有客人的身份。康德虽然没有明确表达陌生人是否就变为了朋友或熟人，但他反对进入他人领土的陌生人也可以作为客人的身份出现。一旦陌生人以客人的身份出现，陌生人就享有客人的权利，需要主人对他友好，从而确立了主人—客人的权利和义务关系。客人是"熟悉的陌生人"，但永远是他者，它隐含着短暂居留或有一天必然离开的义务以及要遵守主人订立的法则，这些都与作为同一共同体成员身份的原理相悖。

德里达发扬了康德关于殷勤的概念，把殷勤作为替代敌友观的哲学方法。在德里达看来,殷勤可以分为两种不同的形式:受邀请的殷勤和造访的殷勤。前者是有条件的客人意义上的殷勤,后者是无条件的共同体成员意义上的殷勤,它们分别对应于两种权利:受邀请的权利和造访的权利。这两种权利的划分均涉及如何对待"外人"的问题。什么是外人?谁是外人?外人不是自己人,自己人的范围有大有小,但在一个相对共同体内部的人都可以视为自己人,而那些在这个共同体之外的人就是外人。德里达的回答是:"外人并不仅仅是一个在外国,在社会、家庭、城邦之外的人。他不是他者,不是人们视作野蛮、未开化、前文明、前司法、外在、无家、无团体、无社会、无国家的他者。"[①] 这种解构主义式的论证完成了人的一切社会学身份向"赤裸裸"的原始、生物学的转化工作,在人际关系上不再存在"内""外"之分,也没有了"主人"和"客人"的区别。受邀请的权利是一种自上而下家长式的被恩赐的权利,而不是受邀请人固有的权利,它既表达了本人与外人的一种友善的态度和方法,同时也把客人永远当作外人。造访的权利则不同,它不仅表现在如何善待外人的问题上,而且涉及如何扩大共同体成员范围的问题,即如何把"自己人共同体"扩展到有可能造访的任何一个外人。

德里达看到了受邀请权利的家长制性质以及因此存在的潜在危险性,因为客人的受邀请的权利总是在一系列由主人界定的条件下才能享有,客人的行为也只有在主人的默许或认可下才具有合法性。这种好客是法律的好客,而不是绝对的好客。德里达指出:"绝对的好客要求我打开我的家门,不仅仅向外人(具有姓名、外人社会身份等的外人),而且也向绝对他人、陌生和无名之人提供好客,绝对好客要求我不问他的相关信息(进入协议)甚至名字,而为之提供地方,让他来,让他到达并在我为他提供的地方出现。"[②] 只

[①] 〔法〕德里达等:《论好客》,贾江鸿译,广西师范大学出版社,2008,第71页。
[②] 〔法〕德里达等:《论好客》,贾江鸿译,广西师范大学出版社,2008,第25页。

有绝对的好客才能形成造访的权利，以外人固有的权利的视角和标准形成新的熟人关系。

康德和德里达都反对作为客人的外人享有权利，而倡导普遍的人的权利，因为只要存在外人和内人的划分，"我们""主人"这些具有强势地位的主体就会成为客人的理所应当的家长，更何况从"我们"或"主人"的立场出发，外人既可以以客人的身份出现，也可以以陌生人或敌人的身份出现。换句话说，立足于"我们"或"主人"的立场、需要和标准，外人总是可以被分为"作为客人的外人""作为陌生人的外人""作为敌人的外人"等几种类型。因此，要让人人享有不被当作敌人看待的权利，仅仅要求一个外人享有客人的权利是不够的，也是不正确的，真正需要的工作乃是建构"人的共同体"，只有在人的意义上以及在地球的范围内，对这种权利的祈求和享有才有可能性。这是一种观念的革命，也是一种视角的转换。《世界人权宣言》第2条就表达了这种观念，它说："人人有资格享有本宣言所载的一切权利和自由，不分种族、肤色、性别、语言、宗教、政治或其他见解、国籍或社会出身、财产、出生或其他身分等任何区别。并且不得因一人所属的国家或领土的政治的、行政的或者国际的地位之不同而有所区别，无论该领土是独立领土、托管领土、非自治领土或者处于其他任何主权受限制的情况之下。"以此比较德里达解构外人的标准，如野蛮、未开化、前文明、前司法、外在、无家、无团体、无社会、无国家或社会、家庭、城邦，就可以知道这种理念是一脉相通的。

五 作为人的权利

把人看作人而不是敌人是一项基本人权，它源于人的自然性和共同居住在地球的事实。每一个人都有权利出现在地球的任何一个地方和角落，只要他的出现和在场符合他自己的意志和愿望。不被敌人的权利是规范化的人类观念，它提供了人与人在类意义上的平等视角。我们知道，权利总是与义务相伴而生。如果人人享有不被当作敌人看待的权利成立，就必然存在一个义务主体，即人人也有不把任何他人视为敌人的义务。因为这个义务的存在，不被当成敌人看待的权利才具有力量，正是在这个意义上，把人不当作人而当作"非人"侵犯了"不被敌人的权利"，换句话说，把他人视为敌人的行为就违反了每一个人应当遵循的道德和法律义务。道德义务自不待言，源于康德的人本权利观就是以自然权利为基础，就法律义务而言，不被敌人是一种权利，它应当也是反人类罪应当加以保护的利益，不被敌人的权利为反人类罪提供了扩大适用的理由。树立不被当作敌人看待的权利是所有人的权利，它在法律上的体现首先是通过借用反人类罪的规范表达对所有把自己当作敌人的人予以回击。

反人类罪的提出基于这样的观念，人类是一个平等的、和睦共处的大家庭，人们不分国家、种族、文化、信仰、阶层、性别都应享有公平、自由与尊严的基本人权。反人类罪从观念走向规范确立了反人类罪的义务和责任主体。《欧洲国际军事法庭宪章》规定："反人类罪即在战前或战时，对平民施行谋杀、灭绝、奴役、放逐及其他任何非人道行为；或基于政治的、种族的或宗教的理由，而为执行或有关本法庭管辖权内之任何犯罪而做出的迫害行为，至于其是否违反犯罪地法律则在所不问。"这个经典的反人类罪定义把适用范围限定在战争状态，且是针对平民所实施的迫害行为，但这个定义过于模糊也过于狭窄。稍有常识的人都知道，为了取得军事上的胜利，对平民的各种杀戮行为总是难以避免。纳粹德国屠杀犹太人、日本制造南京大屠杀血案固然都是针对平民的暴行，属于不折不扣的反人类罪行，而美军在广岛和长崎投放原子弹就没有预见到它会伤及平民百姓吗？不也同样属于对平民所实施的破坏行为吗？战争状态不仅指战场上战斗人员之间的杀戮行为——它不过是战争状态的一个显然的表现形式而已,该定义忽视了这一罪行的主观意图,即反人类罪行的先前行为。敌意是树敌的最初形态和主观犯意,如果没有敌意在先,并且为了执行这个敌意而实施消灭敌人的行动,战争就不会爆发。

制造敌人的理由往往是反人类罪定义中列举的政治、种族、宗教等因素。把他人视为敌人也就是将他人排除在人类共同体之外。制造敌人是一种构成性行为,还不是简单的犯罪的预备状态,它既是犯罪意图的表现,也具有行为犯的特征。倘若不在观念中清除敌人的概念,在行动中还时时刻刻以敌人的方式消灭敌人,反人类罪不仅还会发生,而且其规模和后果也会更广、更大和更深。按照霍布斯的理解,自然状态就是指敌对状态,即把其他个体或团体视为敌人的状态,这源于人们在自然状态中的相互恐惧和猜忌。① 终结自然状态就需要消灭敌对状态,而要消灭敌人首先应当祛除敌意。就法律意义而言,敌意是反人类罪的主观意图和故意,为此,需要扩大反人类罪的适用范围,让这一罪名适用于制造敌人或意图制造敌人的人和团体。如果以这样的标准考察反人类罪,非人与人、野蛮人和文明人、邪恶国家和正常国家等划分的观念和行动都带有反人类罪的嫌疑,这样的划分指明或暗示了"非人""野蛮人""无赖国家"等名称所具有的敌人性质,对这样的疑犯予以谴责和制裁将有利于人类团结和人类和平。

尽管从反人类罪的规范角度可以提供消灭敌意或敌人的强制力量,但这

---

① 从古至今,霍布斯看到了这样一幅人类社会的真正场面:"所有的国家即使与邻国相安无事,仍然派兵戍边,仍然用城墙、大门和卫兵保卫自己的城市。如果它们没有理由惧怕邻国,这又有什么意义?甚至在一国之内,在这种有着防范不法之徒的法律和惩罚的地方,公民个人没有武器防身仍不敢出游,不插上门栓以防备邻居,甚至锁上箱柜以防备仆人,就不敢上床睡觉。"见〔英〕霍布斯《论公民》"致读者的前言",应星等译,贵州人民出版社,2003,第10页。

仍然是事后的消极力量，消除敌意的积极力量或行动规范需要新熟人社会的视野和观念。泛泛地说"因为我们是人类"多少有点飘忽和空洞，也是不够的，正如阿伦特分析的那样，只有不断呼吁"让我们彼此之间成为朋友"才具有爱的真切性，这样才能在非人的世界里获得人性的光辉。[①] 每一个人都是人类共同体的成员，任何他人都与自己具有家族的相似性，我对他人的了解和理解正如同对自己的认识。新熟人是全球化背景下的地球主体，这是一个再熟人化的历史过程，而通过自由主义原理建构熟人关系正是新熟人社会与传统熟人社会最重要的区别之一。然而，在这样一种过程当中，有两种现象阻止了扩展的熟人社会的建构工作。

第一，把本来就属于共同体的成员通过流放等强制的方法排除在该共同体之外，使他们成为敌人或非人的存在；流放的本质乃是强迫一个人脱离原来所属的共同体。脱离了共同体的人不仅失去共同体的自然庇护和保障福利，也丧失了获得救济和正义的权利，因为这样的一些权利只有共同体的人才能享有。

事实上，所有流放或放逐都借用了"非我族类"的理由或类似的敌我划分方法，这样一来，对于实施者而言，既可以拆除被放逐人的申诉权利，也解除了道德上的负罪感。从纳粹德国彻底铲除犹太人的角度看，仅仅叙述犹太人有"缺陷"是不够的，其他德国人也多多少少有这些缺陷，重要的是，要把犹太人从人的范围内清除出去就必须宣布犹太人的"非人"性质，这就如同一个园艺师对花园的修葺，被宣布为草的植物才可以放心地铲除。犹太人的"非人"性质使得他们连罪犯的资格都失去了，因为罪犯还可以具有公民或人的身份，还可以通过这样或那样的方式予以改造或医治，但作为"非人"或"非公民"的犹太人则不行——他们在整体上不

[①] 参见〔美〕汉娜·阿伦特《黑暗时代的人们》，王凌云译，江苏教育出版社，2006，第20页。

具有医治性,属于那种"无价值的生命"。鲍曼就此指出:"将犹太人视为一种破坏秩序的力量,视为侵蚀所有同一性和威胁所有民族自觉成就的不可调和的对立群落;这种成见如同那种文化中其他公认是优越和可信赖的东西一样,早已沉积在高度权威的欧洲文化中并可以进行输入和输出的处理。"[1] 同样,在"二战"期间,美国把分散在全国各地的日裔美国人强制收容起来,关押在类似集中营的地方。把这些日裔美国人从他们各自的社区"拔"了出来,如同将正在生长的植物从原来的生长地"移植"或迁移到其他地方,而美国宪法及其救济机制对他们而言也失去了效力,他们从公民变为非公民乃至潜在的敌人。因此,根据不同的标准,出现了"不可调和的矛盾"或者"你死我活"的斗争策略时,就会出现大规模的对一部分社会成员的暴力性放逐。在"文革"时期,把一部分社会成员划分为"地、富、反、坏、右",就是把这些人排斥在人民共同体之外,为实施更大规模的阶级斗争提供了前提条件。

第二,把应当属于共同体的成员长期排除在共同体之外。在美国,黑人直到20世纪60年代才逐渐成为美国的正式公民,在此前的很长一段时间内,美国黑人正是作为被亚里士多德所称道的"会说话的工具"而长期存在。"9·11"之后,一些伊斯兰人被西方社会视为头号的潜在敌人,敌人刑法概念就是这一认识的产物。

敌人刑法是新形势下西方社会所制造的新敌人的理论化表现,它虽然迎合了西方社会的反恐需求,但仍然是敌我政治观的再现。敌人刑法对应于市民刑法,这种对刑法适用对象的区别一开始就把某些人设想为"非人类",按照敌人刑法的始作俑者雅克布斯的话说,某一部分人因为他们的行为本身就"不是一个人个体的存在","因此不能把他作为市民来对待,而是必须作

---

[1] 〔英〕鲍曼:《现代性与大屠杀》,杨渝东等译,译林出版社,2002,第106页。

为敌人来征伐"。① 用市民概念对比敌人概念，即使在西方历史上也是一个惊人的观念逆流，因为市民概念在其本来的意义上要比公民或民族的概念在范围上还要小，在现实的意义上，它不仅将早已在心中认可的人（如某些在西方约定俗成的极端分子）确定为敌人，也无视早已在自己身边的无国籍人或定居已久的外国人。我们有时候指责西方某些国家"对内实行民主，对外实行专政"，谴责他们对人对己采用两套标准，但在放逐理论的视野之下，对外人本身就没有标准，如果对外有标准也只能是自然状态的标准。既然西方共同体之外的所有社会都是野蛮或半野蛮的社会，那么，文明标准就不能适用于这样一些社会。时至今日，上面提到的关于敌我关系的"温特清单"仍在延续，一些被宣布为"流氓"或"无赖"的国家正是某些国家眼中的潜在敌人，文明冲突论的历史预言或"中国威胁论"的政治口号同样符合敌我角色的观念结构。无论是积极的放逐还是消极的放逐都强化了一种共同体的内部团结。

走向新敌人社会还是新熟人社会关涉人类社会的未来。新熟人社会理论诉求一个新的社会，这个社会还没有到来，但已经包含了将要到来的新社会的观念因素。它要求每一个人都有被视为人的权利，也有被认可或默认为熟人或朋友的权利，形成有助于人类和平的有机团结。然而，新熟人社会理论并不会通过单纯强制方法实现扩展的熟人社会，它只是通过"观念的转变"谋求指导行为和未来的方向，它不否定现代性的一系列成果，而是对现代性的定性作出新的解释，它要求对现代社会的人际关系"再熟人化"，扭转"去熟人化"的颓势。发现熟人社会和构建熟人社会是两个既有关联又相区别的概念，前者是有待考证和梳理的社会学主题，而后者

---

① 〔德〕雅克布斯：《市民刑法与敌人刑法》，徐育安译，载许玉秀主编《刑事法之基础与界限》，台北学林出版公司，2003。对敌人刑法理论的介绍及批判参见刘仁文《刑法的结构与视野》，北京大学出版社，2010。

作为一个"外展性的想象"并非没有现实的基础。如果还承认精神对物质的构成具有反向的构成性动力，如同当代的消费习惯往往是被创造出来的，那么，就必须承认新熟人关系的观念导向作用对调整人与人之间新型关系的真实且有效的正价值。新现实主义往往把物质结构置于优先考虑的地位，在某些情况下，物质条件起到了关键作用，"但是在大多数情况下，是观念使物质条件具有意义，不是物质条件使观念具有意义"。[①]

在人与人关系的观念定位上，从霍布斯的敌我结构走向康德的朋友结构提供了新熟人社会理论的新视角。不过，无论在世界还是一国范围内，只要敌意或敌我观仍然支配着政治或政治哲学，世界意义上的和平和个体人之间的和平就永远不会实现。需要反思的是，敌意虽然是一个观念上的定在，但是对陌生人社会的判断不是减轻了而是加重了敌我观念，对陌生人的恐惧导致了越来越多的敌人出现在这个世界上，这与人类对未来社会的美好预期背道而驰。

[①] 〔美〕亚历山大·温特：《国际政治的社会理论》，秦亚青译，上海世纪出版集团，2008，第253页。

第四章 受害人的权利救济

有什么样对受害人的认识，就有什么样对受害人的救济行动。对受害人地位和状况的判断既是主观命题也是客观命题。有三种关于救济受害人的理论：道德怜悯论、宗教救赎论和权利救济论。怜悯论和救赎论是关于他者和有关他者的救济观。他者救济观可以改善受害人的境况，或多或少减轻受害人的痛苦和不幸，却忽视了受害人自身的主体价值，导致"被救济"的温和式家长制效果。权利救济论是关于受害人自我救济的观念和理论，强调了受害人在救济问题上的主体资格和自由，关注避免或减轻苦难的社会和制度因素，实现了权利主体与救济主体的内在统一，推动了救济理论和实践从"被救济"向"自我救济"的转变和发展。在走向权利的时代，赋予受害人自我救济的制度品质，有助于建构与权利观念相契合的现代救济理论。

一　"命不好的人"、"受苦的人"与"不幸的人"

　　谁是受害人以及如何善待受害人是道德和政治哲学不能回避的重大问题，这也是考察人与人关系的重要视角和方法。我们首先从受害人自身的角度对受害人作出简单分类，然后对受害人的类型给予总体性的评价。
　　从历史的角度看，受害人由"命不好的人"、"受苦的人"和特殊的"不幸的人"构成，不同类型的受害人决定了不同的救济方法。同时，不同的受害人相互之间也存在着转化的通道，即存在着从一种类型的受害人向另一种受害人转化的事实和可能性。当然，受害人主体的转化不是线性的，而是结构性的，它意味着在任何社会中不同的受害人都具有现实性，只是何种类型的受害人占据结构的中心地位，它制约着救济方法的性质和方向。

（一）命不好的人

"命不好的人"是指那些具有自我归责并具泛神论意识的人，这种意识从根本上导致了自我谴责和自我否定的宿命论。一个命不好的人不是缺乏改善自己悲惨境况的能力，而是缺乏改善自己悲惨境况的资格和能动性。他虽然意识到了自己作为受害人的客观境况，却没有将这种客观境况当作一个可以克服的对象。更为严重的是，在"命不好的"人看来，自身存在就是自己成为受害人的主因。在19世纪之前，人们总是对那些"命不好的人"抱有最大限度的同情心。下面谈到的怜悯或不忍的理论发挥着主导性作用，救赎论和圣人救济观也应运而生。

（二）受苦的人

工业革命极大地改善了人类社会的物质生活条件，但也唤起了"饥寒交迫的奴隶，全世界受苦的人"的觉悟，在马克思主义理论的启发和推动下，革命、战争、暴力成为"受苦的人"的救济方法。在这一过程当中，加害人与受害人一道构成了具有相同性质指向的对立关系：压迫者和被压迫者、剥削者和被剥削者、统治者和被统治者、殖民者和被殖民者等。与此相适应，也存在着广泛体现在经济、文化和社会等各个方面的具体关系范畴，如家长和家子、男人和女人、白人和有色人、富人和穷人等等。与"命不好的人"相比，"受苦的人"开始意识到自己苦难的根源不在于前辈的罪过、大自然的反复无常和自己的原罪之身，而在于自身以外的因素，这些因素包括他人的过错、社会结构性压迫等。

（三）特殊的不幸的人

命不好的人和受苦的人都是不幸的人，此外还要关注一种"特殊的不幸的人"的生存境况，他们构成了现代性结构下新的受害主体。如果说"命不好的人"的糟糕命运尚可通过圣人、善人、好心人或来世得到改善，"受苦的人"可以革命、起义、解放、反叛等方式自我拯救，那么有一种不幸的人则既失去了救世主的眷恋，也失去了自我救济的能力和信心——自己既是受害人，也是加害人，受害人是使自己受害的加害主体的一部分。这种意义上的不幸的人没有赎罪的观念，也不认为自己是戴罪的主体，他们或许具有现代的权利意识，但由于对自己参与其中的社会过程缺乏必要的反省意识而时时处于恐惧状态之中，重要的是，特殊的不幸的人放弃了行使自我救济的权利，风险社会正是由现代性构造下的不幸的人所组成。

从规范的角度，对受害人类型还可以进一步划分和提升，大致分为自然受害人主义和社会受害人主义两种。

1.自然受害人主义把所有引起人的痛苦和不幸的因素都作为受害人的因素。在《大同书》中，康有为把它们归纳为下列六类三十八种：（1）人生之苦七：投胎、夭折、废疾、蛮野、边地、奴婢、妇女；（2）天灾之苦八：水旱饥荒、蝗虫、火灾、水灾、火山（附地震山崩）、屋坏、船沉（附车祸）、疫疠；（3）人道之苦五：鳏寡、孤独、疾病、贫穷、卑贱；（4）人治之苦五：刑狱、苛税、兵役、有国、有家；（5）人情之苦八：愚蠢、仇怨、爱恋、牵累、劳苦、愿欲、压制、阶级；（6）尊尚之苦五：富人、贵者、老寿、帝王、神圣仙佛。在自然受害人主义的主导之下，遍地都是受害人，人人皆是受害人，而且是客观意义上的受害人，甚至那些受情困扰的恋人们也是受害人。[1] 人道之苦、人治之苦、人情之苦和尊尚之苦可入人祸的

---

[1] 康有为：《大同书》，华夏出版社，2002，第9页。

范围，在人生之苦中，有的可以归于天灾范围，有的可归于人祸的范围。[①] 自然受害人主义把人所遭受的苦痛均归结于自然的和拟制的客观因素，揭示了人生苦难的表现形式和真实存在，关照了个体人的生存困境。不过，自然受害人主义带有强烈的宿命论和原罪论，无论天灾因素还是人祸因素都具有强烈的自我归责的倾向，渲染了此岸世界和彼岸世界的对立，增强了人的无力感，给人生涂抹了过于阴沉的色彩，而且不加区分地混淆人的七情六欲所展示出来的自然情感，也阻碍了人生的丰富性和人生品质的美学意义。

2. 与自然受害人主义不同，社会受害人主义更加关注受害人的"人祸"因素，对人祸的内涵作出了广义上的解释，也就是说，倘若不是直接由自然原因造成的灾祸均可以归结到人祸的项下，它强调社会原因特别是制度不公而使人遭受苦难沦为受害人的境况。柳宗元在阐释受害人的原因时强调了人祸胜于天灾的机理："孔子曰：'苛政猛于虎也！'吾尝疑乎是，今以蒋氏观之，犹信。呜呼！孰知赋敛之毒，有甚于是蛇者乎！"社会受害人主义虽然不否认人自身的过错以及天灾因素，但如果只通过人祸的视角认识和看待受害人，无形中减免或忽视了人的责任心以及人的理性不及的能力，容易较为彻底地导致无政府主义。这在东西方文化中都有所表现。老子"法令滋彰，盗贼多有"的判断固然谴责了无道的社会制度，但也削减了人自身的社会责任。源于西方的乌托邦主义虽然不否认政府存在的必要性，但对完美政府的设计和要求成为解决受害人问题的全部前提和出发点，同样忽视了人自身的因素以及反复无常的自然对人的损害因素。

自然受害人主义和社会受害人主义都是"理想类型"的理论处理方式，

[①] 何怀宏在对痛苦的原因作出分类时，直接就分为自然原因造成的痛苦和人为原因造成的痛苦两种。参见何怀宏《良心论》，上海三联书店，1994，第70~71页。

而事实上受害人往往具有自然受害者和社会受害者的双重因素。[①] 有时候，看似纯粹的自然受害者（包括凶年中的灾民和惯有的"鳏寡孤独"和"老幼废疾"），也会因荒政措施的合理和公平程度（"善政"）不及而沦为"二度受害者"。大自然的无情并不因人类社会政治良善的程度而减弱或消失，人生有涯也不必然以正义的社会结构为前提，然而，善政的价值在于不预先制造受害人，在灾难来临时至少不加重受害人的苦难，并且不遗余力地消弭或减轻受害人的困难境况，这构成了受害人正义的主要内容。

二 权利贫困

不同的原因造就了不同的苦难及其相应的受害人，而不同类型的受害人又决定了不同的救济方法。虽然对归责的讨论并非总是可以达成一致意见，但把一个人受害的原因归结为天灾还是人祸的范畴会产生不同的救济效果。举饥饿作为例子。饥饿是使人成为受害人的一个重要原因，如果认为饥饿总是由粮食匮乏或歉收等自然原因而引起，或者认为在人口与粮食之间发生了此消彼长的非平衡关系，一旦人口、田亩、粮食之间的比例严重失调，就会发生饥荒，在这个意义上，把饥荒或让人成为饿死鬼的原因归于天灾或人口增长似乎并无不妥，而解决这一难题的方案通常是在控制人口、开垦荒地、增加粮食产量、技术发明等方面做出选择。[②]

阿马蒂亚·森从权利理论的角度分析了饥饿产生的原因，讨论了食物分配的权利方法问题。在阿马蒂亚·森看来，即使那些看上去完全由自然原

[①] 南宋董煟的《救荒活民书》所列举的十六种救灾方法既有消除自然灾害的方法，也有改变或变为人为灾害的方法，包括：常平、义仓、劝分、禁遏籴、禁抑价、简旱、减赋、贷种、优农、遣使、治盗、捕蝗、和籴、劝种二麦、通融有无、预讲荒政。

[②] 《有关人口增长与食物供给的讨论》，参见〔英〕马尔萨斯《人口原理》，丁伟译，敦煌文艺出版社，2007。

因造成的大面积饥馑也不能笼统归结为天灾，饥荒不取决于食物函数，而取决于权利函数，后者是指人们获取和支配食物的资格和能力等一系列因素。"如果说食物供给本身对饥饿现象的普遍存在有什么影响的话，其影响也可以被认为是通过权利关系而发生的。如果在这个世界上有八分之一的人正在遭受饥饿，那么这只是他们未能获得充分的食物权利的结果，并不直接涉及到物质的食物供给问题。"① 获得食物的权利，正如其他的基本人权一样，是基于人的生存需要而产生的一种资格、能力和自由，这样的权利可以向国家发出命令并且具有正当性，从而最大限度地减少、减轻或避免饥饿。倘若人们缺乏获得食物的权利，就会出现即使粮食增产了也会产生饥荒的现象。正因为如此，阿马蒂亚·森指出："如果没有社会保障系统，今天美国或英国的失业状况会使很多人挨饿，甚至有可能发展成饥荒。因此，成功地避免了饥荒发生，靠的不是英国人的平均高收入，也不是美国人的普遍富裕，而是由其社会保障系统所提供保证的最低限度的交换权利。"② 因此，不是食物的匮乏或粮食歉收等自然天灾因素，而是权利贫困是导致饥荒的重要原因，权利贫困不是自然天灾而是制度天灾，或者可以被恰当地列为不可归责于受害人自身原因的人祸。

权利贫困是近代自然法理论和自由主义哲学的重要主题。霍布斯在其政治哲学形成的过程中首次提出了讨论权利的前提——"权利问题"。在明确肯定了人人都享有不可剥夺的自然权利之后，霍布斯指出权利问题就是"争辩的双方都相信他们自己是受害方"。③ 既然先天地确立了每一个人都是受害人或潜在的受害人，那么在自然状态中人人既是自己或涉及自己案件的当事人，也是这些案件的裁决者和执行者，人人为了生存的需要都有捍卫自己

---

① 〔印度〕阿马蒂亚·森:《贫困与饥荒》，王宇等译，商务印书馆，2001，第14页。
② 〔印度〕阿马蒂亚·森:《贫困与饥荒》，王宇等译，商务印书馆，2001，第13页。
③ 〔英〕霍布斯:《论公民》，应星等译，贵州人民出版社，2003，第35页。

生命、自由、身体和财产的绝对权利,"而这种权利即战争的权利"。[1] 由战争所引发的人们之间的相互冲突危及人们的生命、财产及自我保存,在这一过程当中,死亡的恐惧始终笼罩在人们的心头。自然状态是不是一个独立存在的历史阶段,以及在社会状态之前是否真实地有一个自然状态是一个问题,而用一些概念和条件刻画出一个谈话的背景,并在这一背景下解释所要把握的真问题是另外一个问题。几乎所有的人都没有真诚地相信在社会状态之前有一个自然状态时期,卢梭承认自然状态是一种"不再存在,也许从未存在,可能将来也不会存在"[2]的状态。但是,对于自然状态的主张者而言,需要确立社会状态的起点,使社会状态成为可能,重要的是要为国家和政府的合法性确立新的基础,政治作为科学的意义正在于此。

霍布斯一开始就把自然状态定义为战争状态——一种充满了血腥的人与人之间争斗的混乱状态。人们为了自我保全,而对危及自己或将要危及自己的事物奋起抵抗或实施打击。保存自己的自卫行为不仅合情合理,而且是一项不可剥夺的自然权利,自我保存和为了自我保存所必需的手段表达了人的最强烈、最根本的欲求。"每个人都有自我保存的权利,因此也有为此目的采取各种必要的手段的权利。这些手段的必要性是由他自己来判断的。只要他判断对自我保存是必要的,他就有权利做一切事情,拥有一切东西。在对一个实际采取行动的人作判断时,他所做的一切都是合法的,即使那是错误的行为,也因其出自他的判断而是合法的。"[3] 正确的理性即自然法要求权利主体对是否有助于自我保存的任何事情作出判断。"就自然法而言,一个人是他自己事情的裁决者,无论他要采取的手段和行动对他的生命是否必

---

[1] 〔英〕霍布斯:《论公民》"献词",应星等译,贵州人民出版社,2003,第12页。
[2] 〔法〕卢梭:《论人类不平等的起源和基础》,李常山译,商务印书馆,1997,第102~103页,前言。
[3] 〔英〕霍布斯:《论公民》,应星等译,贵州人民出版社,2003,第12页。

要。"[1] 判断权作为一项权利具有绝对的性质，判断的标准在于权利主体，权利不从义务出，而是义务从权利出。列奥·施特劳斯正确评价道："所有的义务都是从根本的和不可离弃的自我保全的权利中派生出来的。因此，就不存在什么绝对的或无条件的义务。——唯有自我保全的权利才是无条件的或绝对的。按照自然，世间只存在着一项不折不扣的权利，而并不存在什么不折不扣的义务。"[2] 赋予人们在自然状态下享有自然权利，这种自然权利指向自我保全的客观存在，确立了权利救济哲学的逻辑起点，完成了权利主体和救济主体的内在统一。因此，霍布斯的权利问题不仅是关于权利的一般问题，也是权利救济的专门问题，它赋予了任何一个个人判断自己是不是受害人以及救济的方法。

虽然拥有权利的受害人并非一定就是受害人，但是唯有将认定受害人的权利赋予本人才能体现权利的主体属性。把受害人资格的认定权通过权利方法赋予每一个人否弃了受害人划分类型上的主观和客观因素的二元论，无论天灾还是人祸所导致的苦难只有通过有权利的受害人的认可或追认才能成就救济的合法性。

三　救济的哲学分类

救济是伦理学、道德哲学和人道主义哲学不可回避的命题。在进一步考察权利救济问题之前，让我们简单地考察与此有别的其他救济理论。

（一）怜悯论

从性善论出发，怜悯论强调道德情感对受苦受难人的同情和安慰，它推导出人的自发情感对受害人的补救和救济功能，同时也成就了一种善人理

---

[1] 〔英〕霍布斯：《论公民》，应星等译，贵州人民出版社，2003，第8页。
[2] 〔美〕列奥·施特劳斯：《自然权利和历史》，彭刚译，三联书店，2003，第185页。

论，它在政治上的表现就是善政理论。对受苦受难的人（还可以扩展到一切有生命的动物）产生怜悯之心或不忍之心乃是一个不证自明的问题。人们对受苦受难的人生发怜悯之心，对其遭遇抱以同情，对其不幸表露不忍，这是近乎本能的自然情感流露。这种本能"反应之及时、现象之普遍及本质之无私，这对于东西两种传统来说，当是一个共通的本源性的经历"。[①] 孟子直接赋予了人与怜悯心共生共存的品质。亚当·斯密认为，看到别人痛苦，立即就想到自己的处境，这是一种由己及人、设身处地的联想方法。"由于任何痛苦或烦恼都会使一个人极度悲伤，所以当我们设想或想象自己处在这种情况之中时，也会在一定程度上产生同我们的想象力的大小成比例的类似情绪。"[②] 卢梭指出，人只有开动了其想象力，才能有感于怜悯之情。[③] 不过，从自然情感的流露到从他人那里感受自己的快慰与否产生了利己的怜悯和利他的怜悯的分野。在《爱弥儿》的一条注文中，卢梭指出，我是"把我的同类当作自己"，"可以说是在他人那里去感受自己"，只是"因为自己不愿受苦才不愿他人受苦"。不仅如此，卢梭还从对他人的怜悯中体验到怜悯心的"甘美"，"怜悯心乃是甜的，因为在为受苦之人设身处地之余，人亦会为自己不拟此人一般苦痛而快慰于心"。[④] 这样一来，怜悯心具有了利己的性质，包含了满足自己心灵舒适的因素。孟子坚决否认不忍之心具有自利性质，竭力避免不忍之心走向自利，保障不忍之心源头上的纯洁性，但就此否认不忍之心所产生的最终结果包含自利的因素却难以成立，即使不忍之心不具有任何自私自利的性质，而是一般意义上的利他主义，也不能在实证意义上证明在利己的怜悯论和利他的怜悯论之间哪

---

① 〔法〕弗朗索瓦·于连：《道德奠基：孟子与启蒙哲人的对话》，宋刚译，北京大学出版社，2002，第17页。
② 〔英〕亚当·斯密：《道德情操论》，蒋自强等译，商务印书馆，1997，第6页。
③ 〔法〕卢梭：《爱弥儿》，李平沤译，商务印书馆，1996，第261页。
④ 〔法〕卢梭：《爱弥儿》，李平沤译，商务印书馆，1996，第259~260页。

一个更具有正当性。

　　纠缠于怜悯论的动机固然可以强化怜悯心的基础，但并非一定会给怜悯心带来好的名声。从情感的自然流露到对所怜悯的对象救济，仍存在着一个不可忽视的中介。因为只有怜悯心，而没有救济行动，即使利他性质的怜悯论也只是受苦受难世界的旁观者。换句话说，怜悯心的自然流露并不会自动带来救济行动，源于怜悯心的救济只是救济者对救济对象的内心行为，它只在标示救济者的愿望方面体现了救济的道德品质。不论是利己的怜悯论还是利他的怜悯论，都借助了人的感官和心理体验，在不同的人那里产生不同的效果，这些效果虽然都服从对受苦受难人所遭受痛苦的体验或共鸣，其强弱、程度也不同，但存在较大的随意性和主观性，往往使怜悯心成为高贵而神秘的东西。

（二）救赎论

　　救赎理论从超自然或超人的角度解释和试图缓解人所遭受的当下痛苦，以此获得人在来世的幸福。救赎理论总体上乃是一种宗教哲学，它的典型表现形式是神学救赎理论和儒家的圣人救济天下的理论。在基督教神学的观念之下，被救赎的对象是那些在人世间的受苦受难者，由于原罪观念，人们从出生开始就是罪人，因而也是受苦受难者，他们唯有通过上帝或超人的帮助才能摆脱人间所遭受的苦难。这种借助于超自然、非现实力量救济人生苦难的方法为那些处于水深火热的人提供了精神上的依托，受此信念支配的人在不自觉状态中成为纯粹的救赎对象。中国虽然没有宗教的传统，但圣人往往被誉为拯救生民的救星和保障者。圣人不是上帝，但发挥了上帝的作用。儒家意识到，不仅要造就圣人，而且要使圣人成为在位者，以此成就儒家救济天下的理想目标。圣人救济论也被称为成圣论。在历史上，成圣论的思想质料有两个要点：一是个我之心即为宇宙之心；二是此心应担当德化和救济天下之大任。① 这种成圣观到了宋儒张载那里得到了高度的概括："为天地立心，为生民立命，为往圣续绝学，为万世开太平。"这几句气势磅礴的话语几乎成了中国知识分子从政的座右铭。然而，如果看不到天地本有心、生民本有命的道理，圣人救济论就会弥漫于历史和社会之间成为大而无当的东西。

怜悯理论和救赎理论都可以归结为他者救济义务论，这是一种视角，也是一种单向的线性救济路线。如果救济主体在行动上实施了救济行为，也产生了救济的效果，那么主要是救济主体的道德行为发挥了作用，救济的对象即受害人总需要等待被救济。被救济主体始终受制于救济主体的愿望、能力和行为。如果救济行动是一种实践理性，那么一切以他人的欲望或自愿为基础的法则都是有缺陷的。除非救济行为受到普遍性发展的制约，否则它就会形成一项特权成为既施惠于人也压制人的东西。

康德认为，决定普遍性法则的是其形式而非实质内容，自然义务论正是这种形式性的道德实践法则。罗尔斯进一步把自然义务分为肯定性义务和否定性义务。肯定性义务是一种要为另一个人做某种好事的义务，即当别人在需要或危险时帮助他的义务；否定性义务要求我们不要做不好的事情，即不损害或伤害另一个人的义务，不施予不必要的痛苦的义务。② 自然义务论充分体现出了道德的形式法则。道德的义务性，使道德总是从"你不得不为"或"你不得为"的普遍性法则中获得了独立的价值判断。从自然义务的两种性质中直接推导出两种性质的道德也是顺理成章的，即义务的道德和愿望的道德。义务的道德乃是这样一种道德，它从最低点出发，确立了使有序社会成为可能或者使有序社会得以达致其特定目标的那些基本规则，它是旧约和十诫的道德。与此相对应，愿望的道德是以人类所能达致的最高境界作为出发点，是善的生活的道德、卓越的道德以及充分实现人之力量的道

---

① 刘小枫：《儒家革命精神流源考》，上海三联书店，2000。
② 〔美〕罗尔斯：《正义论》，何怀宏等译，中国社会科学出版社，1988，第114~117页。

德。① 按照这种理解，从人不得为恶到人应为善只是一个道德尺度的问题，不伤害他人是道德，对遭受伤害的人给予帮助也是道德的，救济的道德或救济的自然义务所要求的是一种愿望的道德，而不是义务的道德。

由此看出，从自然情感到自然义务，使救济的理论基础发生重大变化，使善的道德理论作为科学对象成为可能，这种变化肯定了救济的理性法则，确立了救济的抽象标准，为一种有序的救济提供了据以判断的准则。然而，不论自然情感论还是自然义务论仍然没有超出他者的救济义务论范畴。如果说自然情感是所有的人都会自然而然从心地里流露出的反应，那么，这里的所有人是指除了受害人以外的所有人，受害人成为所有人怜悯和救济的对象。受害人需要得到救济的原因出自救济主体的怜悯、同情，而不是别的什么因素。自然义务论虽然不排斥自然情感论的存在和发展，对自然情感的可操作性也表示怀疑，但同样是他者的视角，受害人需要得到救济只是因为救济主体有这样一种义务，这种救济义务体现的是救济主体自身向善的追求和愿望。自然情感论中的他者是一般主体，对于自然义务论主体而言，由于帮助受害人是一种积极的人格完善上的需要，它所指向的救济主体应当具备不同于一般人的潜能，并非所有的人都可以做到这一点，因而积极的自然义务论中的他者仍然是特殊的救济主体。

他者的救济观呈现出了一种我与他的关系，它意味着只是从我出发来审视他的境况，并做出关于改善不幸景况的种种设计。受害人成为被审视和待考察的对象。在这一关系中，道德的救济主体掌控了救济的主导权和救济过程。对于这种救济主体而言，正如布伯所指出的，"自以为有能力恣意攫取，但他并不能由此转成实体，他永为一种功能，一种能力，永为经验者，利用者，仅此而已。"② 因此，不论起源于自然情感还是自然义务的救济主体都有

---

① 〔美〕富勒:《法律的道德性》，郑戈译，商务印书馆，2005，第7~19页。
② 〔德〕马丁·布伯:《我与你》，陈维刚译，三联书店，2002，第56页。

可能成为决定他人命运的决定性力量，倘若自然情感或自然义务不能作为权利救济的资源和基础，那么受害人的不幸命运是否或在多大程度上得以改善取决于救济主体设计的完善程度。

（三）垄断善业：他者义务论的可能后果

作为他者义务论的救济理论，无论表现在救赎还是怜悯的形式上，在连续性的救济受害人的过程中，如果不加控制和必要的外在约束，就极有可能导致对善业的垄断状态，以致把一种具有善意的事业变成少数人掌控的权力资源的组成部分。事实上，通过善业的形式争取民心是历史发展过程中常有的现象。在任何时候，使自己始终处于合法性地位固然是所有政权刻意追求的，但在各种形式的苦难必然存在的社会中，用善业换取合法性资源仍然是治者不得不从事的事业。造福民众的首要任务是要救民众于水火之中，中国历史上救灾活命术的一个重要功能就是要显现皇恩浩荡。[①]

善业的特权属性是慈善事业的病态，虽然不一定必然是一种虚假状态。只要善业不是纯粹的存在，还多多少少夹杂着自私的成分，哪怕这种自私的成分微乎其微也足以让行善主体拥有善业的特权。除非善业是一项无条件的行动，在这种行动中没有动机的规定和企图，也没有目的的实现表达，善业则必然显现为非纯粹的性能。尼采在《道德谱系论》中批评道德的伪善，指认道德的总体属性乃是奴隶的哲学，或者不妨说道德是弱者的武器。这种学说是"愤世"理论学派最早的发现和较为彻底的表达，在宗教伦理形成过程中发挥了重要的影响。

在历史上，宗教团体最系统地垄断了善业，也最先为苦难、怜悯心找到了可以解脱和使用的归宿。韦伯指出："宗教的结社与共同体在充分发展时

---

① 〔美〕魏丕信：《略论中华帝国晚期的荒政指南》，曹新宇译，载李文海等编《天有凶年：清代灾荒与中国社会》，三联书店，2007。

属于统治共同体型：它们是教权制的共同体，就是说，它们的统治权力建立在施舍或不施舍福祉的垄断上面。一切统治权力，世俗的与宗教的，政治的与非政治的，都可以视为从某种纯粹类型中演变出来或者接近这些纯粹型的权力。"① 对善业的垄断是所有统治型权力中最彻底和最纯粹的形式，之所以如此，乃是因为这种统治方式最能够也极为容易地捕获人心民意，从而获得统治者梦寐以求的也许是代价最少的合法性资源。几乎所有的宗教在它们起源的时候往往都是苦难之人或贱民自救的共同体，但最终都成为由社会精英掌控的社会权力资源的一部分，这种从自救到他救的轨迹转变显示了历史发展的复杂性以及隐蔽的规律性。

把一项义务转变为一项权利（这里主要是指特权）显示了善业的双重控制论。一种是幸福神义论意义上的心理控制论，另外一种是统治策略上的政治控制论，这两种控制论都达到了垄断善业资源的目的，而不论垄断效果是有意识的行为还是无意识的作为。善业资源是一种情感资源，当然也是一种稀缺的自然资源，对善业资源的任何形式的垄断只会使这一资源日益枯竭。特权当然是一种权利，虽然特权只是少数人的权利。对于具有幸福神义论精神的人而言，这是他的福分所在，是自己命好的再现，相对于那些"命不好"的人，他需要满足这方面的需求。"如果把'福'这个一般性的表达理解为一切荣誉、权势、占有、享受之类的财富，那么，这就是宗教要为一切统治者、占有者、胜利者、健康者，简言之：一切有福之人效劳的最普遍的公式，即幸福的神义论。"② 在这个意义上，伪善、假仁假义和施舍就只有程度之别而无性质上的差异。

对善业的政治控制最初的目的并不是争夺短缺的善业资源，而是一场对弱势群体施加控制的权力斗争，统治者通过排斥、打击或剥夺被认为的政治

---

① 〔德〕马克斯·韦伯：《儒教与道教》，王容芬译，商务印书馆，1995，第33~34页。
② 〔德〕马克斯·韦伯：《儒教与道教》，王容芬译，商务印书馆，1995，第9~10页。

对手而获得对弱势群体的控制权。"在封建统治者眼中，民间慈善事业带有'人臣私惠'、争夺民众信任资源的嫌疑，所以任何由个人或非政府组织举办的善举都必须处于政府的监管之下，以'补王政之穷'。"[①] 然而，国家往往虽有全权却无全能实施和照理所有值得从事的善业，为了弥补这种不足，特别税、特殊的徭役和名目繁多的摊派就成为重要的国策。[②] 每当国家的权力越过其界限而走向市民社会或民间社会的领域时，这种争夺战就会发生。在这种情况下，被垄断的善业就会从一种公共利益转为国家利益或特殊的集团利益，从而成为制造新的受害人的因素。

四　作为正义的权利制度

权利救济理论是现代权利理论的重要组成部分，它假设人人都是平等的主体，这种平等既包括政治权利的平等，也包括经济、社会和文化权利的平等。权利救济理论中的救济概念就是"权利的权利"，它预示着权利主体和救济主体的统一，享有权利的人既有自我认定受害人境况的资格，也有要求他人、社会和国家给予救济的资格。救济行动的根据来自受害人的权利而不是他人的道德义务，只是因为受害人有了救济的权利，提供救济的人才有了救济的义务，这种救济的权利和义务关系确立了受害人与他人之间的平等关系，从而瓦解了他者救济观中的家长式的恩赐效力。此外，在权利救济理论中，受害人是指他的正当权益受到损害的人，正当权利是关于正当权益的

---

① 万方：《慈善之痛：国家权力下的清代民间慈善事业》，载《书屋》2007年第1期。
② 在清代，通过官府向各同业行会劝募收取诸多名目的捐款，如盐捐、米捐、木捐、箔捐、锡捐、绸捐、典捐、丝捐、钱捐、土捐、煤铁捐、药捐、纸捐、洋油捐等，可达十四种之多，且"善举事业已经完全徭役化，而且一旦招惹上身，不但本人终生不得摆脱，还延及子孙，成为一个家庭永远无法摆脱的噩梦"。万方：《慈善之痛：国家权力下的清代民间慈善事业》，载《书屋》2007年第1期。

指涉性概念，在这个意义上，受害人是指他的权利受到损害的人，受害人的救济问题也就是受害人的权利救济问题，这一问题指向受害人自我救济的观念和学说，否弃的是他者救济的义务论。

自我救济的权利既体现在私力救济中，也体现在公力救济中——只要我们认为现代社会的救济制度是依照人民主权原则由每一个人授权的结果，它还体现在具有商谈意蕴的自力救济这种面对面的和解行动和理性当中。私力救济、公力救济和自力救济都体现了现代权利救济理论中自我救济这一本质性要求，这三种救济形式分别关照了自我救济的合理性、合法性和妥当性。当然，自我救济权利的预设并不意味着在权利救济的理论中只有受害人的自我救济行动，从而缺乏他者救济的义务；相反，这种预设恰恰加强了他者救济的义务，但只有受害人有此权利时，这种义务的存在才是有效的。救济主体从他者救济观转向自我救济使救济理论发生了重大的转折，受害人的地位在救济实践中从客体走向主体，从被动救济走向主动救济。这一转变也消解了一切救世主的形象，真正预示着一个新的时代的来临，它提示了以权利为中心建构社会制度的重要性。[1]

如前所述，人具有恻隐之心固然重要，但对救济受害人而言总是有限的，也往往是靠不住的，超越自然情感的理性救济观就是一种不错的选择，走制度化道路才更为长久和有效。何怀宏指出："恻隐作为一种最初的道德情感，它最主要的发展当然是要和理性结合，它不能满足于自身，不能停留于自身。我们不能以我们是有同情心的，我们是好心肠的而自足，因为这种感觉若无理性指导经常是盲目的，常常失之过分，或者方式不当和动力不足。"[2] 孟子从不忍之心出发，走向的是不忍人之政的道路，仁政才是孟子所

---

[1] 关于权利救济本质的分析，参见贺海仁《谁是纠纷的最终裁判者：权利救济原理导论》，社会科学文献出版社，2007。

[2] 何怀宏：《良心论》，上海三联书店，1994，第97页。

要关注的最后对象。仁政的实质仍是一种圣人救济观,或者说是一种特殊主体的他者救济观。梁启超批判性地指出:"孟子仅言'保民',言'救民',言'民之父母',而未尝言民自为治,近世所谓 of people, for people, by people 之三原则,孟子仅发明 of 与 for 之二义,而未能发明 by 义。"① 制度作为一种规范性力量体现了人的理性的集体行动逻辑,但制度从来都有好坏之分。近代以来,随着民族国家和人民主权论的兴起,公共权力被赋予法治的品德。这意味着即使出于善意的动机和目的,公共权力也必然要得到法律上的授权。因此,制定良法就成为公共权力实施善政的前提。制定法律并不是简单的主权者的命令,不是主权者想立什么法就立什么法,正义要求主权者制定的法律应当是良好的,有良法也才有善政。

不同的社会有不同的对良法的判断标准,但它们都指向正义原则。在西方,符合自然法(Natural Law)的法律就是良法。自然法,也称"本性的法律"、"永恒的法律"或"上帝的律法",它们确定了合乎人性和理性的立法的极终原则。在中国,在立法原则上,道家强调"法自然"、墨家主张"法天",儒家提倡"顺天",也同样表达了一种确立良法准则的原则。亚里士多德曾经精辟地为良法确立了一个标准,即人民普遍地、自愿地服从的法律就是良法。按照这一逻辑,人们普遍不服从的法律就是恶法,恶法是良法的对立面,在恶法之下没有善,但重要的是,它使每一个人都是良法的自我立法者。现代社会把评判制度好坏的权利赋予每一个人,它相信每一个人对自己的利益和痛苦所作出的判断就是最好的判断,就救济行动而言,让每一个感知、判断自己作为受害人的权利的制度就是最好的制度,在这个前提下,体现自我救济权利的制度就是最好的制度。

现代意义上的善政关乎国家和政府的品质,它所表达的是民众对一种

---

① 梁启超:《老孔墨以后学派概观》,载《梁启超全集》,北京出版社,2002,第3307~3309 页。

成为正义的社会制度的向往和追求。根据罗尔斯的正义论,正义的社会需要两个原则,第一个原则是平等自由原则,第二个原则是机会平等原则和差别原则的结合。这两个原则具有词典式的排列顺序但共同构成了正义的整体结构,它们既捍卫了"每一个人的利益"的自由原则,也体现了"合乎最少受惠者的最大利益"的平等原则。

从并非假设性的前提出发,特定社会中人们的苦难程度大致有四种指标作为衡量的标准:(1)最大多数人的最大幸福;(2)最大多数人的最大苦难;(3)最小少数人的最大幸福;(4)最小少数人的最大苦难。我们把这四种指标以两组为单位进行组合,就有两组的组合体系。第一组是最大多数人的最大幸福与最小少数人的最大苦难;第二组是最小少数人的最大幸福与最大多数人的最大苦难。从正义的角度看,最为正义的社会应当是实现了全体人的最大幸福的社会,如果没有这样的社会或者无法实现这样的社会,就退而求其次,追求最大多数人的最大幸福的社会,这是古典功利主义愿意打造的社会;再次的社会就是维护最小少数人最大幸福的社会,它所反映的是最大多数人的最大苦难的社会,它的幸福余额是负数,因而被古典功利主义者视为不正义的社会。

罗尔斯在论述一种正义的社会时指出:"我们假定存在着平等的自由和公平机会所要求的制度结构,那么,当且仅当境遇较好者的较高期望是作为提高最少获利者的期望计划的一部分而发挥作用时,它们是公正的。"[1] 在承认社会中存在"境遇较好者"和"最少获利者"的前提下,判断一个社会是否正义的标准是把提高"最少获利者"期望的计划作为提高"境遇较好者"期望的计划的一个组成部分,这样一来,罗尔斯的正义理论在主体上就选择了一个观察点,即从"最少获利者"的角度看待社会正义问题。对此,罗尔斯明

---

[1] 〔美〕罗尔斯:《正义论》,何怀宏译,中国社会科学出版社,1988,第76页。

确指出:"社会结构并不确立和保障那些状况较好的人的较好前景,除非这样做适合于那些较不幸运的人的利益。"① 分享社会发展带来的成果是以改善和提高社会中"最少获利者"或"较不幸运的人"的景况为前提的,正义的社会反对两种倾向和做法:一是可以使许多人分享较大利益而剥夺少数人的自由,它包含为了少数人的利益而剥夺大多数人的自由;二是可以用一些人的较大利益补偿另一些人的较少损失。这两种非正义的社会现象可以是相辅相成的,即用剥夺一些人的自由和利益作为获取自己的利益的来源,而后再用可能的余额来弥补受损人的损失,但正义社会拒绝用事后的补偿来论证侵犯的正当性。

存善心、行善举不必非要与正义的制度挂钩。人们通常所说的善出自人的自然本性,是人的善性的体现。中国传统社会的行善史表明,民间士庶和民间慈善机构承担了修善、劝善和行善的重大责任,② 但不见得这些行善行为所处的社会就是正义的社会。行善总体上是一种道德行为,受制于特定的道德规范,是一种自觉性的行为。就善政而言,公共权力必须按照最少受惠者的要求实施有利于他们的最佳行为。在正义的社会前提下,最少受惠者与善政的关系是权利—义务的关系,而不是请求—体恤的关系。在请求—体恤关系中,"体恤的责任在本质上是关怀的责任,兼听的责任,为民作主的责任,亲民爱民的责任,而不是与社会成员权利要求相对应的义务。——尽管社会成员有各种各样的请求,但是,这些请求最终要服从公共权力存在和运行的需要,不是非满足不可。社会成员也不可能让公共权力必须满足自己的请求"。③ 在权利—义务关系中,满足最少受惠者的需要和最大利益是最

---

① 〔美〕罗尔斯:《正义论》,何怀宏译,中国社会科学出版社,1988,第76页。
② 游子安:《善与人同——明清以来的慈善与教化》,中华书局,2005。
③ 夏勇:《乡民公法权利的生成》,载夏勇主编《走向权利的时代——中国公民权利发展研究》,中国政法大学出版社,2000,第627页。

少受惠者的权利，是最少受惠者的资格、利益、自由和主张，与此相适应，就公共权力而言，满足最少受惠者的需求和最大利益是不得不为的义务。一个社会如果在制度设计中为最少受惠者赋予了这样的一种权利，并且为公共权力设定了这样一种义务，那么，这样的制度可以称得上善政。

五　小结

人生在世，痛苦是不可避免的，但人自身不应当是痛苦的根源，不是需要被否定的对象。各种宗教都看到了人类苦难，并且对解救人的苦难提供了药理和药方，在某种程度上，减轻、消除人痛苦的学说都具有宗教的性质——假如宗教的起源和性质都是在谋求对痛苦的认识和规避。不过，关注人的痛苦，减轻或消除人的痛苦的理论和制度并非一定就是一种宗教。如果一个社会在设置它的基本结构时不仅可以有效地减轻或消除人的痛苦，并且尽量避免产生痛苦，人们就不必等到下辈子才可以消除痛苦。因此，不仅需要一种在人世间就可以达到效果，而且不必使遭受痛苦的人以自我消化的方式解决痛苦的理论和制度就是一种现代意义上的受害人的理论和制度。

在权利救济的理论视野下，受害人是指所有那些认为自己权利受到侵害的人，每一个人都有这样一个认定自己权利受到侵害的主观权利，这意味着应当赋予每个人自我确认受害人的资格和自由。在这个前提下，区分"命不好的人"、"受苦的人"和"不幸的人"才具有现实基础，也为甄别不同形式的救济理论确立了立论的基础和方向。权利救济理论承认受害人作为权利主体和救济主体的重叠身份，它的使命在于贯彻自我救济的权利这一核心观念，与道德范式下的怜悯论和神学意义上的救赎学拉开了距离，以此张扬人的价值和自我救赎的世俗意义，为与一种合乎正义的社会结构相契合的善政提供驱动力。

第五章

上访救济的功能转化及其命运

上访救济作为独特的公力救济形式在相当长的历史时期发挥了重要的作用。20世纪90年代以来，上访救济的功能发生了实质性变化，从"上访"走向"下访"、从"千方百计上京城"到"依法就地解决问题"预示着上访救济在国家治理结构中功能的转化。在上访救济存废论的背后，政府作为全职全能的角色正在发生变化，不过，淡化软性上访权，分置硬性上访权，仍需要在制度上处理好"审判审判者"的问题，对领导审批案件的批评和对司法救济的适度张扬仍然是必要的。

一　京控与上访

上访的话语和语境，无论在传统社会抑或当代中国，都有着关于救济的特定内涵和信息。几千年来，上访承载着普通民众对国家权力的企盼，是中国人传统的权利救济方式，也是中国人实现正义的原始路径。如果说中国人有什么天赋权利的话，那么上访则是那种至少在程序意义上不可也不能剥夺的权利，从传统社会的"京控"到当代社会的"信访"，无不贯彻了这一主题。

京控制度在我国源远流长，汉朝早期就已实施疑难案件上呈御前审判制度，至少从隋朝开始，京控人可以进京告御状。清代沿袭古制，原则上准许百姓上访京城告御状。清初叩阍的地方通常在通政司、登闻院两处，分别称为告"通状"和"鼓状"，后登闻院并入通政司，但除刑部外，有权接受叩阍的部门还有都察院、五城察院、顺天府、步兵统领衙门，旗人还可以到八旗都统、佐领处控告。① 在中国传统法律文化背景下，京控的话语和实践，包含着特定意义上的关于权利救济的制度信息。"京控既是启示的工具又是补救的工具，这种双重性质，解释了何以在一个奉行认为诉讼有损和谐的儒家思想的社会要有一个延续诉讼存在的机制。"② 就京控的启示功能而言，京控显示出它作为国家治理功能的特征。这是一种独特的国家治理方式，是一种可以称为"案例治国"的技术，通过对数量有限但包含了异常丰富信息的案件的裁决，京控发挥着统治者尤其是最高统治者体察民情、了解民意、监督官吏、抑制冤情的重要职能。然而，从京控人的角度看，京控的补救功能更为重要，实现个体正义的需求鼓励和激励着京控人千辛万苦地从事京控活动，从这个意义上讲，京控无非是中国传统社会实现实体正义的特殊方式。

在现代社会中，权利是关于正当事务的指涉性概念，一旦权利受到侵害，权利所指涉的正当事务就会遭到扭曲。更为重要的是，权利是一个实践性概念，是康德所说的人与人外在的实践的关系③，权利遭到侵害意味着权利所确立的人与人之间的正当关系遭到破坏。因此，还原正当的事务，恢复和谐的关系，就成为救济的基本价值和目标。从自我救济的权利原理出发，权利救济大致分为私力救济、公力救济和自力救济三种理想类型。④ 私力救济是一方当事人按照自己的意志、能力解决争议的方式，不论争议具有怎样的性质，对案件是非曲直的判断均建立在一方当事人意志或能力可以支配的范围内，也就是说，当事人一方当然是当事人，但也是处理自己案件的裁

---

① 张晋藩：《清代法制史》，中华书局，1998，第620页。
② 〔美〕欧中坦：《千方百计上京城：清朝的京控》，谢鹏程译，载贺卫方等编《美国学者论中国法律传统》（增订版），清华大学出版社，2004，第514页。
③ 〔德〕康德：《法的形而上学原理》，沈叔平译，商务印书馆，2001，第39页。
④ 私力救济、公力救济和自力救济的划分及其相互关系，参见贺海仁《谁是纠纷的最终裁判者：权利救济原理导论》，社会科学文献出版社，2007。

判者。与只靠当事人一方就能解决争议或令争议搁置鲜明地体现了私力救济的不同。对于公力救济而言,在当事人之上存在一个不偏不倚的"他者",这个"他者"运用自己的权力和智慧以"中间人"的身份解决争议。在这里,重要的不是有一个"他者",而是"他者"依据了自己的规则或当事人各方都同意的规则。如果"他者"在裁决案件时受到一方当事人的支配、与本案有直接或间接的利害关系或仅根据一方当事人的意见作出裁决,从效果上看,这类案件仍属于私力救济的范围。公共裁判机构的出现以及它所依据的公共规则克服了私力救济的固有弊端,使救济规则的性质从当事人一方的意志转变为公共意志,从而完成了从私力救济向公力救济的现代转型。自力救济建立在当事人之间合意的基础上,在这种情况下,处理案件的规则出自当事人的自愿交易和相互妥协,不论是当事人一方意志的强制(如私力救济),还是来自公共意志的强制(如公力救济)在这里均不存在。

基于上述的权利救济学理分析,京控在运行方式上排除了京控人使用私力救济和自力救济的方式,而转向寻求"他者"的路径,只不过,京控人所寻求的"他者"通常是国家的最高权力机关,在某种程度上,它是以皇帝或皇帝的影响为中心而实施的救济方式——一种特殊形式的公力救济。"无论何种情形,京控的目的是一致的,即争取皇帝对本案的关注。"[1] "千方百计上京城"是京控人诉诸最高权力的重要方式。不过,京控虽然是公力救济的重要形式,却不是唯一的甚至也不是主要的形式,在传统社会,司法救济并非是可有可无,京控在很大程度上是"舍法求法"的结果。"在舍法求法的情形下,当事人要求的,不是非法的结果,而是合法的结果;当事人舍弃的,不是法律的原则,而是法律的形式。"[2] 在司法救济之外或司法救济终结

---

[1] 〔美〕欧中坦:《千方百计上京城:清朝的京控》,谢鹏程译,载贺卫方等编《美国学者论中国法律传统》(增订版),清华大学出版社,2004,第517页。

[2] 夏勇:《舍法求法与媒体正义》,载《环球法律评论》2005年第1期。

后寻求公力救济，往往形成典型的京控救济。需要注意的是，不论司法救济是否具备法治品质或德性，绝不能简单地认为司法救济程序中的上诉制度就与京控具有相似性，如果是这样，上访就是司法救济的一部分了。真正意义上的京控通常是司法救济的继续，在穷尽了司法救济的全部程序之后，或者当事人认为司法救济不能发挥正常功能的情况下，京控救济才得以启动。因此，在公力救济领域，不是司法救济，而是京控救济充当了解纷的最后的手段。① 不过，诉诸最高权力机关获得真正救济的在数量上少之又少，以致京控的权利似乎只剩下向"上面"哭诉的权利。

没有证据表明，新中国成立以来实施的上访是京控制度的延续，然而，诉诸最高权力机关、舍法求法以及作为最后的解纷手段的特征，使上访救济与传统社会的"京控"有着高度的一致性。在上访救济中，诉诸最高权力机关被转化为上级领导审批案件以及审判审判者的具体形式。

二 审判背后的力量

在处理上访事务的过程中，国家机关的负责人或部门负责人负有"批阅"重要来信、"接待"重要来访的义务。② 阅批是指阅读群众来信并根据情况作出决定，如转批、核批和审批等。例如，《国务院工作规则》第32条规定："国务院领导同志及各部门负责人要亲自阅批重要的群众来信，督促

---

① 1996年12月，山东省平邑县法官阮德广、靳学英因被平邑县检察院认定构成徇私舞弊罪，但因情节较轻、认罪态度好而免于起诉，二法官从此走上了四年之久的上访之路。他们除了在省市有关部门上访外，在北京，他们先后去了最高法院、最高检察院、全国人大、中纪委、妇联、国务院和《民主与法制》《人民日报》等多家机构和新闻单位。见《北京青年报》（网络版：news.netbig.com，2001-01-16）。
② 2001年广东省各级检察院568名正副检察长，共接待上访群众3349次9184人，批办案件3387件，已办结2951件，其中省院检察长接待24次369批575人。参见广东省人民检察院正义网，www.jcrb.com.cn。

解决重大信访问题。"各级领导批阅上访信件、接待上访人员不仅体现了权力、权威，也是职责和义务所在。一度被提倡或政策性规定的各种形式的"领导接待日"成为各级领导的日常工作。同样作为案件，上访救济和司法救济对案件的处理及其运行模式迥然不同。在司法救济中，所有的诉讼参与人通过程式化的司法文书（如起诉书、答辩状、代理词、公诉书、裁判文书等）提出主张、阐释理由，使所有当事人置于公开的场域，形成了透明语境。一切都应当面对面，尤其应当面对共同的裁决者，所有单方面的言说或私下的交谈不是被宣布无效就是有腐败之嫌。

领导审批案件主要通过"情况反映"的形式进行，这是一种特殊的国家权力运作模式，为各级国家机关介入司法、间接参与审查案件提供了条件。原则上，任何人都可以向领导呈递情况汇报，而在实践中，它往往表现为一方当事人单方面对案件的阐述。它把审判过程中的事实或没有被法院掌握的事实转化为"情况"，并且配置可能有的各种宏观叙述，如意识形态、政策倾向、天理人情、自身的惨痛等，为此赋予普通人与官员同样的向上级反映情况的权力，与此同时在上下级之外开辟了另一个上级获取信息的合法途径，便于上级了解和把握民情社意。真正的问题是汇报形式和处理汇报内容的非公开性，换言之，情况汇报的呈递和批阅制度脱离了法域，失去了公力救济的必要品质，而且在非公开的制度流程中，对权力进行监督实际上变得愈加困难。饶有趣味的是，领导批阅案件是在上访制度的背景下履行其职责的方式，但它所产生的后果却是私力救济对公力救济的侵蚀和否定。

法治社会以其程序正义而有别于传统社会。程序正义所追求的是可以达到公平审理案件的规则、程式以及相关的机制，确保裁决者自身能够在审理案件中做到"不偏不倚"，为此，形成了保障程序正义的两条原理：一是"任何人不能自己审理自己或与自己有利害关系的案件（numo judexin porte sua）"；二是"任何一方的诉词都要被听取（oudi alteram partem）"。如果说私力救济在本质上是指一种脱离法域、不能体现程序正义的权利救济方式，那么在表现形式上，私力救济或者单方面听取一方当事人的陈述，缺乏必要的取证、听证或质证程序，或是涉及相关的利害关系，以致陷入参与审理自己或与自己有关案件的景况之中，因而总是处于与公力救济对立的立场上。

上访救济的这种实际效能在实践中有被其他社会组织或个人仿效、复制或参照的倾向，如以翻案为指向的人民代表对个案的质询或提案以及权力机关的个案监督制、喧宾夺主的新闻媒体对案件的"呼与鸣"、一本正经的却有趋利动机的法律专家的专家意见等。如果作合理性的考虑，即使上述机关或个人与案件没有直接或间接的利害关系，其获取案件材料的来源和方式，也摆脱不了私力救济的效果。在脱离了司法场域的情形下，案件本身就有失真的危险。虽然人大代表、舆论报道、专家意见对案件也发挥着监督、指导作用，但不意味着对案件的判断总是可以发出正确的意见。既然法院在程序正义的原则立场上都有可能作出错误的裁判，那么没有或不能遵循程序正义的其他机构或个人怎样维护自己的正确性呢？因此，在审判职责划分已经明确的社会中，如果不能确保所有的案件沿着正确的轨道行驶，那么，与其其他机构或个人错，不如法院错，这是体现司法权威的逻辑结果。

当社会改革过程中新旧矛盾在司法场域进行较量时，司法权的运作就像牵一动百的中枢神经，司法被赋予太多它自身不能承受的使命。[①] 监督也因此被赋予更多的含义和新意。据说，审判之后的各种力量，如果排除腐败的动机和行为，是使监督审判权沿着正确轨道前进的保障。在制度上我们很难说得清楚监督和干预司法审判之间的区别，因为各种各样监督形式总能找

---

① 最高人民法院严厉批评了试图将一切纠纷推向法院的舆论导向。诉讼活动无限扩大会走向反面，导致诉讼活动的无序化。法院不可能解决所有的社会纠纷，否则，不仅不能有效地解决纠纷，反而会损害司法权威。上述现象被归结为"与时代精神不符的过时的司法观念"。参见《遏制滥用诉讼手段倾向　引导解决社会矛盾合理分流》，载《人民法院报》2002 年 7 月 13 日。

到极佳的视角、最正当的宏大理由以及无可挑剔的表达,在它们精致的组合与排列中强烈显示着改变或维持司法审判结果的迫切要求。社会心理在复杂的历史现象面前出现了似乎难以调和的矛盾:既欲依赖司法,又对它难以放心。虽然这样的心理困惑并不导致司法权力不应受到制约的结论,但是对司法权的有效监督的确不是人多势众的总动员,也不是可以随意批阅的文件报告,在关乎正义、公平的问题上,审判远不是一架"自动售货机":投进去的是事实和法律条文,出来的是判决书。即使经过了专业化训练,如果法官缺乏必要的正义感和社会良知,再多再好的监督也徒具形式。①

三 "审判审判者"

上访机构的处理部门缺乏权威性、没有裁决上访事务实体权利和义务的应有权能,这一切都成为人们质疑上访救济效果的重要原因。事实上,如果从上访的数量和处理的结果上看,上访机构在很大程度上只是充任了机关负责人与上访人之间上传下达的载体。然而,上访专门机构却实实在在地分享着国家权力。对上访人而言,如何通过上访专门机构接近权力,是一项需要体味和学习的上访技术。其中,如何接近领导或引起领导的注意,成为上访的核心技术。梅特兰在批评英国19世纪诉讼程序的现代化改革的不彻底性时不无嘲讽地指出:"我们已经埋葬了诉讼形式,但它们仍从坟墓里统治我们。"借用这一比喻,在上访制度领域,虽然早在20世纪初的变法维新运动中,特别是1949年确立了崭新的人民共和国后,虽然在制度上已埋葬了传统社会

---

① 柏拉图对不称职的法官的评价是:"如果一个法官在作判断时,听取的是观众的意见,受到了乌合之众的大声大嚷的影响,而他自己又缺乏训练,那么他作出的判断就不会是恰当的。"参见〔古希腊〕柏拉图《法律篇》,张智仁、何勤华译,上海人民出版社,2001,第46页。

的司法行政合一统治策略，但它仍旧在统治着我们。问题主要不在于，机关负责人的批阅是否建立在事实基础上，因为对上访事实的调查可以采取多种形式，如听取下级单位负责人的汇报、组成工作组或委任专人调查或举行案件讨论会，它所显示的问题是"对于定案的意见，应当按照组织系统，报请主管部门或有关领导干部批准。调查人不得擅自主张，自行定案"，[①] 这也是"谁主管、谁负责"等上访事务的处理原则。这种在组织系统内通过机关负责人的推动形成的对上访案件的办案机制，不仅催生和再生产了司法体制外的裁决者阶层，也使裁决者自身在裁决的过程中最终陷入困境。

一方面，上访人所诉求的对象与被上访人处于同质的利益系统内，在重大、疑难的上访案件中，裁决者自身就是潜在的利益关系的一方当事人。在如何平衡上访人与被上访人的利益关系上，裁决者显然处于两难境界。另一方面，即使裁决者最终作出了它认为公平的裁决结果，也因上访案件的无终止性，使裁决者成为新一轮上访案件的被上访人。在错综复杂、数量庞大的上访中，上访机关可能既是一批上访案件的裁决者，又是另一批上访案件的被上访人。上访机关可能最终缺乏中立性（通常是迫不得已放弃其中立性）而丧失权威性。大部分的情形是，上访机关虽然力图保持其中立性，却往往处于"被告人"的地位不得不为自己的行为出面辩护。这样一来，我们可以看到，社会中恰恰失却的是权威，人们似乎处于无权威的社会。

司法机关同样成为被上访的对象，更为严重的是，司法上访面临更具戏剧性的困境。司法上访是一种谋求更高一级的权力并对包括原来的仲裁者在内的当事人进行审判的机制，换句话说，这是一种"审判审判者"的审判机

[①] 《国家机关处理人民来信和接待人民来访工作条例（草案）》第23条，《信访条例》第5条第3款重申了这一原则，即"各级人民政府、县级以上人民政府各工作部门的负责人应当阅批重要来信、接待重要来访、听取信访工作汇报，研究解决信访工作中的突出问题"。

制。审判权因科层式的管理模式而产生了等级制,它把原本统一、不可化约的审判权肢解了,留下的是支离破碎的审判权残片。现代司法机关是形式主义法治精心设计锻造的产物,不论司法机关是否属于国家最高权力的组成部分,均具有任何其他部门不可挑战的权威。在具体案件中保持中立或坚持案件利益无涉的立场,是其赢得权威的重要原因,而且由该权威所决定的案件终局性保障了仲裁者自身不会搅入与争诉当事人之间的利益旋涡中。

四 上访的宪法依据

如同传统社会的京控,上访诉诸的对象总是中央权力机关。在新中国成立后的相当一段时期,中央政府承担了大量的处理上访事务的任务。资料显示,政务院在新中国成立之初所办理的上访事务之全面和具体令人吃惊。① 托克维尔在评价任何一个大国的中央政府时指出:"不管它如何精明

---

① 东北某公司水泥预制品厂领导存在官僚主义,造成工人生产情绪不正常,酿成严重的质量事故,浪费8亿元(旧币)。该厂职工向政务院反映后,经中央建筑工程部组织联合调查组进行检查,证实反映情况属实,处分了该厂的有关领导和工作人员。某市公共汽车公司的工人冀某,被怀疑盗卖油料,强迫承认后又翻供,被除名。冀到政务院来访,请求重新处理。经政务院与某市公共汽车公司联系,证明冀某清白,恢复了他的工作。1951年11月,绥远省包头县政府干部杨某患了重病,当地治不了,由他母亲陪伴来北京求医,因钱不够,住不了北大医院,要求政务院解决,政务院转请卫生部介绍住进了北大医院,病愈后,其母特来致谢。政务院不仅在上述制止官僚主义、解决人民群众的具体困难等上访事务上发挥作用,而且也对申诉案件的上访追查到底。1951年4月,韩某到政务院来访,由于他坚持原则,敢于和坏人坏事做斗争,遭到一伙坏人的打击报复,这些人伪造罪名,召开群众大会,对他进行斗争,并毒打致伤,8个月才治愈,还没收了早就与他分居的3个儿子的牲畜、粮食、衣物、家具等。这是一起故意伤害、侵犯人身权利、赔偿损失、要求追究行为人法律责任的申诉上访案件。政务院三次催办未果,至第四次催办,政务院得到了该县法院的汇报。汇报称,韩某是"讼棍刀笔",所诉不实,已判决定案。之后,韩某再次上访,政务院秘书厅根据韩某的申诉,对汇报进行了详细研究,发现其中有许多矛盾和不实之处,才又转请省政府秘书长查处。省政府办公厅组织了调查组,深入调查,查明韩某所诉属实,遂作出相关处理结果。参见刁杰成《人民信访史略》,北京经济学院出版社,1996,第68、67页及第45、44页。

强干,也不能明察秋毫,不能依靠自己去了解一个大国生活的一切细节。它办不到这一点,因为这样的工作超过了人力之所及。当它要独立创造那么多发条并使它们发动的时候,其结果不是很不完满,就是徒劳无益地消耗自己的精力——只要它的各项措施有求于公民的协助,这架庞大的机器的弱点马上就会暴露出来,立即处于无能为力的状态。"① 在不断强化上访机制的宏观话语下,在民众与国家之间开辟了另外一片公共领域。然而,有别于代议制下的公共领域,后者是规则化、程式化的人民权力场域,体现的是大多数人的民主。人民的意志、意见和建议通过代议制在行使国家权力的各机关中得以表达、展现和交流。通过立法程序制定的法律和长期与法律共存的执政党的政策正是这一制度的产物。在上访的公共领域,国家权力已经不是抽象的、置于社会之上的公共力量,它直接参与了与上访者的对话,自觉地甚至是面对面地倾听上访者的声音。这是两个并行的、差不多同质的民主场域,但上访的民主场域却具有更为直接、广泛、普遍的意义。国家权力被上访行为具象化、对象化,国家权力的权威性因此被"倾听者"和"对话者"的身份所遮蔽。在公力救济领域,也并行着两套救济系统,一是上访救济,具有强烈的扩张性和穿透力;二是一项主流的权利救济手段,支配并制约着自身不能自足的司法救济系统,在某种意义上,司法救济只是上访救济的补充,它自身缺乏终局性。在司法救济不断被削弱,乃至被取缔的年代,上访救济充当了权利救济体系中的主角。

党的十一届三中全会前后,鉴于新中国成立以来历次的政治运动所造成的冤假错案,形成了新中国成立以来的第一次上访高潮。平反冤假错案主要是以解决上访问题形式进行。如果把京控和上访的功能理解为民众向最高权力机关的本能诉求,以及通过这一重要却过于狭窄的管道实现个人正义,那

---

① 〔法〕托克维尔:《论美国的民主》(上),董果良译,商务印书馆,1996,第100~101页。

么，二者之间的确存在着惊人的相似性。不过，历史的发展毕竟在20世纪80年代的中国走出了另一种轨迹，反映在上访制度上，就是把上访权利宪法化。

上访权是宪法权利。宪法第41条集中规定了公民的上访权利。在结构上，该条第1款规定了上访权的五个构成要素，即批评权、建议权、申诉权、控告权和检举权。第2款规定了对公民的申诉、控告或者检举国家机关负有处理的义务，但对批评和建议，则有免于处理的义务。该款同时衍生出国家机关的另外两项义务，即对公民的申诉、控告和检举，负有"不得压制"和不得"打击报复"的义务。该条第3款为国家赔偿的依据，可作广义和狭义两种理解，一是国家机关和国家工作人员对侵犯公民权利负有赔偿责任，二是国家机关和国家工作人员对侵犯公民的上访权负有赔偿责任。在上访权的宪法性规定之下，上访事务通常由上访人的意见、建议和要求构成。意见、建议和要求相互间或有重叠，但在中国社会的语境下却有大致确定的意思表示。例如，意见、建议和要求都可视为不同形式的"情况"。"情况"具有特定的内涵，至少包含向有权力的人或机构阐述事实，提出具体请求，并要求予以维持、维护、改变或重视、提示等。就意见和建议而言，范围极为广泛，大到对一件事物的看法或造福社会的发明创造，小到人的情绪、思想动态等，有对一件事物的认可或首肯的意见，也有对一件事物或做法的异议或反对的意见，这样的事物或行为既关乎己，也关乎他人。与意见、建议类的上访不同，要求类的上访则要具体、明确得多。上访人的要求或以国家为对象，请求国家在生活、经济、文化等方面给予救济，或以申诉、控告为手段，请求对已遭受损害的权利予以救济。

在性质上，上访的5项权利均属于程序性权利，即那种通过这样的权利行使实现另外一些权利的权利。在此，我们把批评权和建议权称为软性的上访权，皆因行使这类权利不构成要求—责任的法律关系。当然，这并不意味着这样一类权利是可有可无的，事实上，批评、建议权具有言论权的性质，或者说是言论权的另外表达。批评、建议的上访权利,依照宪法,不是国家机关必须处理的事项,隐含着可以对这种性质的上访免于受理,如果把它与50年代初的上访制度相比,法律无疑赋予国家机关更大的自由裁量权。① 软性上访权的这种转化,反映出上访的政治功能的弱化,国家通过上访权实现政治总动员的使命不断消解。

硬性上访恰好无例外地囊括了申诉、控告和检举权。硬性上访权越来越具有法律程序意义上的诉权,或类似诉权的东西。不过,硬性上访权虽然可以引起诸如国家赔偿、行政复议、行政诉讼的法律程序,实则与任何严格意义上的诉权无关。"诉权无非是指在审判员面前追诉人们所应得的东西",② 如果硬性上访权不能进入司法审判领域,那么,硬性上访权也不会实现它所追求的结果。麻烦在于,即使进入了司法审判领域,并且上访事项经过了司法终局的裁判,也可以引起新一轮的上访。在这个意义上,硬性上访权是诉权的前伸和后延,可称为前诉权和后诉权。前诉权和后诉权是使司法政治化的特定形式,是使法律的诉权非程序化的表现。它的弥散式的广泛运用使司法的终局性成为新一轮上访的依据或对象,而不是了结案件的表现。

---

① 具有典型意义的是 1963 年 10 月由国务院秘书厅整理的《国家机关处理人民来信和接待人民来访工作条例(草案)》第 22 条的规定:"各级国家机关,对于人民来信来访提出的建议、意见、要求和批评,应当根据不同的情况,分别处理:(一)对于建议和意见,凡属正确的、可行的,应当认真研究采纳;凡属同当前政策有抵触的,或者还没有条件实行的,应当耐心地进行解释,并且宣传有关的方针、政策。(二)对于各种要求,凡属合理的,目前能够办到的,应当及时地采取措施,予以实现;凡属虽有一定的道理,但是目前还不能够实现的,应当耐心地进行解释,取得群众的谅解;凡属不合理的,应当宣传有关的方针、政策,耐心地进行教育,提高群众的思想认识,使他们自动放弃这些要求。(三)对于批评和揭发工作中的缺点和错误,检举干部的不良作风和违法乱纪行为,应当认真检查,检查属实的,必须认真纠正,严肃处理;不实的,亦应当从中吸取教训,教育干部。"
② 查士丁尼:《法律总论》,商务印书馆,1989,第 205 页。

五　上访救济的终结

上访曾经肩负着重要的历史使命。在新中国成立之初的相当一段时期，作为一项政治策略，它是克服官僚主义的监督方法；作为一项决策机制，它是体察民情、倾听民意的民主管道；作为一种纠纷解决方法，它是正确处理人民内部矛盾的具体体现。它既反映了国家与人民之间毫无遮蔽的亲密关系，也再生产着新政权的合法性机制。①

20世纪90年代以来，在倡导法制和民心思变背景下，国家在上访领域开始有条不紊地弱化其倾听者、对话者和裁决者的角色，其显著特点是淡化软性上访权，分置硬性上访权。加强法制的过程也是上访救济与司法救济在权利救济体系中的地位发生转化的过程，这有其内在的逻辑规律，但重要的是显示了国家退出或缩小其在上访公共领域功能的突围战略。

1996年信访条例创造了新形势下的新的行政上访条例。条例赋予受理机关两项"告知"的权力，一是告知上访人上访事项属于各级人民代表大会以及县级以上各级人民代表大会常务委员会、人民法院、人民检察院职权范围内的，应分别向有关国家机关提出；二是告知上访人对已经或者应当通过诉讼、行政复议、仲裁解决的上访事项，应当依照法律的规定办理。在"告知"的标准不能明确或不可能明确的情况下，行政上访的事项不可避免地局限于对行政机关及其工作人员的批评、建议和要求上。2005年信访条例，除了再次明确上访事务的"告知"义务外，对"就地"解决上访事务的加重规定隐含了进一步弱化传统上访功能的决心。到京城上访或越级上访不是不可能，

---

① 1951年5月16日，毛泽东同志向全国各级地委以上的党委和各级专区以上的人民政府发出要求，必须重视人民的通信。1982年《党政机关信访工作暂行条例（草案）》明确规定各级党委受理人民群众的来信来访是"一项经常性的政治任务"。

但已变得越来越困难，避免或竭力防止越级上访是衡量地方党政部门的重要政绩，在有些地方甚至成为衡量社会治安综合治理工作的标准。[①] 这是一个巨大的历史性的转变，表明了国家明晰上访路线、正确定位自己的决心。与此相配套的是，硬性上访权被细致地化解在具有法治品质的三大诉讼法和大量的司法解释当中。新型的上访体制，在形成之初就注定处于自身的解构过程之中。这是对上访制度瓦解的姿态，却也是进步的姿态。

上访由个体行为向集体行为的转变，也预示着上访人与国家权力之间民主性上访关系发生动摇。对集体上访的控制越来越严厉，以致集体上访的难度达到了惊人的程度。集体上访显然是社会不稳定的一个因素，发生集体上访，特别是越级的集体上访，被视为社会失序的表现。上访秩序概念的提出，加强了对上访行为规范化的调整。失序的上访行为以集体上访为主要形式，在行使宪法赋予的上访权的口号下，集体上访往往不会采取代表人的法定形式，恰恰相反，集体上访必须显示其参与人数的庞大，用集体的力量来保护每一个参与人员。较大规模的集体上访往往演化为"群体性事件"[②]。显然，集体上访已成为当代中国公然违法的反抗行为。非法的上访是对上访秩序的破坏，非法的显著特点在于使本可以非公开进行的上访活动公开化，以致为公众、舆论所注意，在无形当中被置于公众或舆论监督之中。公开的形式可以是规模越大越好的集体上访或越级上访或公然违法却具有一定合理性

---

① 青岛市"把群众集体上访和越级上访纳入全市目标管理考核范畴，作为社会治安综合治理和精神文明建设的考核内容，实行'一票否决制'。同时制定了《青岛市信访工作目标考核细则》、《青岛市信访工作责任查究制度细则》，规定对群众越级到省进京上访前5名和到市集体上访前5名的单位领导和责任人实行责任查究"。有的省份，如河北省制定了《河北省逐级上访制度》，使逐级上访替代了越级上访。参见中央纪委信访室、监察部举报中心编《纪检监察信访理论研究与思考》，中国方正出版社，2000，第206页。

② 从严格意义上讲，"群体性事件"是政治社会学的一个非正式术语，至今没有被完全纳入法学家的视野。

的"群体性事件"以及"踏线而不越线"的各种上访技术。① 由此看来，上访的传统功能发生了性质上的转化，上访被要求走向地方、走向当地的"下访"，那种越过地方走向中央，越过下级走向上面的原本意义上的上访逐渐消失。

在走向法治的时代，上访的效果正在受到越来越多的质疑，它的未来命运有待于更深切的把握。如果上访仍旧游离于法治的轨道之外，缺乏程序正义的品质，那么，上访的技术色彩将远远大于它的宪法价值；如果司法上访依旧发挥作用，上访制度对司法权威性的侵蚀将日趋严重，国家退出上访公共领域就失去了意义。是宪法的规定已不合时宜？还是上访的实施机制出了问题？或者是上访人本身的问题？如果把上访权继续作为一项宪法权利，已有的对这项权利的实施性法律是否过于分散和凌乱，以及是否需要制定统一的信访法？如果毅然取消上访制度，全面推进司法救济制度，是否有违中国人对权利救济的传统信念而导致更大规模的反抗、冲突？制定统一的信访法有赖于对国家权力的重新设置和分配，有赖于重新梳理上访救济与司法救济的关系，并在二者之间寻求最为恰当的平衡点，而这一点已涉及如何认识统一的司法权问题。在上访救济和司法救济中，不论哪一种处于主导力量，都有可能使司法权的统一性受到挑战。除非把上访救济视为特殊的司法救济制度，使上访救济成为司法救济的组成部分，才会消除二者之间的内在冲突。如此说来，这已经是废除现有上访制度的一个途径了。

终结上访制度，必然与人们对权力的心理依赖产生抵触，使社会矛盾的解决出口主要或全部地落到司法救济身上，司法救济能够担当如此重大的使

---

① 应星通过对大河移民上访的社会学解说，指出了上访法律关系的两造所创造和使用的技术手段。就上访人而言，灵活运用着上访的"推与闹""挤与缠""打与弹"等战术，而被上访人对上访人发起的种种战役实施这样或那样的摆平术，参见应星《大河移民上访的故事》，三联书店，2002。

命吗？这是一个问题。即使不能立即废除上访制度，也应当使司法上访从上访体系中独立出来，使司法部门不再作为被上访的对象。明确领导不能对案件作批示仅是脚疼医脚、头疼医头的权宜之计，也可能与现行的上访制度发生内在的冲突，从而使此类禁令一开始就处于尴尬的地位。另一方面，应当认真对待司法申诉问题，即使司法申诉从上访的体系中解脱出来，多次申诉也会动摇人们对法律权威的信心。这样一种有"伤筋动骨"之嫌的制度设计似乎很难让人接受，在此之前可能被视为天方夜谭或至少被视为不符合中国国情。所幸的是，中国加入 WTO 后已预示这种可能性的到来。WTO 规则要求每个成员的司法独立、透明和统一，实行国民待遇，不得有任何歧视。难以想象，在涉外案件中，领导式的审判以及裁判终审后可以轮番改判不仅使当事人总是处于无休止的争斗之中，而同时不会演变成国家之间的争端。

第六章 人权与拥有人权的权利

人权是当代国际社会证成人的价值和全球秩序最为有力的基础性概念之一。《世界人权宣言》确认人权是人人享有的普遍权利，是所有国家和民族都应当努力实现的共同标准。然而，伴随着人权实践的发展，对人权概念及其解释却逐渐走向混乱、模糊的地步，似乎每一个被认为重要的权利都可以诉诸人权，造成人权无所不包、无所不能的大而全形象，这在一定程度上要归因于人权概念在现代的膨胀。膨胀的人权概念在本质上不是强化而是削弱了人们对人权的认知和把握能力。在本文中，我将批评造成人权膨胀现象的复杂人权观，阐释一种简明的人权理论，它以人权的固有属性作为出发点，认为人权具有剥夺不能、救济不能和交易不能的特性，将固有权利以外的权利视为拥有人权的权利。拥有人权的权利呈现多元化特征，每一种拥有人权的权利具有平等的地位，在这个前提下，我将自由设定为唯一的不可剥夺的固有权利，使多种多样的实现人权的权利服务于自由的人权这一目的。

一 复杂人权观及其逻辑

对人权及其历史的解释包含着对政治、经济、法律、哲学、宗教、伦理等诸多问题乃至整个人类历史的解释。造成人权膨胀的一个重要因素与对权利的知识分类有关，这种认识将人权与权利以及人权与实现人权的方法混为一谈，形成了一种以人权泛化为特征的复杂人权观。① 法国学者卡雷尔·瓦萨克（Karel Vasak）认为，人权是一个在内容和形式上不断扩张的动态概念，第一代人权是公民权利和政治权利，第二代人权是经济、社会和文化权利，第三代人权是团结权（solidarity rights）。自由权是消极权利，平等权是积极权利，团结权则是介于兼有消极权利和积极权利的综合性权利。瓦萨克人权模式是对通行的国际人权法的理论和实践的理论归纳和总结，反映了"二战"以来人类社会借助人权概念建立新世界的基本诉求，正因为如此，在阐述国际人权体系的基本内容和历史时，《世界人权宣言》第 2~21 条及《公民权利和政治权利国际公约》宣示的权利被认为是第一代人权，第 22~27 条及《经济、社会和文化权利国际公约》宣示的权利是第二代人权，第 28 条及《发展权宣言》宣示的权利是第三代人权。毋庸置疑，依照这种对人权的理解和归类，几乎被视为权利的事物都可以被称为人权。

瓦萨克颇具进化色彩的人权类型划分方法引起了巨大的争议，但未能阻止这一人权模式在国际人权实践中的发酵和扩散。三代人权观如同一个伸缩自如的巨大人权容器，日积月累形成了蔚为壮观的人权体系家族。随着全球社会、经济、政治、文化的发展，人权体系家族在保留原有权利的同时不断植入新的权利，环境权、和谐权等都是这一理论新近发展的产物。人权是证成现代性价值和国家合法性最为有力的工具性概念之一，被认为是重要的权利都容易被诉诸人权，激发了人们将权利人权化的潜在能量。用不同的方

---

① 不同的学者从不同角度阐释了人权膨胀的因素，米尔恩指出："试图让人权概念的负荷超重，是错误的。"〔英〕米尔恩：《人的权利与人的多样性——人权哲学》，夏勇、张志铭译，中国大百科全书出版社，1995，第 211 页。夏勇认为，人权概念的混乱与模糊有其复杂的历史与现实的综合缘由。（夏勇：《人权概念起源：权利的历史哲学》，中国政法大学出版社 2001 年修订版，原版序言。）赵汀阳从反思天赋人权观的角度，认为"人权的注册条件太低，几乎就是无条件的注册，因此随便什么自由和利益要求都可以被搞成人权。"赵汀阳：《预付人权：一种非西方的普遍人权理论》，《中国社会科学》2006 年第 4 期。

法论和视角研究人权并不当然导致人权的膨胀，使人权具有复杂性的因素不仅仅在于有越来越多的权利纳入人权概念，而且在人权分类学中制造出人权普遍性和人权特殊性、基本权利与非基本权利以及集体权利和个人权利等关系范畴，在解释这些关系范畴的过程中强化了人权的弥散性和无所不包的特征，消减了本文重点讨论的实现人权的权利的正当性和合理存在。

（一）普遍主义人权和特殊主义人权

复杂人权观提出了人权普遍性和特殊性的分类，将人权的普遍性作为抽象的存在，将人权的特殊性作为实际的存在。将"某某人的人权"与人权并列违反了逻辑上的种属律，"我想买些苹果和水果"就是种属概念并列的现象。在国际人权实践中，以"某某人的人权"面貌出现的特殊人权往往成为凌驾于人权之上的概念，以特殊消解普遍，以具体减损抽象。人权的特殊性不是作为新的种概念，而是作为实现人权的手段，人权的普遍性与特殊性的分类才合乎逻辑。人权普遍性和特殊性的分立表达必然造成"普遍人权"和"特殊人权"的并列现象，除非使用者都默认特殊人权对人权而言的工具价值，"特殊人权"作为一种独立的人权分类将误导或继续误导人权理论和实践。事实上，这种白马非马论的逻辑是一种强烈版本的文化相对主义或文明冲突论的变种，按照这种理论，每一个人都是具有特殊身份的不同文明的独特产物，他们分别隶属于几乎不可通约的"西方文明""伊斯兰文明""印度文明"和"佛教文明"等。

逻辑论证不能代替理性论证，功能性论证也不能取代规范论证。从人权的一般定义出发，人权是不可分割的基础性概念，它适用于人人，只要是人就享有人权。人权的类的属性拒绝将诸如"男人的人权""女人的人权"或"亚洲人权""西方人权"等视为特殊人权，这种划分更具有修辞或策略的价值，但不具有分类学和学理的意义。"女人的人权"或"亚洲人的人权"

表达的是作为女人或亚洲人享有的人权，是男人或西方人同样享有的人权，但不是唯独女人或亚洲人才享有的人权。以一种普遍性人权观代替另外一种普遍性人权观并没有消减人权的普遍性。例如，用"预付人权观"反对"天赋人权观"试图消解的是西方人权观的形而上学前提，倡导的仍然是一种"更好的普遍主义理论"，即使预付人权观成立，也是人权名下的子概念，而不是人权这个总体概念以外的范畴。① 按照阿玛蒂亚·森的理解，所谓价值的普世性是指任何地方的人都有理由视之为有价值的理念并且人人都有足够的理由去接受这一理念，虽然它并不需要所有的人都一致赞同，而且往往会涉及一些反事实的分析（counter factual analysis）。② 从规范的角度看，人权的普遍性不是说人权具有放诸四海而皆准的实效，而是指人权作为一个价值范畴所具有的自足性和完整性，不因实现人权方法和条件的差异而有所损益。未实现人权、未充分实现人权以及实现人权、充分实现人权等表达的是实现人权的程度而不是人权在性质上的分类。

（二）基本权利与非基本权利

复杂人权观将人权视为基本权利，提示了人权相对于其他权利的基础性和重要性。困难在于，什么是基本权利乃是不易确定的事情。在一个国家认为是基本权利的权利，在另一个国家则可能被认为是非基本权利，同一国家在不同的历史阶段对基本权利的认可也不尽相同。一旦有"基本权利"的称谓，就必然出现"非基本权利"，在权利概念中形成"差序格局"，人为地

---

① 预付人权的概念以及理论抱负，见赵汀阳《预付人权：一种非西方的普遍人权理论》，《中国社会科学》2006年第4期。
② 世界上没有哪种价值观未曾被人反对过，即使对于母爱大概也不例外。当甘地宣扬他的非暴力理念是普世价值时，他并不认为世界各地的人们都按此理念行事，见〔美〕阿玛蒂亚·森《民主的价值观放之四海而皆准》，载夏中义主编《人与国家》，广西人民出版社，2002，第197页。

使具有平等属性的权利概念产生不平等。① 复杂人权观将公民权利和政治权利视为源于西方的专利品,且与其他现代价值(如法治、民主等)一道成为西方独一无二的价值体系,例如亨廷顿坚持认为"西方早在现代化以前就已经是西方了",② 在这种文化沙文主义的语境之下,公民权利和政治权利不仅产生也是优于经济、社会和文化等权利的权利。如果把在具体境况下一种或几种权利的重要性提升到压倒其他权利重要性的程度,就会产生轻视或者无视其他权利存在的合法性。

权利是一个关系范畴,它确定了权利主体之间法律上的平等资格和地位。权利的重要性和有效性在权利主体那里不尽相同,对有些人认为是重要的权利,在其他人那里或许是不重要的。对于拥有财产的人而言,财产权就是首要的权利,对于还在温饱线上挣扎的人而言,吃饱穿暖则是第一要务。基本权利和非基本权利的划分在客观上使被归属于非基本权利的权利显得不那么重要或紧迫,可能使这部分权利与基本权利相比未能获得平等保护的效果。事实上,虽然没有一个衡量基本权利的统一标准,但大多数人还是同意宪法权利是通常所说的基本权利。不论实质宪法权利还是形式宪法权利都属于公民权,公民权是主权国家承认公民享有的权利或赋予公民享有的权利,没有宪法性文件承认或赋予公民宪法权利,基本权利就不会产生,也不会获得宪法意义的保障。不同国家的公民享有不同的公民权,同一个国家的公民在不同的历史时期享有不同公民权。把基本权利与人权画等号间接认可了公民权是人权的结论,这在理论和实践上都是错误的。在人权与公民权的关系上,人权是目的,公民权是手段,公民权可以体现和保障人权,公民权却不

---

① 权利的普遍平等性与实现权利的方法多元化是不同的命题,有关权利实现的差序格局的论述参见郝铁川《权利实现的差序格局》,《中国社会科学》2002年第5期。
② Samuel P. Huntington, *The Clash of Civilization and the Remarking of the World Order*. New York: Simon Schuster, 1996, p.71.

是人权。基本权利和非基本权利分类真正体现的是宪法权利与非宪法权利而不是人权与权利的分类。

（三）个人人权和集体人权

复杂人权观混淆了角色权利和人的权利，把具有鲜明角色特征的人的权利视为人权的形式，并以集体人权作为这类角色权利的标志。例如，从文化角色的角度把人权分为"西方人权"和"东方人权"，从性别角色的角度把人权分为"女人的人权"和"男人的人权"，从政治角色的角度把人权分为"中国人的人权"和"美国人的人权"，从民族、语言或宗教等角色的角度把人权分为"少数人的人权"和"多数人的人权"，等等。人权是人人所享有的固有权利，人权只有作为个体人的权利，才能是恩格斯所说的"获得普遍的、超出个别国家范围的性质"的权利。① 人权作为权利的特性就在于它超出了国家范围（也超出了在规模上小于或大于国家的其他共同体，如家庭、社团、民族等）而在人类社会中获得了正当性。② 换句话说，人权之所以是普遍的，是因为超出了国家范围，正因为超出了国家范围，人权才是普遍的。

任何人都是社会的存在物，这种存在首先是通过社会角色的面貌出现的。人因下列因素而具有角色的属性：种族、肤色、性别、语言、宗教、政治或其他见解、国籍或社会出身、财产、出生或其他身份等。在人权概念被发现之前，人的存在就是角色的存在。角色是社会性的伦理概念，不同的角色主体有不同的权利义务。人权概念赋予了各种角色共同拥有的标准，确立了具体角色共同的行为准则，这是人权具有价值的根本原因。不同角色

---

① 《马克思恩格斯选集》第3卷，人民出版社，1972，第145页。
② 民族的分布不限于国家。据统计，全世界的穆斯林大约有10.57亿，其中亚太地区占60.9%，中东和非洲占35.4%，欧洲和美洲占3.7%。

所享有的人权标准是一致的和统一的，但也保留了角色的固有权利，为此需要区分人的固有权利和角色的固有权利，前者是人人享有的权利，后者则是特殊人群享有的权利。角色权利是一种固有权利，但它是特殊人群而不是人人都享有的固有权利。

人权的概念突破了人的角色权利而具有了统一性规定。在人类社会中，具体的人分别或同时生活于不同的集体形式中，如家庭、单位、非政府组织和民族国家等，不同集体形式中存在的人展示了他们不同的角色地位。个人人权和集体人权分类的观点无视人的现代性价值观念，在应当使用人的概念的时候加入了角色的因素，或者相反，在应当使用角色概念时则加入了人的因素。即使个人人权和集体人权的划分成立，但什么是个人人权和集体人权也存在着内容上的混乱。如果集体权利是"集体性"，个体权利是"个体性"，被视为政治权利的集会权、结社权和宗教信仰权也是集体性的，很难说这种类型的权利就一定是个体人的权利，三代人权观的支持者和拥护者也承认三代人权在内容上具有相互重叠之处。[1]

混淆人权与实现人权的方法是导致复杂人权观长期流行的一个重要原因，这种错误有狭隘的理性批判认知作祟（把脱离场域的价值判断普遍化），也有过激的权力批判因素的干扰（一种变相的意识形态话语），但重要的是人权规范论证的缺失。《法国人权与公民权利宣言》将人权、公民权或角色权利作出区别，创造性地从制度角度赋予人权以新的权利类型，表达了公民权以人权为目的并以人权作为衡量公民权正当性的基础。相比于历史和政治意义而言，该宣言在法律史上的重要性在于："直到宣言出现之前，在公法文献中我们可以找到政府首脑的权利，某些阶层的特权，个人或某些特别团体

---

[1] See Claude R. J. and Burns H. Weston, ed., *Human Rights in the World Community*. Philadelphia: University of Pennsylvania Press, 1989.

的特权，但是臣民的普遍权利则只能以对政府的义务形式出现，而不是以确定的个人法律权利的形式出现。"① 所有权利都服务于特定的目标，特权也是一种权利，只不过特权是少数人才享有的权利。历史进步的法则体现为把只有少数人享有的特权扩展至所有的人，完成了现代性所需要的平等的正义观，而只有立足于人的普遍性，这种平等的正义观才具有生命力。相对于人权的目的性特性而言，公民权或角色权利不是特殊的人权，而是实现人权的方法和手段。不幸的是，对人权普遍性和特殊性、基本权利和非基本权利以及个人人权和集体人权的学理分类遮蔽了人权的固有属性，消解了人权的基本价值。

以三代人权观为特征的复杂人权观为滥用和过度使用人权概念埋下了伏笔，进而为人权的意识形态化提供了理论根据。第一代人权与自由资本主义相连成为"蓝色人权"，第二代人权与社会主义相连成为"红色人权"，第三代人权与反殖民主义、国家主权和环境保护相连成为"绿色人权"。②无视人权与实现人权的方法的界限强化了西方人权观的强势立场，以此否认与一国实际情况相适应的实现人权的权利的合法性，加剧了国际领域人权斗争的复杂性。经过30多年的探索和体认，中国国家人权观认为："中国尊重人权的普遍性原则，认为各国均有义务按照《联合国宪章》的宗旨和原则及《世界人权宣言》、有关国际人权文书的基本精神，结合本国国情，不断采取促进和保护人权的措施。国际社会应同等重视公民政治权利和经济社会文化权利以及发展权的实现，促进个人人权和集体人权的协调发展。中国致力于与世界各国开展人权交流与合作，推动国际社会以公正、客观和非选择性方

---

① 〔德〕格奥尔格·耶里内克：《人权与公民权利宣言：现代宪法史论》，李锦辉译，商务印书馆，2013，第3页。
② 〔美〕杜兹纳：《人权与帝国》，辛亨复译，江苏人民出版社，2010。

式处理人权问题。"① 承认人权的普遍性原则和非选择性方式处理人权问题奠定了中国人权事业发展的新起点。在对复杂人权观的批判和自我批判中，需要对所有权利采取平等对待的立场，但这只有将所有权利都作为实现人权的权利时才能够成立。人权是否实现取决于方法上的妥当性，这与一个国家和民族的社会发展水平具有内在的关联。既然不存在唯一的实现人权的方法，真正需要追求的是如何在人权与实现人权的权利之间找到最佳的平衡点。

二 判断人权的简明标准

作为一个相对独立的概念，人权有其自身的逻辑和发展轨迹。人权是一种权利，但不是所有的权利都被称为人权。人权对于权利而言是一种特殊权利，人权的特殊内涵构成了人权之所以是人权的逻辑理由，这就是说，不是权利对于人权具有特殊的规定性，而是人权对于权利具有特殊的规定性。1776 年美国《独立宣言》确立生命权、自由权和追求幸福的权利是不可剥夺的权利；1789 年法国《人权和公民权宣言》规定的自由权、财产权、安全权和反抗压迫权是不受法令约束或不可剥夺的权利；《世界人权宣言》确立人权是不移的权利，《公民权利和政治权利国际公约》宣布了下列不可克减的权利：生命权、免受酷刑和不人道待遇权、免受奴役权、人格权、不因债务而受监禁权、思想、良心和宗教自由权以及不受溯及既往的法律惩罚之权。"固有""不移""不可剥夺""不可克减""不可让渡""与生俱来"等词语都表达了人权的固有属性，我们需要从这些词语中提炼出人权的本质性规定，作为判断简明人权观的标准。

---

① 参见 2013 年中国向联合国提交的《国家人权报告》。

（一）人权是人实际享有的固有权利

人的固有权利是指人因为是人就享有的权利，这些权利始于人的出生终于人的死亡。生命带来固有权利，凡是有生命的人都享有固有权利。固有权利是与生俱来的权利，伴随有生命的人的一生。生命的获得和延续是一项自然行为，如果把天赋权利论中的"天赋的"理解为"自然的"或"天生的"，固有权利从修辞而不是形而上或神学的角度就可以称为天赋权利。人权推定理论是对已经存在的权利的认可和表达方式，无论是英国经验式的还是法国先验式的人权推定，都表达了人权的固有属性。[①] 亨特论证说，1776年美国独立宣言和1789年法国人权宣言中的"宣言"一词赋予了主权转换的历史象征，确认了已经存在的那些权利的合法性。[②]

"固有"（inherent）在汉语中的基本含义是"内在的、本来就有的，而不是外来的"。被称为固有的事物是因为自身而存在的事物，而不是"应当"存在的事物。固有的权利是已经存在和被人权主体实际享有的权利，而不是应当实现的权利。在现实状况中，受到限制的权利不是不存在的权利，由于是已经存在的权利，限制或剥夺权利才是可能的。未来才能实现的权利在逻辑上表明，在未实现之前，这项权利还不存在，自然也不存在限制和剥夺的问题。复杂人权观不区分固有权利和非固有权利，把已经存在的固有权利和受到限制的权利或经过努力才能实现的权利混为一谈。工作权不是与生俱来的权利，未成年人没有或不需要这项权利，说"工作权是人人享有的普遍人权"就存在逻辑上的错误。拉兹讥讽道，如果教育权是普遍人权，它就应当

[①] 《人权推定理论的讨论》，见夏勇《人权概念起源：权利的历史哲学》，中国政法大学出版社，2001，第150~171页。
[②] 〔美〕林·亨特：《人权的发明：一部历史》，沈占春译，商务印书馆，2011，第83~85页。

适用于史前石器时期的穴居人。[1]

人所享有的固有权利不是应有权利，而是实有权利。受人权是道德权利命题的广泛影响，人权往往作为应然的概念而被普遍使用。"人权三种形态说"（应有权利、法有权利和实有权利）提示了人权的非实有面向，弱化了人权的固有属性。[2] "应有权利"作为道德价值的规范表达具有理想成分，但它忽视了人权的"是"与"应当"的界限，混淆了人权与人权意识的界限。如果说从事实命题中推不出价值命题，从价值命题中也推不出事实命题。在人权概念划出一部分权利作为应有权利即在条件成就时才能享有的权利，势必得出这部分权利或因法律未能提供保障而不存在，或因社会经济发展状况的限制还不能让权利主体享有的错误结论。人的价值和尊严是已经存在的实有权利，先于国家和法律而存在，不因国家和法律存在而存在，也不因一个社会的经济文化发展水平低下而不存在。

人权作为一个圆满的概念，由于人自身而具有了完备状态，它不需要其他的外来力量添加新的因素。固有权利是本有的权利，而不是获得的权利。获得的权利只有在具体的历史语境中才能得到解释，"它们的存在本身，或者对它们的有效承认，都取决于一个社会中的统治权威的某些因素，并且，由于后者在不同的时代和不同的国家有着巨大的不同，所以这些权利也必定各不相同"。[3] 获得的权利是由法律、习俗和一个社会的发展状况决定的，它们不是人人都享有的权利，也不是固定不变的权利。与固有权利相比，外来权利从两个方面表现出它的特性：一是在获得权利后不得任意剥夺，

---

[1] Joseph Raz, "Human Rights in the Emerging World Order," *Journal of the Transnational Legal Theory* 1 (2010), 31-47.
[2] 《人权三种存在形态的划分和论述》，见李步云《论人权的三种存在形态》，《法学研究》1991年第4期。
[3] 〔丹〕努德·哈孔森：《立法者的科学：大卫·休谟与亚当·斯密的自然法理论》，赵立岩等译，浙江大学出版社，2010，第137页。

不能任意剥夺就是指在特定条件下可以剥夺，而不是像固有权利那样绝对不能剥夺；二是获得的权利不是一个人一开始就享有的，即使享有也不是终生享有，它们依赖于一个社会的经济文化和法律发展状况。外来权利的这两个特性相互关联，正是因为获得权利来自权利主体以外的力量，也会因外来力量发生变化而变化。国际人权宪章规定的经济、社会和文化权利以及发展权利等大多数都属于外来权利。这些外来的获得的权利，正如下面所阐述的，虽然属于权利的范畴，但主要是以实现人权的面貌而出现的。

（二）人权是剥夺不能的固有权利

人权作为固有权利首先指这种权利是剥夺不能的权利。不可剥夺的事物不仅指在道德上不可剥夺——不应当剥夺，在事实上也不能被剥夺——剥夺不能。不应当剥夺和剥夺不能虽然在结果上相同，但却是两个不同的概念。人权作为剥夺不能的固有权利不是指人权在实践中没有被剥夺过，而是说一旦作为人权的权利被剥夺了，该权利及其代表的事物就会不存在或不完整。

剥夺是通过强力使一个事物与另一个事物分离或脱落的行为。剥夺分为肯定性剥夺和否定性剥夺两种情况。（1）肯定性剥夺是在承认事物存在的前提下的剥离行为，如承认人有生命权但基于某种理由（神圣、习俗或法律）予以否认，在这种情况下，假设被剥夺的事物是自足的且具有本来状况的特性，剥夺行为的发生将导致该事物不存在、残破或不完整，从而使该事物不成为其事物。（2）否定性剥夺从根本上否认事物本身的存在，如否认某一类人是人，是"天生的会说话的工具""敌人"或"臭虫"，在这种情况下就不存在剥夺人的生命权的情形。在讨论侵犯生命权和否认生命权关系时，米尔恩指出："生命权只有已经为某人所享有，才有可能遭到侵犯，而且侵犯它的行为才会是一种道德错误。可是，假如一个人不享有生命权，那么夺取其生命就不是生命道德错误，尽管它或许是粗率的或失当的。"①

作为剥夺不能的权利，人权的固有属性主要是针对肯定性剥夺而言的。在承认人已经享有某些固有权利的情况下，一项剥夺行为的发生将导致人的不复存在或不完整，使人不成为其人。倘若从根本上否认人的合理存在——这当然也是一种剥夺不能的情况，因为无剥夺的对象，也就不存在剥夺的问题。复杂人权观不否认肯定性剥夺的非法性，但间接认可了否定性剥夺的存在。支持一种否定性剥夺现象的存在往往是以隐晦的方式进行的。例如，借口某种与之无因果关系的客观因素否认人在现实状态下享有某些固有权利，主张只有等到一些条件成就时某些权利才能产生或被人享有。否定性剥夺和肯定性剥夺从不同的角度论证了人权的剥夺不能的属性，前者因为无对象可以剥夺所以剥夺不能，后者剥夺的结果则使人的存在及其完整性遭到毁灭或毁损。

（三）人权是救济不能的固有权利

救济是指事物被毁损或遭到破坏后的恢复原状行为。可救济的权利是指被剥夺的权利可以通过救济行动弥补或替代，使失去的权利"失而复得"，使被毁损、破坏的事物恢复原状。不可救济的权利则是在剥夺后不能通过其他方法弥补或替代的权利。通过救济行为弥补或替代是指遭到剥夺的权利经过救济行为可以恢复权利所保障事物的原状，恢复事物的原有功能。国际人权公约宣示或规定的大部分权利都是在剥夺后可以弥补或替代的权利，但有一些权利在剥夺后无法通过救济行动予以弥补或替代。禁止可赔偿的越界行为理论认为，即使一种行为的受害人事先知道会得到充分的补偿，这种行

---

① 〔英〕米尔恩：《人的权利与人的多样性——人权哲学》，夏勇、张志铭译，中国大百科全书出版社，1995，第157页。

为还是被禁止或非被允许，更不用说伤害后可能无法赔偿的行为。一种制度规定只要给予赔偿就允许越界，就表明它把人用作手段，产生普遍的恐惧、焦虑和担忧等情感的精神性损害，而这些精神性损害无法给予恰当的救济或补偿。① 在不可克减权利的设定和讨论中，国际社会确立了一些权利即使在紧急状态下也不能克减，一个重要原因就是这些权利被剥夺后不可弥补或不能补偿。

被剥夺后不可弥补或不能补偿的权利是指救济不能的权利，如思想、良心和信仰权利等。这些权利之所以不能救济，不仅是说它们在结果上无法恢复原状，而是说它们在客观上无法被剥夺。说这些权利被剥夺时主要是隐喻的说法，因为这些权利只能压制、遮蔽或限制，却不能通过强力的方法使之消失或不存在。换句话说，这些权利与人本身构成了人的完整性，是人的存在的另外形式，是人与生俱来的固有权利。一个遭到酷刑的囚犯被剥夺了健康权，也面临着丧失生命权的可能，但并不意味着他的人格尊严、思想、良心和信仰权利就随之被剥夺，在这个意义上，不能救济的权利也是不可救济的权利。

复杂人权观未能有效区分可救济的权利和不可救济的权利，以为所有被侵犯的权利都可以通过某种方法和某种机制得到救济，混淆了固有权利和非固有权利的界限，消减了固有权利的优先性和重要性。错误剥夺一个人的房屋所有权可以通过适当的救济予以纠正，使所有人重新拥有房屋所有权或重置房屋所有权，但剥夺人的生命则没有适当的救济方式使生命恢复原状，这也解释了人的价值与物的价值在性质上的巨大差异，而忽视这一差异就是人的异化现象及其解释性理论何以长期存在原因。当代社会对死刑、堕胎和安乐死等问题所显示出的巨大争论均涉及对人本身价值的敬畏和谨慎态度。

---

① 〔美〕诺齐克：《无政府、国家和乌托邦》，姚大志译，中国社会科学出版社，2008，第78~84页。

（四）人权是交易不能的固有权利

如果说剥夺不能和救济不能针对的是人权主体以外的主体不能或无权剥夺人权，也决定了人权主体自身也不能以自由意志处置固有权利。人是自己的主人的意思是指其他人未经本人的同意或授权则无权决定本人的事物，在他人眼里，作为本人的人是主体而不是客体，是与他人平等的道德主体。然而，人可以把自身作为客体自由地处置吗？答案是否定的。在著名的绝对命令的目的公式中，康德的道德律要求不仅对任何别的人，也同样对自己负有以目的而非手段对待的权利。固有权利不仅指它是人的完整性的和自足性的标志，也排除了功能主义或后果主义的效用观念。享有固有权利的人在本质上不具有交易性，这是因为他们不是交易的对象和客体。物品的效益是建立在可以交换的基础上的，而一个物品之所以可交换是因为具有性价比的内在属性。对于固有权利而言，由于缺乏可以量化的价格标准，也就不能产生交易所期望的效用。

人权的不可交易性决定了人权主体没有权利让渡或放弃固有权利，权利客体的可交易性不能成为权利主体可交易性的理由，只有始终保持权利主体不可交易性的理念，权利客体的可交易性才能成为可能。复杂人权观未能有效地区分权利主体与权利客体的关系，也未能区分交易的权利和不可交易的权利，将所有的权利都视为可以交易的权利，乃至通过物化的补偿方式间接承认了固有权利的可交易性。在极端的情况下，复杂人权观将自杀、自愿为奴等也视为实现人权的方法。不同于把人作为客体的奴隶贸易时代——这样的时代具有显而易见的时代缺陷，复杂人权观视野下的固有权利可交易性的理据建立在人权主体有权让渡自己的一切权利的基础上，认为固有权利的买卖是契约自由的产物，这就错误地暗示了，只要没有人权主体的同意和自愿让渡的意思表示，固有权利的交易行为至少在形式要件上就不能成立，例如劳动合同中的"工伤概不负责"的约定就隐含了劳动者的人身权利可以作为交易对象。

然而，在立法禁止固有权利可交易的时代到来之后，固有权利的交易性乃是通过救济方式完成的，对人格侮辱或对人身伤害的补偿通过金钱就可以实现。现代侵权赔偿标准设置了一套虽然不得已却通行的生命、人体器官或人格尊严等的市场价格，以合法性的方式肯定了人的异化。法律经济学批判了追求大多数人幸福的功利主义进路，认为正义是有效率的行为，而不公等同于无效率，公与不公取决于财富最大化原则，同样为财富最大化的社会制度提供了一个正当性基础。按照波斯纳的观点，预先补偿、事后赔偿等都可以作为一种"隐含的同意"使社会财富最大化，并且与分配正义尤其是校正正义兼容。为了满足隐含的同意并追求效率的原则，波斯纳提出了"同命不同价"的理由："如果收入不同的两个人因伤害者的不公行为造成了同一事故中的伤残了，如果以他们在某种意义上（也许是一种康德式的意义上），有权享有同等的社会物品分配为理由，给他们每个人同样的损害赔偿，这就是没有效率的。"波斯纳意识到绝对化同意原则将会带来道德力量的减损，允许财富最大化意义上的效率将胜过自主概念，需要对此作出必要的限定，不允许这一原则适用于奴役制度或"有罪过的、剥削形式的非自愿奴役"等领域。①

总结以上的讨论，人权是人享有的固有权利，这些固有权利是已经存在的权利，而不是应当存在的权利。由于是固有和实有权利，人权就具有不可剥夺、不可救济和不可交易的特性，这些特性又是从人权的剥夺不能、救济不能和交易不能的角度作出的结论，为此形成有别于复杂人权观的简明人权观。用固有权利取代应当权利表达的是一种不以人的意志为转移的实存概

---

① 〔美〕波斯纳：《正义／司法的经济学》，苏力译，中国政法大学出版社，2002，第87~102页。

念，最大范围地排除对人权概念本身所作的限制性规定。作为一种理性观念的存在，固有权利体现了现代社会的人的普遍性价值，在这个意义上，人权概念在被用来表达普遍性而非特殊性方面更具其独特的价值，正如全球化概念虽不排斥多元化事物的存在，但它更多的是为人类社会的普遍性和一致性发挥知识上的功用。毋庸置疑，简明人权观作为一种理解人权的新思路，也是一种理想的人权论证范式，同所有的"理想型"理论范式一样，为了体现理论的自明性和逻辑一致性，简明人权观仍然需要承担损害理论的全面性和完整性的风险。此外，当我们讨论固有权利的概念以及把固有权利作为人权的基本属性时，它更多地认可了洛克的基本权利保留论，而不是霍布斯和卢梭的权利全部让渡论，这就为不同社会的社会政治秩序提供了不同的制度建构的基础。

三 拥有人权的权利

为了给人权减负并使人权在现实层面具有普遍有效性，米尔恩提出了最低限度的人权观，将人权分为生命权、要求正义权、受帮助权、自由权、被诚实对待权、礼貌权以及儿童的受抚养权等七个方面。[①] 哈贝马斯从商谈论的视域提出了五种人权：平等的个人自由权、成员身份权、受法律保护权、政治参与权、生存条件权（主要包括社会保障与生态环境权）。[②] 底线人权观和商赋人权观对膨胀的人权理论和实践做出了简化的努力，但它们同样将人权和实现人权的方法混为一谈，因而是一种不彻底的简明人权

[①] 〔英〕米尔恩：《人的权利与人的多样性——人权哲学》，夏勇、张志铭译，中国大百科全书出版社，1995。

[②] 〔德〕哈贝马斯：《在事实与规范之间——关于法律和民主法治国的商谈理论》，童世骏译，三联书店，2003，第103页。

观。只有一种人权概念，但有多种实现人权的方法。在人权观念和普遍性标准确定的情况下，每一个国家和社会实现人权的路径呈现出多元化的特征。人权与实现人权的权利不是人权类型上的划分，而是目的和手段的关系。人权是目的性权利，实现人权的权利则是工具性权利，它们共同构成了体现人的现代性价值的权利体系。

（一）作为正义的拥有人权的权利

人权是一个自足的概念，是不需要外在的力量就能够成立的概念。人权的普遍就在于它体认了人的尊严和价值，凡是人都享有人权。按照康德的论断，人是目的，人在任何情况下都不能被当作手段对待。不过，人权虽然是一个自足自立的概念，但不是可以自动就实现的权利，从人权观念到人权现实，从人权理论到人权实践，人权需要寻找与之相适宜的条件、方法和手段。由人权的目的性出发，实现人权的任何方法都是手段性权利。

拥有人权的权利（right to have human rights）是实现人权的权利，包括消极实现人权的权利和积极实现人权的权利两个方面。(1) 消极的实现人权的权利在传统意义上主要是对救济权的表达，即当权利遭到侵害时通过立法、行政、司法或其他方法予以救济，使被侵犯的权利得以恢复原状。在这个意义上，消极拥有人权的权利既包括人权遭到侵犯时的救济，也包括实现人权的权利遭到侵犯时的救济，对后者而言，对实现人权的权利的救济是手段之手段，服务于实现人权的目的。由于人权具有救济不能的特性，通常所讲的救济权只能指向对消极实现人权的权利的救济。(2) 积极实现人权的权利是指让人享有实现人权的权利，即只有享有了应当享有的权利，实现或尊重人权才具有可能性。由于人权是任何人固有的实有权利，积极实现人权的权利就只能指一种方法上的权利。例如，只有认可和保障公民享有选举权，才能从政治权利的维度尊重和保障人权，争取选举权的过程就是争取积极实现人权的权利的过程，如果已经获得的选举权遭到侵犯，争取消极实现人权的权利也才是可能的和现实的。

消极实现人权的权利是狭义上的救济权，积极实现人权的权利则是广义上的救济权，它们共同指向人权的正义属性。作为一种救济权，消极实现人权的权利属于交换正义的范畴，积极实现人权的权利属于分配正义的范畴。从消极实现人权的权利角度出发，亚当·斯密认为："在多数情况下，单纯的正义只不过是一种消极的美德，只是阻止我们不去伤害邻人罢了。……我们常常可以坐着不动就能满足一切正义原则的要求。"[1] 坐着不动就能实现正义暗示了政府、社会和他人具有不干涉、不主动侵犯权利的义务。斯密认识到没有产生直接的真实伤害能够体现正义的原则。只有享有了权利，满足了分配正义的需要，才能在权利受到侵犯时给予救济并获得分配正义，也才能在权利未受到侵犯时坐着实现正义。享有权利的权利指向分配正义，当分配正义还没有实现的情况下，就出现了广义上的对权利或人权侵犯的客观事实。

如果说有一种正义只要坐着就可以实现，同样也存在着一种剥夺，一些人只要坐着也就可以完成，这是一种隐性的却是广泛存在的剥夺。被剥夺者在其权利被剥夺后只是感叹命不好，但不知其权利已被剥夺，剥夺者也不认为剥夺行为是一种非正当的行为。与非法的剥夺行为相比，这是一种合法的剥夺，剥夺行为已经制度化和合法化。洛克的初始分配理论认为，一个人的当初的占有条件只要不损害任何旁人的权益就应当是正义的，但这应以资源无限丰富和使所有人够用为前提。[2] 相反，当社会中的财富已经被一部人（无论通过合法的还是非法的方法）全部或大部分占有，坐着就能实现正义

---

[1] 〔英〕亚当·斯密：《道德情操论》，余涌译，中国社会科学出版社，2003，第88页。
[2] 〔英〕洛克：《政府论》下篇，相关讨论见段忠桥《基于社会主义立场对自由至上主义的批判：科恩对诺齐克"自我—所有权"命题的反驳》，《中国社会科学》2013年第11期。

就只能面向已经占有财富的人。罗尔斯的"初始位置"理论和哈贝马斯的商谈理论是对初始分配正义的延续,但与洛克不同的是,初始位置理论和商谈理论已经不以自然资源取之不尽这种浪漫主义作为前提。

作为一个实践的概念,拥有人权的权利从公民权利和政治权利(坐着的正义)、经济权利、社会权利和文化权利(满足坐着的正义的条件)等方面体现出它们不同的特性。不同国家在不同的发展阶段的状况决定了拥有人权的权利的实现程度,不是人权的复杂性而是实现人权的权利的复杂性导致了不同国家和民族人权状况的差异。实现人权的权利之所以复杂就是因为它们具有政治性、法律性、经济性和文化性等基本属性,形成了实现人权的权利的复合结构。

(二)规范或非规范的实现人权的权利

争取人权本质上是争取实现人权的权利,只有满足了实现人权的权利,对人权的尊重和保障才具有可能性和现实性,也只有在这个意义上,才能理解汉娜·阿伦特关于人权与公民权关系的话语:"每当人们不再作为任何主权国家的公民而出现时,人权的这种被认为是不可剥夺之物就被证明是无法实施的。"[1] 阿伦特命题引发了持续不断的对人权基础或根基的讨论,它暗示了没有国家就没有人权的可能性。阿伦特假定使人们注意到那个古老而真正具有预言性的警告,即现代早期所宣扬的"什么都不是,只是人"这种口号的抽象性是人性最大的危险。正如伯克所说,"人权"是一个抽象概念,人们无法从中期望任何保护,除非用一个英国人或法国人的权利来充实这个抽象概念的内容。公民权之所以不同于人权,是因为公民权是特定国家基于主权原则赋予其公民的获得的权利,无论公民享有什么权利以及在现实层面上是

---

[1] Arendt Hannah, *The Origins of Totalitarianism*. London: Andre Deutsch, 1986, pp.300, 293.

否得到落实，公民所享有的权利都与非公民无关。

如果不把阿伦特和柏克的观点理解为反对人权存在的表述，而是实现人权的方法的现实考量，实现人权的权利就不止公民权利，还应当包括马歇尔早在20世纪中叶提出的政治权利和社会权利。马歇尔的公民身份三维度以主权国家为背景，以福利国家为目标，提出了规范的实现人权的权利。规范的实现人权的方法包含在《世界人权宣言》《公民权利和政治权利国际公约》《经济、社会和文化权利国际公约》《发展权宣言》等国际人权文件中。从规范、积极实现人权的权利而言，《联合国宪章》《世界人权宣言》等国际法文件不仅宣布了国际社会的行动准则，也以规范的方式确立了国际新秩序。《世界人权宣言》第28条从规范、积极实现人权的权利角度规定："人人有权要求一种社会的和国际的秩序，在这种秩序中，本宣言所载的权利和自由能获得充分实现。"国内秩序和国际秩序是双重的合法秩序，在人权的普遍性原则之下，它们共同生成了全球秩序——一种有别于霸权主义模式的世界主义秩序，这种秩序要求在全球化时代建立一个公正的世界社会，而缺乏这样的公正的世界社会就是对人权的潜在侵犯。从规范、消极实现人权的权利而言，《公民权利和政治权利国际公约》第3条第2款规定，各缔约国"保证任何要求此种救济的人能由合格的司法、行政或立法当局或由国家法律制度规定的任何其他合格当局断定其在这方面的权利；并发展司法救济的可能性"。由此可以看到，一个正义的符合人权标准的国际秩序和国内秩序为享有权利提供了条件，在此前提下对侵犯权利的救济行动才是值得追求和有价值的。

规范的实现人权的方法与非规范的实现人权的方法共同存在于人权实践中。对于马克思主义而言，受到经济压迫的无产阶级只有通过暴力革命，推翻资产阶级政权，才能掌握自己命运，最终实现人的全面自由和解放。革命不是目的，革命只是建立正义的社会结构的方法。面对暴政和残酷的压迫，通过诉诸革命的正义行动在总体上完成了对被压迫阶级的人权救济。这种实现人权的权利，在中国传统社会被称为"替天行道"，在洛克那里则是保留了"诉之于天"的最后救济权。革命作为争取人权的非规范的集体行为是在不承认已经确立的法律体系前提下的正义行动。争取民族解放、反殖民主义运动等行动都是非规范的集体行动，但无疑都是争取积极的实现人权的权利的表现形式。第二次世界大战之后人权成为国际社会普遍认可的概念，争取人权的斗争也从非规范走向规范，其标志在于把"尊重""保护""保障""履行"人权义务落实到国家，通过或围绕国家的义务而展开——虽然这并不必然导致国家是尊重和保障人权的唯一主体。

针对马歇尔的公民身份三要素说，鲍曼在 21 世纪初作过这样的评判："个人自由和政治自由（不受国家干预的自由和在国家之中的自由，或者用另外一套术语即亚赛·伯林的术语来说，'消极自由'和'积极自由'）的结合不可能真正得到支持，而且对很多人来说仍然是无法实现的，除非续之以通过国家获得的社会权利。"[①] 人权在国家的范围内并通过民主和法治的原则得以确立和保障，完成国家与人权的第一层面的关系，使公民享有免于国家干涉的权利。在国家范围内并通过国家非消极的努力完善国家与人权的第二层面的关系，使公民享有在国家之中的权利。在国家范围内并依靠国家的帮助完成国家与人权的第三层面的关系，使公民享有通过国家获得的权利。免于国家干预的权利、在国家中的权利和通过国家获得的权利只有被视为实现人权的权利才具有适应全球社会秩序的价值。

按照现代性的叙事，人类社会经历了从义务社会向权利社会转化的过

---

① 〔英〕鲍曼：《免于国家干预的自由、在国家中的自由和通过国家获得的自由：重探 T.H. 马歇尔的权利三维体》，载郭忠华等编《公民身份与社会阶级》，江苏人民出版社，2007，第 241 页。

程，人与国家关系也随之发生了根本性变化。人们不再祈求获得国家的保护，而是要求国家有义务保护作为人权主体的人。义务来自权利，而不是权利来自义务。国家是主权主体的集合体，负有尊重和保障人权的义务。主权以规范方式代表了一个民族国家内的集合性权利，也成为在国内层面实现人权的更高层次的集合性权利。主权的最高性、不可分割性和不可转让性与人权的剥夺不能、救济不能和交易不能的属性构成了性质同源的同一事物，从另外一个角度确认了马克思关于国家与人的关系的论断："在民主制中，不是人为法律而存在，而是法律为人而存在；在这里法律是人的存在，而在其他国家形式中，人是法定的存在。"[①] 从人权的目的论出发，构建国家乃至构建一个理想的正义国家制度不是目的，同样地，在全球化时代来临之际，建构一个正义的世界社会（World society）也不是最终目的，而是作为手段的制度性方法。

以国家为中心作为规范实现人权的权利方法没有否认其他的实现人权的权利的方法的合理存在。还存在两种国家行为之外实现人权的权利方法。一是公民不服从对实现人权的权利的构成性作用。由苏格拉底、梭罗、甘地和马汀·路德·金为代表的公民不服从运动开辟了人权运动的新场景。在历史上，公民不服从通过"以身试法"在挑战非正义的法律、殖民统治和种族歧视斗争中发挥了独特作用。二是非政府组织、国家间组织、超国家组织等对实现人权的推动作用，如欧洲人权组织、美洲人权组织和非洲人权组织等。形成中的国家之上、国家之外、国家之间的人权组织及其实践补充和完善了以国家为中心的人权保障制度。这两种意义上的实现人权的权利路径也可以说是规范中的非规范方法或非规范中的规范方法。作为公民不服从的实践，其践行者固然不服从所涉问题的

---

① 《马克思恩格斯全集》第3卷，人民出版社，2002，第40页。

规范效力，却认可了自己的违法性，如同苏格拉底说城邦的法律是非正义的，却拒绝逃跑以逃离不义的城邦。把非政府组织作为非规范的实践主要考虑到在这些组织的具体运作中，通常无视主权国家的最高权威的性质，对主权国家的作为或不作为给予形式或实质的干预。典型的例子就是一些地区性国际组织，以人道主义为名越过主权国家直接向受害人提供有争议的救济行动。

以上的讨论表明，规范的实现人权方法提供了以国家为中心的实现人权的视角，构成了实现人权的权利的主要方面，非规范的实现人权的权利具有补充的功能。把规范的或非规范的实现人权的权利作为方法还是目的成为复杂人权观和简单人权观分野的标志。只有把公民权利、政治权利、经济权利、社会权利、文化权利和发展权等作为实现人权的方法，人权的抽象性和具体性才能得到统一。与此同时，应当把作为方法论意义上的实现人权的权利与把人权作为推行某种意识形态的工具主义行为区别开来，后者不仅脱离了权利的视野，缺乏应有的权利品质，也是对人权和实现人权的权利的双重否认。

四 自由作为剥夺不能的固有权利

以上我们从人权的属性以及人权与实现人权的权利分离的角度阐释了简单人权观的逻辑和立场，以此与复杂的人权观做出比较。人权的剥夺不能、救济不能和交易不能等属性只是回答了什么是人权的可能性，没有回答什么是人权。相应地，对实现人权的权利的讨论也只是排除了什么不是人权，同样没有回答什么是人权。简单人权观要在理论上做到一致性和自明性，就不仅要回答什么是人权，在逻辑、形式和内容上还应满足至简的要求。

（一）自由与人的本质的真正占有

《世界人权宣言》第1条开宗明义地指出："人人生而自由，在尊严和权利上一律平等。""不自由，毋宁死""生命诚可贵、爱情价更高，若为自由故，二者皆可抛"等皆是家喻户晓的追求自由的名句。一部人权的历史，也是作为人的人捍卫和争取自由的历史。在黑格尔看来，步入现代性的时代的伟大之处在于，自由作为自在自为的精神财富，受到了普遍和广泛的承认。自由是现代性的成就，现代性发现了自由，一旦将人类历史的运动法则按照自由的逻辑展开，就使个体的人获得了相对独立于历史、国家和社会的具体存在。大道至简，人权之大道，就在于它通过权利而不是义务的视角重新阐释了人作为人的本质性特征，这个特征不是别的，乃是任何时代和任何社会的人所具有的自由的本性。在阐释未来社会的本质特征时，马克思、恩格斯指出每一个人的自由发展是一切人自由发展的条件，成为与一切旧社会区别开来的标志。[①]

自由体现了人作为道德主体的存在，剥夺人的自由就意味着剥夺人自身的存在或使人成为意志自由活动的对象。剥夺或限制人的行动自由是可能的，但这并不意味着可以剥夺或限制人的意志自由。孟子提出的"大丈夫"是自由主义的理想人物，只有这样的理想人物才能做到"贫贱不能移，富贵不能淫，威武不能屈"。胡适认为孟子的政治思想是全世界自由主义最早的一个倡导者，也是从这个角度理解自由的。[②] 遭到酷刑的囚犯被剥夺了健康权，面临着丧失生命权的可能，但并不意味着他的人格尊严、思想、良心和信仰就随之被剥夺，因为"士可杀，不可辱"。表达人的意志自由的事物包括心、志、良心、尊严、信仰、思想等。自由本身就是作为人的生命的价值，这一本质性规定决定了自由不可剥夺，也剥夺不能，因为剥夺不能故而救济不能，

---

① 《马克思恩格斯选集》第1卷，人民出版社，1995，第294页。
② 胡适：《自由主义是什么》，载胡适《容忍与自由》，同心出版社，2012。

因救济不能而交易不能，即便是人权主体也不能让渡自己的自由。相反的路线也可以成立，人权主体不能让渡自己的自由，自由也将交易不能、救济不能和剥夺不能。作为一个目的性权利，人权的自由性规定不能通过与其他事物的比较而显现其价值。

人们大概愿意承认，活着和如何活着是两个不同的概念，活着不是目的，如何活着才具有本真的意义。幸福地活着，这就是人生的价值，也是简明人权观的口号。与西方古典政治哲学的幸福生活观不同，现代性的目的论自由主义"试图通过'理性的生活设计'以及复杂的制度建设，保障每一个体都拥有追求'繁荣'的权利以及实现'繁荣'的是基础，个体的'繁荣'是作为'人之为人'的所有公民都应过上的生活"。[1] 世界上没有统一的幸福或繁荣标准，但获得或体认幸福或繁荣状态的方法唯有自由。康德指出，只有一种天赋的权利，即与生俱来的自由。根据人的这种品质，并通过权利的概念，"他应该是他自己的主人"。"人是主体，他有能力承担加于他的行为。因此，道德的人格不是别的，它是受道德法则约束的一个有理性的人的自由。"[2] 继承了英国自由主义传统的柏克赋予自由在价值序列中的至上地位："自由不是对我们美德的奖赏，也不是我们勤奋所得，而是我们的继承物，是我们人类与生俱来的权利。"[3] 只有确保人人享有自由，对于幸福生活的自主理解和追求才具有实践的意义。自由是内在于人的生命，除非生命终结，自由则始终内存于人自身。"一个人能够按照自己的表述去行动的能力，就构成了这个人的生命。"[4] 人的自由源于人作为实践理性的主体的意志自由，这种

---

[1] 周濂：《后形而上学视阈下的西方权利理论》，《中国社会科学》2012年第6期。
[2] 〔德〕康德：《法的形而上学原理：权利的科学》，沈叔平译，商务印书馆，1991，第50、27页。
[3] 〔英〕柏克：《自由与传统》，蒋庆等译，商务印书馆，2001，第105页。
[4] 〔德〕康德：《法的形而上学原理：权利的科学》，沈叔平译，商务印书馆，1991，第10页。

自由是在不违反他人自由情况下的选择能力和选择的行动。与此同时，自由不是其他事物的组成部分，它是内在的并且是与生俱来的，"它在任何方面都不是构成性的概念，而仅仅是一种调节性的概念。"[①]

主体的自我意识表现为人权主体的自我决定和自我实现。自我决定是主体意志自由的真实体现，意志只有是真实的，才能避免自我决定的法则不被外界支配的因果律所左右。真实意志不是凭空产生的，它自身就是社会的产物，即使真实的意志也要借助于社会的条件才能完成。自然，自我实现作为一种自由的形式，除了要立基于人的真实的意志，还需要具备付之于实践的能力和条件，缺乏这样的能力和条件，自我实现的自由法则充其量是自由主体的独白。伯林的消极自由和积极自由的划分不仅表达了个人自由的意图和特质，也要求一种实现这种意图和特质的社会条件。这种社会条件是既定的已经生成的条件，也是有待完成的条件，但无不是实现人权的权利的组成部分。仅有表达贫困的真实意志是远远不够的，重要的是要有免于贫困的自由。马克思主义批判的是自由主义单纯的形式自由，但没有否定自由自身，只有提倡和保持复数的自由，正如阿隆所言，在"作为自由的政治权利"和"作为能力的社会权利"，"主观的自由—权利"和"实际的自由—能力"，以及"摆脱的自由"（freedom from）和"追求的自由"（freedom to）之间作为区别和平衡，[②] 才能实现"人的本质的真正占有"，完成"历史之谜的解答"。

（二）不幸与正义的社会结构

自由是人权的唯一内容，人权是规范化的自由。从权利角度理解自由，自由就成为与人的生命相一致的固有权利。然而，纵观人类社会的历史，正

---

① 〔德〕康德：《法的形而上学原理：权利的科学》，沈叔平译，商务印书馆，1991，第23页。

② 〔法〕雷蒙·阿隆：《论自由》，姜志辉译，上海译文出版社，2007，第122~123页。

如卢梭所言，人生而自由，却无不在枷锁之中。无所不在的各种形式的枷锁限制和妨碍了人的自由，导致了社会成员长期或总是处于不幸的状态，最终"轻视人、蔑视人，使人不成其为人"（马克思语）。不幸是一个事实状态，表现为人在心理、精神或身体等方面所遭受的创伤、痛苦和不安。不幸在本质上是一种不自由的状态，它从各个方面限制了人实现其意志自由的愿望和能力。造成人不幸或处于枷锁中的因素表现为政治、法律、经济、社会、文化等方面。从历史和现实的角度看，经济剥削、文化压制、政治迫害等剥夺行为程度不同地发生和存在，这就注定了一些人的固有权利正在遭到侵犯而不是还未侵犯。马克思批判的资本主义社会之所以是不正义的，剥削不仅导致对工人剩余价值的占有，也是人的异化的表现形式，即异化是剥削的实质。[1] 倘若没有侵犯人的权利的环境（包括政治、文化、经济等因素），人与人、人与社会和人与国家之间始终如道德家追求的那样是好人与好人的关系，则不会发生侵犯权利的现象。因此，要达至幸福，首先需要消灭不幸，使不幸的人从各种可能造成不幸的环境中解放出来，实现人的全面解放和发展，在这个意义上，建立非剥削的经济制度、包容的文化制度和民主的政治制度就具有十分重要的方法论价值。

非剥削的经济制度、包容的文化制度和民主的政治制度是指创造和尊重实现固有权利的条件和背景，因为缺乏这样的条件和背景，人的固有权利就被认为遭到侵犯。我国早期人权学者罗隆基就是从"做人的条件"理解人权概念的，[2] 当代人权学者同样认为："如果一个人的生命、安全与自由得不到保障，他将失去做人的资格，失去做人的尊严和价值。"[3] 积极救济所要

---

[1] 林进平：《拯救正义而又彰显历史唯物主义：从艾伦·布坎南对"马克思与正义"论题的诠释说起》，《哲学研究》2013年第8期。
[2] 罗隆基：《人权 法治 民主》，法律出版社，2013。
[3] 李步云：《论人权》，社会科学文献出版社，2010，第66页。

维护的权利指向政治、经济、社会和文化制度的合理性和正当性，这种合理性和正当性构成了人之为人的条件。一个不正义的社会制度对人造成初次伤害，在此前提下发生的具体伤害则是二次伤害。对二次伤害的救济只能缓解而不能从根本上使受害人的权利恢复原状，虽然这并不意味着对二次伤害的救济没有价值。初次伤害是隐形的伤害，却给人带来长期的结构上的不幸，也只有在这个意义上，生存权和发展权比其他权利更具有优先性和紧迫性的主张才具有合理性。在一项实证性的研究报告中，阿玛蒂亚·森指出，免于饥荒的唯一方法是权利的公平分配而不是简单地提高粮食产量或减少人口数量。[①] 即使生存权和发展权在实践上具有优先性和必要性，作为权利概念仍需要尊重权利的运行法则。

（三）私人自主与公共自主

自由作为现代性的唯一法则从其诞生之日起就是一个实践理性概念，需要接受来自反思性现代性的检验和批判，以便为一种负责任的自由而不是天马行空的逍遥概念提供社会空间。换言之，贯穿于人类历史的自由概念要想在现实中获得力量，就需要在相互负责的主体间性中确立自由的辩证法。自由的核心价值在于它为主体的意志和行为选择提供了空间，为人的自主性提供了依据。早期自由主义从私人自主的角度阐释了消极意义上的自由，更多地赋予人权主体自我理解和自我决定的个人主义面向，萨特的存在主义和诺齐克的自由主义都是消极自由思想的变异。然而，私人自主只有在一个正义或接近正义的社会制度下才具有合法性，否则，它无法回答在文化压制、政治迫害和经济剥削下的受害人如何获得私人自治下的自由。私人自主不是一个完整的自由概念，也不是一个"健全的个人主义"概念（胡适语），它需

[①] 〔印〕阿玛蒂亚·森:《贫困与饥荒》，王宇等译，商务印书馆，2004。

要与公共自主一道成为自由的构成要素。哈贝马斯指出:"私人自主与公共自主之间互为前提。……一方面,公民想要恰当地使用它们的公共自主,就必须在私人自主的基础上保持充分的独立;另一方面,公民如果想要享受到私人自主,它们就必须恰当地运用它们的公共自主。"[①] 一种与自由或人权目的相契合的公共自主是维护自由的人权的手段,它从国际秩序和国内秩序的双重立场确立正义的社会结构。在世界大同和世界共和国尚付阙如的情况下,建立民主法治国家的公共自主就显得十分必要,自由的人权表达的是良法之下的固有权利。民主法治国家作为公共自主的形式,确立了法律平等的形式要求,还不足以完全实现公共自主,要实现完全的公共自主不仅要求公民权利和政治权利得到承认和保障,还应当在经济权利、社会权利和文化权利中获得有效的资源。

由公民权利和政治权利、经济权利、社会权利和文化权利等确立的权利方法体系为保障人免于不幸提供了现代性方法。这些作为方法论的权利之所以具有合法性,就在于它们共同服务于自由的人权。公民权利和政治权利从消极方面保障人的自由免于侵犯,经济权利、社会权利和文化权利从积极方面保障人的自由得以实现。这些权利都是实现人权的权利,是实现自由必不可少的条件、方法和路径,但这些权利都是外来的权利,而不是人自身所固有的,是方法意义的权利,而不是目的性权利。哈贝马斯坚持认为,文化权利更多地显示的是"策略性权利"(strategic claim)。不是唯有经济权利、社会权利和文化权利带有策略性,公民权利和政治权利也具有策略性,它们都归属于实现人的自由的权利的范畴。经济权利、社会权利和文化权利是否比公民权利和政治权利具有优先性,或者相反,都是策略上的方法论问题,而不具有优劣之别的价值判断的属性。人权的历时普遍性(the diachronic

---

[①] 〔德〕哈贝马斯:《后民族国家》,曹卫东译,上海人民出版社,2002,第137页。

universality of human right）只有建立在实现人权的权利的共时多样性的基础上才能够成立。不同的实现人权的方法与其说相互排斥，不如说是互为前提和相互补充。存在着多种不同的实现人的自由方法，即存在着多种不同的实现人权的权利体系，这取决于不同国家和社会的发展状况。只有一种人权以及人权体系，那就是关于人的自由的体系，如同有多种的哲学论述方法，但按照原则建立的哲学体现却只能有一种。如果把自由理解为现代意义上的一种善（不是唯一的善），自由的人权就优于或先于权利，只不过这里的权利是实现人权的权利。

五　结论与讨论

对一种无所不包的复杂人权观的批判有助于为负荷过重的人权概念减负，倡导一种对人权规范理论的简化主义信念。在日趋复杂化和多元化的现代社会中，对人权价值判断做减法而不是加法处理有助于确立社会共识的底线。当代社会科学倾向于以更加复杂的方式提出问题，虽然提出问题本身也是一种答案，但将问题等于答案成为一种论证方式时，社会科学的引领价值及其理论担当就会大打折扣。作为一种尝试和思想实验，简明人权观在否定的意义上捍卫人权的普遍原则，拒绝将一切权利都纳入人权概念当中，反对无视人权与实现人权的方法之间的应有界限，归根结底，将一切权利或实现人权的权利纳入人权概念之下不是增强而是削弱了人权的价值。应当看到，把自由作为简明人权观的核心理念具有理想的成分，无法避免本体论的元理论痕迹。在不同社会和国家的历史条件下，即使同意自由是唯一的不可剥夺的人权，对自由的自我理解和阐述将会产生不同的结果，更何况罗兰夫人"自由，多少罪恶假汝之名以行"的遗言至今有效。

在当代人权理论和人权实践的语境中，几组典型的人权解释的关系范畴纠结在一起并且形成了内在的紧张关系：公民权利和政治权利与经济权利、社会权利和文化权利、个人主义权利和集体主义权利、人权与主权、人权与公民权、抽象人权与具体人权、西方人权与东方人权等。在某种程度上，这些对立面统一于一个矛盾统一体，即"人道主义—自然主义—普遍主义—理想主义"的人权范式与"政治主义—历史主义—规范主义—现实主义"的人权范式。倘若不拘泥于它们在人权实践中存在的矛盾性对立，而是把它们之间以及相互之间视为通向人权或自由的方法、策略或手段，就可以用宽容和理解的角度承认这些范畴或关系范畴存在的合理性和合法性。世界上没有绝对的事物，自然也就没有绝对的人权，自由的人权实际上是作为相对化的实现人权的权利平衡的动态产物。

第七章 权利救济的现代性话语

一　方法与问题

对权利救济的研究，传统上往往从功能主义救济观和权利保障救济观两种视角出发。对于前者，更主要的是从社会纠纷解决机制方面给予技术和结构上的安排。从历史上看，纠纷解决机制大致完成了以制度性救济为特征的体系。这种制度性的救济体系是以诉讼、仲裁、调解或行政裁决为主要或全部要素。非制度性的救济——如复仇、武装斗争、起义、革命，被认为是对现行体制和连续性历史进程的反动，而不是补充，只是在极为特殊的历史背景下，非制度化的救济才被赋予合理性。在现实意义上，解纷机制的制度性诸要素确实具有共存的客观性，而且在人类社会的各个历史阶段呈现出结构性特征。因此，在需要对救济补充或完善时，问题不在于是否在现有的制度性救济之外创造或发明新的救济形式，而在于如何将这些制度性的救济形式根据时代的发展需要重新加以组合。权利救济的功能主义解释，无疑在寻找一个有关权利救济的一般性的社会结构，以及蕴含的社会解决纠纷机制的整合和发展的假设。①

把救济作为权利保护理论的一个内容提升了纠纷解决机制的品质。纠纷解决机制在任何类型的社会都以不同的面目出现，只是在近代以来，纠纷解决机制才与权利观念连接在一起。这种权利救济观在方法上是立法救济、宪

---

① 强世功编《调解、法制与现代性》，中国法制出版社，2001；何兵：《纠纷解决机制之重构》，载《中外法学》2002年第1期；博西格诺等：《法律之门》，邓子滨译，华夏出版社，2007，第631页以下。

法救济、行政救济、司法救济和社会救济等的总和。既包括政治和公民权利消极意义上的救济,也包括经济、文化和社会权利的积极意义上的救济;既包括权利救济制度的设计、修正和完善,也包括权利救济制度的实施机制。在某种程度上,这样一种权利救济观等同于权利保护机制。从救济理论角度出发,权利保护的救济观是通过把救济作为一项权利,从而组建完整的权利保护体系。①

以历史逻辑的方法,研究权利救济历史的成长过程,探讨权利救济内在的发展规律,是权利救济理论研究的另一种角度。在提出这一立论之前,有必要做出限制。这里所谓的历史观,首先是一种历史的唯物辩证法立场,认为权利救济是一历史的连续发展的过程,在权利救济发展的任何历史阶段都有其合理性和局限性。因此,权利救济发展的过程无疑是一否定之否定的辩证的过程。其次,从这一立场出发,本文不打算从历史学或考古的角度证成权利救济在各个历史阶段的显现,而毋宁把权利救济的历史"当作一个逻辑整体来分析、描述,这样,不但可以抽出所谓的本质特征,而且还可能找出重要的事件,作为历史的里程碑"。②

权利救济的本来面目是什么呢?对这一问题的回答应当着眼于权利主体和救济主体相统一的基本点上。首先,权利主体与救济主体具有同一性。主体的同一性原则表明权利主体和救济主体在权利的不同领域的再现,是权利完美性的体现。当权利主体与救济主体虽处于不同的领域却成为不同的或者并列的主体时,权利主体与救济主体的同一性便受到挑战,但不意味着二者的和谐状态趋于破碎,因为在权利主体与救济主体即使分离并且成为不

---

① 夏勇主编《走向权利的时代》,绪论,中国政法大学出版社,2000;耶林:《为权利而斗争》,载梁慧星主编《为权利而斗争》,第1~52页,中国法制出版社,2000;北京大学法学院人权研究中心编《司法公正与权利保障》,中国法制出版社,2001;亨金:《权利的时代》,信春鹰等译,知识出版社,1997。
② 梁治平:《法律的文化解释》(增订本),三联书店,1998,第368页。

同的主体时,在可以被控制的具体情形中,一定意义上的和谐状态也是可以成立的。

其次,权利或权利救济的主体性原则是认知主体在权利的实践领域自我意识和自我肯定的指涉性概念。如果认为权利及其有关权利的理论是现代性问题,那么权利或权利救济理论不能离开主体性原则而独立存在。事实上,权利救济的概念,如同自由的概念一样,是体现或表达现代性问题的最有利的范畴。在黑格尔看来,人的主体性是通过人在精神上是自由的这一命题来完成的,即精神之所以是自由而且能够自由,是因为精神依靠它自身而存在,而不会如同物质一样"依附他物而生存"。"精神"的这种依靠自己的存在,就是自我意识——意识到自己的存在。意识中有两件事必须分别清楚:第一,我知道;第二,我知道什么。在自我意识中,这两者混合为一,因为"'精神'知道它自己。它是自己的本性的判断,同时它又是一种自己回到自己,自己实现自己,自己造就自己,在本身潜伏的东西的一种活动"。[①] 因此,权利或权利救济的主体性原则不仅是权利主体意识到权利的存在,也是权利主体在权利遭到否定时有自我决定和自我救济的权利。在这个意义上,权利救济只不过是自我救济的外在的形式。换句话说,权利救济在本质上属于权利主体自我救济的自由。权利既然属于人或公民,救济权也应当属于相应的人或公民,二者的内在统一性使救济成为权利的不可剥离的属性。

权利主体的自我救济的自由体现在权利主体的自我的判断权、要求权和执行权当中,它是自由主体的自我判断和自我实现的基础,而要求权和执行权又以判断权为基础,丧失了判断权的要求权和执行权是不存在的。这种关于权利救济的内在观念根植于自由的精神。当然,权利救济虽然是内在的

[①] 〔德〕黑格尔:《历史哲学》,王造时译,上海世纪出版集团,2001,第17页。

观念，它所使用的手段却是外在的和现象的，在历史上以不同的形式呈现出来。首先是私力救济体现出权利救济的原初状态，其后又有公力救济的替代形式，而自力救济的出现又使得权利救济的历史运动规律回到了原点，只不过这一次是一种更高层次的历史回归。本章借助于对国家和现代性的认识重点考察权利救济结构的第一次转型，即权利救济从私力救济走向公力救济的内在机制。

二　权利救济与国家

有人类社会就有公共权力，此乃史家通论。从氏族公社的公共权力到国家项下的公共权力，人类社会经历了漫长、曲折的过程。[①] 只是到了国家的产生，公共权力才被体现得更加充分和完整。所有的公共权力都具有共同的特点，而不论公共权力所相依相存的国家性质。"古来的公权者，不论国内、国际或区域的，也不论民主、专制或独裁的，都得确认规则，管理事务，裁断纠纷。这三项职能，便是现代所谓立法、行政和司法。"[②] 公共权力的具体行使和划分是一回事，它们分别或结合起来服务的目标则是另外一回事。在马克思主义的国家理论产生之前，至少有两种理论在解说国家的职能。"一种理论认为国家应当接受伦理和道德标准的评判，并且应当致力于实现伦理和道德上的目标（比如古典自然法理论或者理想的基督教共和国理论）；另一种理论则认为国家应当致力于满足自身及其公民们的世俗需要和利益，公民们只是把政府作为有助于实现其目标（比如和平、秩序和自由）的一种手

[①] 恩格斯指出，原始社会的公共权力先于国家权力而产生，是"国家权力的萌芽"。参见恩格斯《家庭、私有制和国家的起源》，《马克思恩格斯选集》第4卷，人民出版社，1972。

[②] 夏勇：《改革司法》，《读书》2003年第1期。

段而已。"① 马克思主义的国家理论把国家视为一种凌驾于社会之上的公共力量，使社会冲突可望在国家确定的秩序范围内得以缓和。在讨论雅典国家的起源时，恩格斯指出："国家是表示，这个社会陷入了不可调和的自我矛盾，分裂为不可调和的对立面而又无力摆脱这些对立面。而为了使这些对立面，这些经济利益互相冲突的阶级，不致在无谓的斗争中把自己和社会消灭，就需要一种表面上凌驾于社会之上的力量，这种力量应当缓和冲突，把冲突保持在'秩序'的范围以内；这种——力量，就是国家。"②

上述三种理论可分别概括为国家至善论、救济义务论和冲突论。其中，只有国家救济义务论明确了国家的基本职能在于维护权利主体的权利不受侵犯并在权利受到侵犯后给予必要的救济。然而，从权利救济的角度看，这并不是问题的实质。国家救济义务论同样建立在权利主体与救济主体分离的基础上，只不过这种分离使国家与权利主体之间出现了新的平衡关系。首先是救济权作为权利的一个质的规定从权利的总的要素中分离出来，而成为国家的权力或职责。在这个意义上，国家所履行救济的义务不是消极的而是积极的，国家应当创造条件履行该义务。那么，国家怎样积极地履行该义务呢？一是要制定法律，厘定规则；二是要完善救济渠道，即创建、提供有效的救济制度、设施等。为了更好地说明国家救济义务论，让我们简单考察一下自然法学派特别是洛克的理论。

（一）洛克究竟让人们放弃了什么？

社会契约理论的贡献在于它为现代国家的产生提供了人权意义的合法

---

① 皮特·斯蒂尔曼：《黑格尔的宪政思想》，载阿兰·罗森鲍姆编《宪政的哲学之维》，三联书店，2001，第124~125页。
② 恩格斯：《家庭、私有制和国家的起源》，《马克思恩格斯选集》第4卷，人民出版社，1972，第115页。

性根据。尽管自然法学派的观点有着这样那样的区别,但从自然状态到自然权利再到人权的脉络始终贯穿了自然权利的永恒主题。需要追问的是,自然法学派究竟让人们放弃了什么样的权利?人们又为什么要放弃这样一些权利?

对于霍布斯而言,自然权利的全部的含义是把人的最为基本的情感作为出发点,人的情感中最强烈的乃是对死亡的恐惧,具体地说,是对暴死于他人之手的恐惧。自我保存和为了自我保存所必需的手段表达了人的最强烈、最根本的欲求。"每个人都有自我保存的权利,因此也有为此目的采取各种必要的手段的权利。这些手段的必要性是由他自己来判断的。只要他判断对自我保存是必要的,他就有权利做一切事情,拥有一切东西。在对一个实际采取行动的人作判断时,他所做的一切都是合法的,即使那是错误的行为,也因其出自他的判断而是合法的。"[1] 正确的理性即自然法要求权利主体对是否有助于自我保存的任何事情作出判断。"就自然法而言,一个人是他自己事情的裁决者,无论他要采取的手段和行动对他的生命是否必要。"[2] 在此,我们看到,对自我保存所采取的一切手段和措施,对权利主体都是恰当的。判断作为一项权利具有绝对的性质,由于判断的标准在于权利主体,因此,权利不从义务出,而是义务从权利出,这正如列奥·施特劳斯正确评价道:"所有的义务都是从根本的和不可离弃的自我保全的权利中派生出来的。因此,就不存在什么绝对的或无条件的义务。——唯有自我保全的权利才是无条件的或绝对的。按照自然,世间只存在着一项不折不扣的权利,而并不存在什么不折不扣的义务。"[3] 这就与在此之前的古典自然法所倡导的国家义务至善论划清界限,即国家的职能并非创造或促进一种有德性的生活,而是要保护每

---

[1] 〔英〕霍布斯:《论公民》,应星等译,贵州人民出版社,2003,第12页。
[2] 〔英〕霍布斯:《论公民》,应星等译,贵州人民出版社,2003,第8页。
[3] 〔美〕列奥·施特劳斯:《自然权利和历史》,彭刚译,三联书店,2003,第185页。

个人的自然权利。但是，在自然状态中，人人享有权利而不承担义务意味着人人享有对万物权利，"而这种权利即战争的权利"。[1] 在战争状态下，所有人必定无法维护他们对所有东西的权利，为了建立和平，必须交出某些权利。

霍布斯因此总结了自然法20条法则，其中第14~18条涉及寻求第三方作为事物的判断者的准则。这些准则的产生是基于，不论自然法的其他法则有什么样的规定，而人们也可以尽力去遵守，但在具体行动上人们有没有违背自然法，成为冲突的一个根源，"因为争辩的双方都相信他们自己是受害方。"[2] 这就是被霍布斯称之为的"权利问题"。将判断权和实施战争的权利（也可以说是每一个人的抵抗权）交给一个个人或会议，就可以为共同的和平和防卫而运用他们的力量和资源。"当一群人确实达成协议，并且每一个人都与每一个其他人订立信约，不论大多数人把代表全体的人格的权利授予任何个人或一群人组成的集体（即使之成为其代表者）时，赞成或反对的每一个人都将以同一方式对这人或这一集体为了在自己之间过和平生活并防御外人的目的所作为的一切行动和裁断授权，就像是自己的行为和裁断一样。这时国家就称为按约建立了。"[3]

汉娜·阿伦特把社会契约论分为三种：神人立约论、霍布斯的纵向契约论和洛克的横向契约论，显然它们之间有着显著的差别。[4] 然而，在所放弃的权利中，不论是霍布斯还是洛克，就私力救济的权利方面却是相通的。只不过，霍布斯将其称为判断权或抵抗权，洛克称为执行权。

在洛克的自然状态下，人人都是自由、平等的，但自由的状态不是放任自流的状态，"自然状态有一种为人人所应遵守的自然法对他起着支配作

---

[1] 〔英〕霍布斯：《论公民》，应星等译，贵州人民出版社，2003，第12页。
[2] 〔英〕霍布斯：《论公民》，应星等译，贵州人民出版社，2003，第35页。
[3] 〔英〕霍布斯：《利维坦》，黎复思等译，商务印书馆，1995，第133页。
[4] 〔美〕汉娜·阿伦特：《公民不服从》，载何怀宏编《西方公民不服从的传统》，吉林人民出版社，2001，第143~144页。

用；而理性，也就是自然法，教导着有意遵从理性的全人类：人们既然都是平等和独立的，任何人就不得侵害他人的生命、健康或财产。"① "为了约束所有的人不侵犯他人的权利、不互相伤害，使大家都遵守旨在维护和平和保护全人类的自然法，自然法便在那种状态下交给每一个人去执行，使每一个人都有权惩罚违反自然法的人，以制止违反自然法为度。"② 那么，这里所谓的执行权到底是怎样的权利呢？一种是人人所享有的旨在制止相类罪行而惩罚犯罪行为的权利，另一种是只属于受到损害的一方要求赔偿的权利。这两种权利是自然状态下人人皆有的自然权利，既可根据犯罪行为的程度和轻重决定是否杀死一个人，也可根据受损害的状况要求赔偿。在洛克看来，这是一项"谁使人流血的，人亦必使他流血"的重要的自然法原则。每一个人一方面不得任意杀害他人，一方面有权凭理性杀死伤害他的人或要求损害自己的人赔偿，这不仅仅赋予了人自卫的权利，也使人享有裁判自己案件的权利。

　　裁判自己的案件，就是自己充任自己的法官并产生私人判决，这样一种冲突的解决方法排除了诉诸第三者的力量。既然人在自然状态是自由的，为什么要放弃这种自由而进入公民社会呢？洛克的切入点依然是人所享有的自然状态下的执行权。"我也可以承认，公民政府是针对自然状态下的种种不方便情况而设置的正当救济办法。人们充当自己案件的裁判者，这方面的不利之处确实很大，因为我们很容易设想，一个加害自己兄弟的不义之徒就不会那样有正义感来宣告自己有罪。"③ 洛克所描述的自然状态并不是一个十全十美的状态，而是有种种的缺陷和不便。具体说来，这些缺陷是："第一，在自然状态中，缺少一种确定的、规定了的、众所周知的法律，为共同的同

---

① 〔英〕洛克：《政府论》（下篇），叶启芳、瞿菊农译，商务印书馆，1964，第6页。
② 〔英〕洛克：《政府论》（下篇），叶启芳、瞿菊农译，商务印书馆，1964，第7页。
③ 〔英〕洛克：《政府论》（下篇），叶启芳、瞿菊农译，商务印书馆，1964，第10页。

意接受和承认为是非的标准和裁判他们之间一切纠纷的共同尺度;第二,在自然状态中,缺少一个有权依照既定的法律来裁判一切争执的知名的和公正的裁判者;第三,在自然状态中,往往缺少权力来支持正确的判决,使它得到应有的执行。"① 因此,为了保证人的自由、安全和财产,必须克服自然法的缺陷,克服的办法就是放弃人人所享有的执行权,这就需要制定统一的规则,设立有权威的公共裁判机构并负责分配权利义务。"但是,虽然加入了政治社会而成为任何国家成员的人因此放弃了他为执行他的私人判决而处罚违反自然法的行为的权力,然而由于他已经把他能够向官长申诉的一切案件的犯罪判决交给立法机关,他也就给了国家一种权利,即在国家对他有此需要时,使用他的力量去执行国家的判决;这些其实就是他自己的判决,是由他自己或他的代表所作出的判决。"② 可是,当公力救济被滥用或不能救济时,怎样保障权利的救济?洛克显然已经意识到这一问题存在的可能性。他指出:"纵然存在诉诸法律的手段和确定的裁判者,但是,由于公然的枉法行为和对法律的牵强歪曲,法律的救济遭到拒绝,不能用来保护或赔偿某些人或某一集团所做的暴行或损害,——在这种情况下就只有一条救济的办法:诉诸上天。"③ 洛克没有具体解释诉诸上天的含义,他赋予这一行为"最后决定权"。④ 显然,最后决定权是在法律救济穷尽后才使用的权利,"因为这种决定权,非到弊害大到为大多数人都已感觉到无法忍耐,而且认为有加以纠正的必要时,是不会行使的"。⑤

因此,在我们看来,洛克与霍布斯一样让人们放弃的是具有绝对自治性质的私力救济权利,其目的在于更好地保护人的生命、健康、自由和财产。

---

① 〔英〕洛克:《政府论》(下篇),叶启芳、瞿菊农译,商务印书馆,1964,第78页。
② 〔英〕洛克:《政府论》(下篇),叶启芳、瞿菊农译,商务印书馆,1964,第54页。
③ 〔英〕洛克:《政府论》(下篇),叶启芳、瞿菊农译,商务印书馆,1964,第15页。
④ 〔英〕洛克:《政府论》(下篇),叶启芳、瞿菊农译,商务印书馆,1964,第105页。
⑤ 〔英〕洛克:《政府论》(下篇),叶启芳、瞿菊农译,商务印书馆,1964,第104页。

（二）权利救济结构的第一次转型

权利的不完美性是权利自身不能自足的表现形式，不能自足的事物或者趋于消亡或者被迫变异，总之需依赖于他者的力量。权利主体与救济主体的分离使权利一开始便成为弱性的力量，正因为这样，权利需要"他者"的保护，如同婴儿需要保护一样。国家作为一种公共的力量，先是弥补后则取代了或既是弥补又是取代了救济权，而以一种"权利的权利"形式出现。国家垄断了公共权力的结果无疑剥夺或取代了权利主体的自我救济的权利。

从权利救济的判断权看，权利主体对案件的是非曲直判断的权利被公共裁判机构所取代，权利主体只被保留形式上的判断权，即在权利受到侵犯后有感受自己权利被否定的"认为权"，这在私法领域表现得尤其突出，但在公法领域，即便这种形式上的判断权也丧失了，是否发生权利被否定的事实和理由不取决于权利人的"认为"，而是由公共裁判机构依照既定的法律标准予以判断并付诸实施。从权利主体的要求权看，直接能够对加害人产生权利义务后果的要求转化为向公力机构的请求权，这是一种间接向加害人提出救济的公力救济的普遍形式。相应地，权利主体的执行权随着判断权和要求权的丧失而丧失。权利主体获得救济的权利从判断权转变为认为权，从要求权转变为请求权，从执行权转变为无权，确立了以权利主体和国家作为两造的权利义务关系。国家负有救济的义务，权利主体因此获得救济的权利。

从私力救济走向公力救济，使权利救济的结构发生重大转变。当人的自然权利被否定或受到损害时，人应当依靠一个权威的仲裁机构予以救济，那种自主式的或自救性的救济被否定。但是，需要注意的是，这种否定不是对私力救济的简单抛弃，而是一种新的表现形式，是一种新型的权利救济。因为，不论是自己行使私力救济权还是委托他人或一个机构行使，都是为了使自己被否定的权利得到救济。公力救济不是另外意义上的救济，只是私力救济的一个表现形式。公力救济的基础是私力救济。公力救济的标志是设立公共裁判机构，该机构应当根据体现公共意志的法律并以此为准则对人们之间的冲突进行裁决。表面上看这是公权力而不是私权利在行使裁决权，但这样的公权力恰恰是私权利的集合体。不过，这样一来权利主体与救济主体在事实上分离了，它的统一只是在抽象的国家层面上。相应地，救济主体不仅与权利主体相分离，也被赋予新的力量，这种力量本身就是救济权力。因此，权力的出发点是对权利实施必要的救济，但当权力失去它的这种目标时，权力就成为新的侵权形式，由权力造成的对权利的侵害需要新的救济形式。

三 权利救济与现代性

公力救济否定的是私力救济状态之中以权利人的个人意志为导向的权利实现方式，并且以委托—代理的形式从抽象的意义上证明了它的合理存在。体现在社会制度层面，或者是中国式的"君权神授"说，或者是现代民族—国家的"人民主权说"。进入现代社会，这种委托—代理的形式由于现代性而变得更加精致，专家系统的出现使这种形式更加抽象化。在国家与现代性之间存在着大量而真实的差异，但它们之间的同一性在当代的民族国家体系中却有了从未有过的显现。以专门化为重要特征之一的现代性在技术统治的方式中所承担的职责与国家的权力统治的目标并无二致，需要注意的是，各种形式的技术统治本身就是另外意义上的国家形式，在这一前提下，权利救济与国家的关系同它与现代性的关系有着内在的关联性。换句话说，现代性的出现并没有使权利救济结构发生新的实质性的转型，它只是深化了权利救济结构第一次转型的地位。

（一）主体、自由与现代性

现代性的出现表达了新的时间意识，[1] 即一个新时代的开端和一个面向未来的前景。这个新的时代意识同时宣布了过去历史的终结，按黑格尔的说法，法国大革命和启蒙运动是过去和现代的标志性事件和分水岭。过去的历史总的来说是压制和控制人以及人依附于封建的和宗教的历史。人不能决定和把握自己是其不成熟的表现，将人从这种不成熟的状态中解放出来，使人成为人自己，就是启蒙。启蒙因此意味着和自己的传统彻底决裂的态度，[2] 意味着人为自己的设计可以开启未来的无数的"当下"，意味着通过理性的逻辑及其社会实践确立和把握自己的历史和命运。因此，总体而言，现代性表达的是关于人的自由和解放的命题，是有关人的自主发展、自我实现等主体性概念。"'现代性'首先是一种挑战。从实证的观点看，这一时代深深打上了个人自由的烙印，体现在三个方面：作为科学的自由，人的自我决定的自由——任何观点如果不是他自己的，其规范断难被认同。——还有自我实现的自由。"[3] 现代性的核心是理性和主体性，西方近代社会从笛卡尔开始，历经康德、费希特、谢林、黑格尔等分别用不同的方式发展了理性和自我的学说，其根本价值指向自

---

[1] "'现代'一词最早出现在公元5世纪，意思是要把已经皈依'基督教'的现代社会与仍然属于'异教'的罗马社会区别开来。打那儿以后，'现代'一词在内涵上就有意识地强调古今之间的断裂。'现代'一词在欧洲反复使用，尽管内容总是有所差异，但都是用来表达一种新的时间意识。"参见哈贝马斯《现代性的概念——两个传统的回顾》，载《后民族国家》，曹卫东译，上海人民出版社，2002，第178页。

[2] 福柯在《何为启蒙？》中就把现代性归结为一种态度，"我所说的态度是指现时性的一种关系方式：一些人所做的自愿选择，一种思考和感觉的方式，一种行动、行为的方式。它既标志着属性也表现为一种使命。"杜小真编选《福柯集》，上海远东出版社，2003年第2版，第534页。

[3] 〔德〕哈贝马斯：《现代性的地平线：哈贝马斯访谈录》，李安东等译，上海人民出版社，1997，第122页。

由。① 显然，上面的极具抽象的对现代性的概括体现了宏大叙述的表征或痕迹，它向人类社会展示了新的历史的前景和带有科学计算的精确的发展轨迹、阶段和里程，用哈贝马斯的话来说，现代性是一个需要不断完善的方案，"主体的自由"的实现是这个现代性方案的标志。② 但是，现代性作为一种意识、理念和方案绝不是单纯的思想的历史，如果没有资本主义和工业革命的成就，资产阶级就不会为了不存在的属于自己的独立利益而要求通过革命保卫社会；如果没有近代科学主义的进步并因此增强了人类社会控制和改造大自然的能力、信心及成果，人类社会摆脱"上帝"的企图就无异于自杀——在上帝的庇护下寻求安全的保障与人通过自己创造安全屏障保护自己本身就有异曲同工之妙。在此，时刻牢记韦伯的一席话是必要的："资本主义独特的近代西方形态一直受到各种技术可能性发展的强烈影响。其理智性在今天从根本上依赖于最重要的技术因素的可靠性。然而，这在根本上意味着它依赖于现代科学，特别是数学的精确的理性实验为基础的自然科学的特点。"③ 因此，现代性不仅表现为一种进化的、进步的、不可逆转的历史时间意识，此外还要看到，它应当还包括安东尼·吉登斯所谓的"在后封建的欧洲所建立而在20世纪日益成为具有世界历史性影响的行为制度和模式"。④ 在制度层面上，现代性包含两个纬度："'现代性'大略等同于'工业化的世界'，——工业主义是指蕴含于生产过程中物质力和机械的广泛应用所体现出的社会关系。作为这种关系，它是现代性的一个制度轴。现代性的第二个纬度是资本主义，它意指包含竞争性的产品市场和劳动力的商品化过程中的

---

① 《关于现代性的内涵与特征》，参见陈嘉明等《现代性与后现代性》，人民出版社，2001，第3~7页。
② Jürgen Habermas, "Modernity: An Unfinished Project," in Charles Jencks (ed.), *The Postmodern Reader*, London: Academy Editions, 1992), p.158.
③ 〔德〕韦伯：《新教伦理与资本主义精神》，于晓等译，三联书店，1987，第13~14页。
④ 安东尼·吉登斯：《现代性与自我认同》，赵旭东等译，三联书店，1998，第16页。

商品生产体系。"[1] 事实上，现代性的观念、理念或态度与现代性的制度和行为方式在总体的理性方案的框架之中是相通的，现代性的社会组织形式确定了现代性社会的总体价值和目标。韦伯的"合理性"的概念集中表达了现代性的特征。

（二）从"自然法"走向形式法律

在韦伯的法律社会学中，其核心命题是如何解决形式法律与资本主义的内在联系。"法律思想的形式合理性的出现有助于现代资本主义的兴起，反之亦然。这是韦伯在法律社会学中探讨的主要问题。"[2] 法律本身可以在不同意义上"合理化"。按照韦伯的法律思想所依赖的理想类型框架，法律的合理性与非合理性是与形式的或实质的合理性或非合理性密切相关的。笼统地谈论合理性或非合理性是不科学的，也就是说，说某个法律是合理的或非合理的，只有在具体的情景的安排下才能有较为准确的描述。韦伯断言，人们的每一种社会行为都是对法律命题的"适用"或"执行"，即立法和司法。在这一前提下，韦伯指出："立法和司法都可能是合理的，或不合理的。如果立法或司法无法理智地加以控制（比如，依据神谕之类），它们就是'形式的不合理'。另一方面，如果立法和司法的具体决定是在伦理、感情和政治因素影响下，而不是根据一般规则作出的，它们就是'实体的不合理'。'合理的'立法和司法既可能是形式的，也可能是实体的。"[3] 马克斯·莱因斯坦总结到，根据是否遵守一般规则，可以把法律分为合理的和非合理的两种，

---

[1] 安东尼·吉登斯：《现代性与自我认同》，赵旭东等译，三联书店，1998，第16页。
[2] 〔德〕马克斯·韦伯：《论经济与社会中的法律》"导论"，张乃根译，中国大百科全书出版社，1998，第24页。
[3] 韦伯把社会行为分为四种方式，分别是"目的—理性行为"、"价值—理性行为"、"在感情支配下实施的"行为、"依据传统行事"的行为。韦伯对社会行为的划分奠定了他对理性类型学的基础。〔德〕马克斯·韦伯：《论经济与社会中的法律》"导论"，张乃根译，中国大百科全书出版社，1998，第1页。

二者又可以分为形式的和实质的两种类型。其标准是，形式的非合理性是根据超理性控制的方式行事（神明裁判、神谕等），实质的非合理性是根据个别情况得出的结论行事；相应地，形式的合理性包括根据感觉来归纳可观察的外部行为的意义和根据法律思想创设的并被认为构成完全体系的抽象概念来表示规则两种，实质的合理性是指遵循意识形态体系的原则（道德、宗教、权力政治等），而不是法律本身。① 显然，韦伯关于法律合理性类型学的划分将复杂的法律现象以类似于解剖学的方法清晰、完整地呈现出来，但是类型学的固有的缺陷——用结构主义的切割术将原本动态的、相互之间有关联的事物分离，使韦伯的法律合理性存在方法论的"不合理性"，这也许正是现代法律所面临的自我矛盾的一面，也正因为这样，才需要在纠缠着既是合理又是非合理的历史困境中做出抉择并义无反顾地突围。

韦伯对英国普通法的颇为矛盾的批判正是这种方法论和行动抉择紧张状态的反映。但无论如何，韦伯在法律社会学中选择了法律的"逻辑形成的合理性"，即形式合理性，表现在法律方面，就是形式法律。就韦伯所表达的形式法律的内容来看，它与19世纪德国学说汇纂派乃至现代法哲学的概念法学或规范法学并无二致，它们从实证的抽象法律规范出发，以逻辑解释作为方法论，证成法律体系的有效价值以及个案之间的内在的一致性，而将那种依赖各种意识形态的具有实质合理性内容的规范从这一领域中驱逐出去，以此可把法学称为"法律科学"。② "如今的法律科学，至少是那

---

① 〔德〕马克斯·韦伯：《论经济与社会中的法律》，张乃根译，中国大百科全书出版社，1998，第61~62页。
② 凯尔森认为："法律问题，作为一个科学问题，是社会技术问题。"又说："只有实在法才能成为科学的一个对象；只有这才是纯粹法理论的对象。它是法的科学，而不是法的形而上学。"参见凯尔森《法与国家的一般理论》，沈宗灵译，中国大百科全书出版社，1996，第5~13页。

些在方法论和逻辑合理性方面已极其完善，即通过学说汇编派的民法科学产生的法律科学可归纳为以下五个方面：第一，任何具体的法律决定都是将抽象的法律命题适用于具体的'事实情势'；第二，在每一个案件中都必须能够通过法律逻辑的方法从抽象的法律命题中推演出具体的裁决；第三，法律必须是'完美无缺'的法律命题体系，或者被当作是完美无缺的制度；第四，不能以合理的术语从法律上建构的问题，也没有法律意义；最后，人们的每一个社会行为都是对法律命题的'适用'或'执行'，或者是'侵权'。"[①] 把法律视为一种科学或在科学的名义下研究法律是所有形式主义法学的共同特点。从边沁的功利主义、约翰·奥斯汀的命令说、戴雪的立法科学或"审查性法学"（censorial jurisprudence）、哈特的承认规则乃至凯尔森的特殊的社会技术，都是一脉相承有关法律科学系谱学立场。

  现代社会的组织形式是民族国家。民族国家具有国家的一般特征，如特定形式的领土性和监控能力，并对暴力手段的有效控制实施垄断。但同时，它与大多数传统国家的根本区别在于，现代的民族国家是以现代组织的形式出现的。在组织兴起的历史阶段，民族国家是诸多的社会组织的最大形式和社会组织完备要素的集中体现者。作为日益全球化的社会组织，民族国家的资本主义企业和官僚国家机器的突显及其相互之间的结合，使国家的功能趋向形式合理性。形式合理性是社会发展"除魅"的结果，是使国家的职能去合理性目的的过程，尽管它们无不以理性的名目出现。当形式合理性逐渐或最终压制了实质合理性，形式合理性并不因此而需要被取代，恰恰相反，历史在现代社会组织的形式下进入所谓的"价值无涉"的新的阶段，这正是它的合理性的表现。这样一来，启蒙运动所倡导的个人自由、理性、主体性、正义、民主等就具有可精心设计、把握和能欲的程度。如果说，自然法学家

[①] 〔德〕马克斯·韦伯：《论经济与社会中的法律》，张乃根译，中国大百科全书出版社，1998，第62~63页。

只是笼统地提倡人们从自然法过渡到法律，试图证明这不过是权利主体仍然在享有自然权利的可以说得通的替代形式，那么，以形式理性为统治基础的形式法律的出现，则使这种替代形式具有技术上的可计算的纯粹特征。

与传统社会的家庭或家族形式的组织不同，现代组织不仅表现为严格意义上行动中的科层制的品质，而且也表现在以伦理职业为显著标志的专家系统。法律的现代性同样与专家系统不可分离。法律知识成为只有经过专门训练才能掌握的技术，而且是特殊的技术。罗马时代的职业法学家对法律的解释、英国柯克时代对从业法官的严格要求，都可以视为追求专门法律技术的形式。韦伯断言，"在西方世界以外没有这一现象：受过法律训练的专家在法律形成过程中起到了决定性作用"。[1] 从法律技术到法律职业、从掌握法律技术的人到法律职业共同体使法律作为一项技术和专门知识不仅可以稳定地传播、延续或及时更新，[2] 而且确立了法律知识超出一般科学知识的"权力"地位。不仅如此，马丁·洛克林的研究表明，法律技术、法律职业和法律专家的出现既是受到18世纪迅猛发展的自然科学方法影响的产物，也是形式主义法学急需用一种新的方法来确立自己的身份和正当性的要求。几乎所有的法律人，特别是奥斯汀显然相信实然之法与应然之法之间的明确界分，一项根本性的整合工作在法律科学的名义下似乎是必需的。然而，这项工作始终没有实际上发生。这是因为，为了推进法律自治和推广法律科学

---

[1] 〔德〕马克斯·韦伯：《论经济与社会中的法律》，张乃根译，中国大百科全书出版社，1998，第307页。

[2] 伯尔曼认为，西方法律传统的十个特征只有下面四个仍然构成西方法律的基本特征：1.在法律仍区别于政治、宗教和其他类型的社会制度与其他学科的意义上，它仍是相对自治的；2.法律仍交由专业的法律专家、立法者、法官、律师和法律学者们培植；3.在法律制度被概念化和达到某种程度系统化的地方，法律培训中心仍是兴旺的；4.这样的法律学问仍构成一种超法律的因素，通过这种因素可以评估和解释法律制度和规则。（伯尔曼：《法律与革命》，贺卫方等译，中国大百科全书出版社，1993，第43页。）其实，伯尔曼已经明确地提示，西方法律传统在实证法学和法律科学中的突显因素以及法律专家的不可忽视的作用，这的确与包括中国传统社会在内的非西方国家形成了鲜明的对照。

概念而建立起来的形式方法最后却主要服务于确保学术法律人在法律职业中的地位，并且最终维护普通法传统。这也就是说，形式主义法学在其他功能之外还履行着一种意识形态的职能。①

（三）权利救济的现代性话语

现代社会通过宪政对国家权力进行权力分配和制约，毫无疑问，这是一套关于由各级立法、行政和司法机关及其从业人员合法地行使国家权力的有效机制。但是，在法律领域（最主要地体现在立法和司法领域），对立法和司法权力的行使却是严格地通过形式法律的固有模式完成的。只要通过具有法律效力的立法程序，创制法律就具有合理性，同样，只要严格遵循法律程序，特别是证据规则，司法判决也就确立了它的效力。法律合理性的标志是合法性，合法性意味着遵循法律程序。当然，遵循法律程序的目标是实现权利被授予的目的，即为了维护和保障人权。可是这一目标却不是区别前现代国家的显著标志，如果不考虑专家系统在行使国家权力中所发挥的实质性作用，仅以国家之间职能的差异不能完全说明权利及其救济的意义。把当事人的救济权利赋予国家及其工作人员具体行使，在受害人与加害人之间出现了有权判断、要求和执行的第三者，在什么是违约、侵权或犯罪的问题上，受害人需要等待这个第三者依据业已公布的法律做出判断、提出要求和具体执行。在这个问题上，国家通过司法机关主动行使救济权力还是被动地只是在当事人请求时行使这一权力并没有太大的差别。对作为第三者的判断者、要求者和执行者的考察是理解现代权利救济理论的重要视角。当判断权、要求权和执行权不仅赋予了国家，而且判断权也被赋予了同样作为第三者的法律专家时，就出现了权利救济的现代性问题。

---

① 马丁·洛克林:《公法与政治理论》，郑戈译，商务印书馆，2002，第32~35页。

所有受过系统法律训练和培训的人在不同程度上都具有法律专家的性质，相反，那些未通过这样的训练的人常被称为法律的"门外汉"。现代社会总是假定或真诚地认为发生纠纷的当事人都是需要指导的法律"门外汉"。有两类法律专家是这些"门外汉"的指导者，一是被赋予了司法权力的广义上的司法人员，如法官、检察官；二是没有掌握司法权的人员，如法学家、律师。在具体行使判断权时，这两类法律专家都被赋予了同样的权力。这样一来，尽管判断权不是完全由掌握司法权力的人员垄断，没有司法权力的人员也多少分享了判断权，但是，这仅仅是使权利救济第三人制度更加系统、精致和完善的表现，是权利主体行使判断权的另外一种形式，不大可能是权利主体自己在行使判断权。

法律专家垄断了几乎所有的法律知识。法律知识首先没有被视为一种经验的积累，如果还涉及法律经验，那也是更加富有成效的、更具说服力的法律知识，而且这样的法律经验也只是在由法律专家组成的共同体圈子内相互分享和交流。法律知识被视为可以通过一定的程序并捎带学习者的天赋便可以掌握的社会技术。作为"门外汉"的当事人，不论是受害人还是加害人，不具备掌握这种社会技术的能力和资格，他们需要不断地授权，把救济的权利授予法律专家，让法律专家获得救济的权力，就可以大致完成救济的目标和任务。然而，法律知识仅仅是一种社会技术吗？仅仅是人们所说的解纷或断案的技术吗？事实上，在上述的理论阐述中已经解释了当事人的救济权利不仅赋予了国家，也赋予法律专家的结论。在现代社会，各种各样的法律专家成为享有和行使法律知识权力的主体。当事人获得救济的权利包含了向法律专家获得救济的权利，但是，在性质上仍然是由法律专家获得了救济的权力。虽然把救济的权利授予法律专家使判断权的行使主体有所增加和变化，但这不意味着权利救济结构的新的转型，它仍然是公力救济在权利救济结构中处于中心性地位的表现，或者说，它增强了公力救济的效能，进一步削弱了自力救济发挥作用的范围和余地,更重要的是,由法律专家享有救济权加大了权利救济合理性的力度。从权利主体到国家再到现代性的转变,使得权利主体与救济主体分离的程度不断增强,但正如上面所分析的,这种分离将权利主体与救济主体进一步的整合和统一作为目标。分离本身是手段而不是目的,是为了更好地统一。但这种现代性的权利救济的理念需要进一步推进和巩固时,仍依靠观念的力量是远远不够的。

权利救济的现代性体现在权利救济的现代化的行为模式当中,反过来,现代化的权利救济又强化了权利救济的现代性。哈贝马斯认为,"'现代化'这个词是在50年代作为专门术语被引进的。从那时候起,它标志着一个理论上的开端,即人们已经接受了马克斯·韦伯的课题,但是人们是以社会科学的功能主义作手段来探讨这个课题的。现代化的概念涉及一系列积累起来的、彼此之间不断强化的过程:资本构成和资源转化为资金;生产力的发展和劳动生产率的提高;政治中心权力的实施和民族认同性的培养;政治参与权、优雅的生活方式和程序化的学校教育的扩展;价值和规范的世俗化等等。现代化的理论赋予韦伯的'现代性'概念以一个内涵十分丰富的抽象,它把现代性与其新时代的——欧洲的起源分离开来,使之成为一种对一般社会发展过程来说在时空上都中性化的模式。此外,它以现代化过程不再作为能被把握的合理性(即对理性结构的一个历史性的客观化)的方式破坏了现代性与西方理性主义的历史连贯性之间的相互关系"。[1] 如果说权利救济的现代性集中表现在对权利的崇拜、对公力救济的信仰和对合理化的冲突秩序的信念,那么,权利救济的现代化从制度的行为模式角度体现了现代社会对权利救济的意识形态,它是一种可移植、仿效或参照使用的分类学意义上的科学的产物,在远离它的起源地后,它就具有技术性的普遍意义。

---

[1] 转引自汪行福《走出时代的困境——哈贝马斯对现代性的反思》,上海社会科学院出版社,2000,第6页。

第八章

权利救济的基本结构及其转型

权利救济是在权利被侵害后对权利的恢复、修复、补偿、赔偿或对侵权的矫正，是一项实现权利的权利、争取权利的权利。在本质上，权利救济是自我救济的权利，即权利人或权利主体对其权利的自我判断和自我实现的资格和能力。私力救济、公力救济和自力救济是自我救济权利的三种外在表现形式。从自我救济权利出发，当代权利救济问题是以自我救济权利为基点整合公力救济和自力救济。塑造合格的权利主体、倡导司法节制观和建构正义的社会结构有助于权利救济理论在中国的发展。

一 作为权利的救济

（一）救济权和权利救济

"救济"一词通常具有救援、救治、救助或援助等含义，指对那些陷入困境的人实施的物质意义上的帮助，以使受救济的人摆脱困境或暂时脱离险境，[①] 例如失业救济、救灾救济、急难救济、妇幼救济、医疗救济、社会救济等等。从救济得以存在的基础上来说，它们有的基于法律的直接规定，有的基于人道主义原则，有的基于特定共同体长期共同生活所积淀下来的惯例或习俗。从救济存在的结构上来说，它们都具有"救

[①] 救济，指"用金钱或物资帮助灾区或生活困难的人"，其复合词"救济费""救济粮""救济难民"等也是汉语中常用的词，中国社会科学院语言研究所词典编辑部编《现代汉语词典》（2002年增补本），商务印书馆，2002。

济者—被救济者""给付—接受"的基本要素。在权利、义务语词的最广泛意义上,即作为法定权利(义务)、道德权利(义务)或者习俗权利(义务),它们也可以成就"救济者的救济义务—被救济者的救济权利"的关系。

除上述含义外,"救济"一词还具有恢复、补偿、修复、赔偿、矫正等含义,例如司法救济、法律救济、公力救济等。这种意义上的救济,通常以某种权利的存在和被侵害为前提,是对权利的救济,即在权利被侵害后对权利的恢复、修复、补偿、赔偿或对侵权的矫正,故常称为权利救济。

权利救济是一种特殊的救济。其特殊性,首要表现在权利和救济的关联上:"权利和救济这样的普通词构成了对语……更准确的分析可以这样来表述:法律制度赋予特定关系中的当事人以两种权利和义务:第一与第二权利和义务,前者如取得所购买的货物和取得货物的价款,后者如强制对方交货,或强制对方就未交货一事给付赔款;或在另一方面,强制对方支付货物的价款或强制对方就拒收货物给予赔偿。虽然只有在第一权利未被自愿或未被满足的情况下,第二权利或救济权利才能发挥作用,但要求对方履行义务的权利,或要求对方就未履行义务或不适当履行义务给予救济的权利,却都是真正的法定权利。相应地,救济是一种纠正或减轻性质的权利,这种权利在可能的范围内会矫正由法律关系中的他方当事人违反义务行为造成的后果。"[①] 也就是说,首先,权利救济本身也是一项权利,是相对于实体权利的"第二权利",是矫正或补正权利的权利、实现权利的权利;其次,这种救济权针对的是违反义务的不正当行为,且该不正当行为已经造成对权利的侵害或损害;第三,这种救济权是法定权利,具有强制性。

---

① 〔英〕戴维·沃克:《牛津法律大辞典》,北京社会与科技发展研究所译,光明日报出版社,1988,第764页。

上述关于权利救济的理解,主要是从其法律属性出发的,它解释了权利救济所具有的法律权利属性,明确了救济权相对于原权利的地位和功能。然而,这种理解还只是初步的,要揭示权利救济的性质,还必须结合权利理论对之进一步探讨。

(二)自我救济的权利

对权利救济的现有研究,往往从功能主义救济观和权利保护救济观两种视角出发。前者主要从社会纠纷解决机制(例如诉讼、仲裁、调解等)方面给予技术和结构上的整合,后者主要在功能主义的救济观基础上将对权利的保护明确为救济的目标。[1] 如果说功能主义的救济观解决的是权利救济的合法性以及具有实证规范意义的分析价值,权利保护的救济观则为这种工具意义上的救济理念和制度设计指明了方向。从这个意义上讲,权利救济作为一个专门的法学术语,包含了对权利进行救济和根据权利进行救济两个基本方面。前者是指为了维护和实现权利而为的救济;后者是根据权利,而不是简单的慈善、秩序、治理、报应、功德等的救济,它"无需谋取,也不是奖赏"。[2] 由此,从权利角度理解权利救济概念,是一条必由路径。

从权利理论出发,本文认为,权利救济作为一种权利,是自我救济的权利,即权利人或权利主体对其权利的自我判断和自我实现的资格和能力。这

---

[1] 范愉:《非诉讼纠纷解决机制研究》,中国人民大学出版社,2000;强世功编《调解、法制与现代性》,中国法制出版社,2001;何兵:《纠纷解决机制之重构》,《中外法学》2002年第1期;〔美〕博西格诺等:《法律之门》,邓子滨译,华夏出版社,2002,第631页以下。

[2] 夏勇主编《走向权利的时代》"绪论",中国政法大学出版社,2000;〔德〕耶林:《为权利而斗争》,法律出版社,2007;梁慧星主编《为权利而斗争》,中国法制出版社,2000;北京大学法学院人权研究中心编《司法公正与权利保障》,中国法制出版社,2001。

既与上述关于权利救济作为一种权利的法律属性相关，更是基于权利的主体性和权利的完美性。

1. 权利的主体性和人的完整性

人的概念，在不同的学科中有不同的称谓，如哲学中的主体、法律中的人、社会学中的代理人和心理学中的自我等，它们都从不同的侧面表达了人的主体属性。在西方启蒙运动和自由主义权利观念的支配下，人获得了自主的、能动的自治性主体地位，以此摆脱中世纪神学观念的束缚和封建人身依附的桎梏，如同政治国家一样，人也获得了"主权"的权利。权利被视为个人主权范围的领地，他人不得干涉、干预和侵犯，似乎忽然之间在欧陆出现了与它们的人口数量相对应的堡垒，一个人就是一个坚固的、牢不可破的堡垒。① 同时，获得解放的人被赋予理性的力量，人依靠理性不仅成为"衡量万物的尺度"，更重要的是，他成为自己的主人。

康德的发言被认为具有经典性，他说："只有一种天赋的权利，即与生俱来的自由。自由是独立于别人的强制意志，而且根据普遍的法则，它能够和所有人的自由并存，它是每个人由于他的人性而具有的独一无二、原生的、与生俱来的权利。……根据这种品质，通过权利的概念，他应当是他自己的主人。"② 权利的概念使人具备了做人的资格，这仅仅是因为人有了"天赋的权利"。"天赋的权利又可称为'内在地我的和你的'；因为外在的权利必然总是后得的。"③ 既然如此，人通过权利而具有主体性。"主体性是一个基本的概念，在一定意义上又是一个基础主义的概念。主体性保障的是自明性和肯定性。……同时，主体性还具有一种普遍主义和个体主义的意义。任何一个人都要受到所有人的同等尊重。与此同时，他又是判断所有人各自的幸福

---

① 〔美〕L.亨金：《权利的时代》，信春鹰、吴玉章、李林译，知识出版社，1997，第3页。
② 〔德〕康德：《法的形而上学原理——权利的科学》，沈叔平译，商务印书馆，1991，第50页。
③ 〔德〕康德：《法的形而上学原理——权利的科学》，沈叔平译，商务印书馆，1991，第49页。

要求的源泉和终极权威。"① 从人到权利主体的转化，赋予人行动的自由和凭借，保持了人的自主地位，是人的完整性的体现。对权利的任何形式的侵犯，就上升到对人的"内在性"的侵犯，是对人的完整性的破坏。② 作为权利的救济总是与人的生存安全和生活质量的连续性状态相关联，这是对人的自身生命和生活持久的和不被外界中断、扭曲、破坏或毁灭的一种最低限度的生存保障方式。

2. 自我实现的自由和权利的完美性

权利救济的概念，如同自由的概念一样，是体现或表达权利实现问题的最有利的范畴。在黑格尔看来，人的主体性是通过人在精神上是自由的这一命题来完成的，即精神之所以是自由而且能够自由，是因为精神依靠它自身存在和发展，而不会如同物质一样依附他物生存和发展。"'精神'的这种依靠自己的存在，就是自我意识……意识到自己的存在。意识中有两件事必须区分清楚：第一，我知道；第二，我知道什么。在自我意识中，这二者混合为一，因为'精神'知道它自己。它是自己的本性的判断，同时它又是一种自己回到自己，自己实现自己，自己造就自己，在本身潜伏的东西的一种活动。"③ 因此，权利主体不仅意识到权利的存在，也使在权利遭到否定时有自我决定和自我实现的自由。在这个意义上，权利救济只不过是自我救济的外在的形式。换句话说，权利救济在本质上属于权利主体自我救济的自由。权

---

① "起碉堡作用的权利"是雅赛对权利自由主义的概括，他说，"如果所有这些权利都是一个个的碉堡，既保障人们拥有他们所已经拥有的，又给他们保留好他们不如此就拥有不了的，那么，可以预言，随着时间的推移和人们眼界的睁开，社会注定要有越来越多的碉堡，碉堡后面，我们会有越来越多的特定的利益得到庇护。"参见〔匈〕雅赛《重申自由主义》，陈茅等译，中国社会科学出版社，1997，第55页。
② 参见〔匈〕雅赛《重申自由主义》，陈茅等译，中国社会科学出版社，1997，第49页。
③ 不过，"它并不意味着人权不能被剥夺，而是认为如果人的权利被剥夺，那么剩下的生命就不是完整的生命了。"参见〔美〕文森特《人权与国际关系》，凌迪、黄列译，知识出版社，1998，第14页。

利既然属于人或公民，救济主体也应当属于相应的人或公民，二者的内在统一性使救济成为权利的不可剥离的属性。由此看来，权利或救济的主体性原则是认知主体在权利的实践领域自我意识、自我肯定和自我实现的指涉性概念，是权利主体和救济主体的同一性概念。

权利主体与救济主体同一性原则表明权利主体和救济主体是权利在不同领域的再现，在权利观念和权利实践领域的有机结合，体现了权利完美性。当权利主体与救济主体虽处于不同的领域却成为相同的或者并列的主体时，权利主体与救济主体的同一性便受到挑战，但这不意味着二者的有机状态的破坏，因为即使在权利主体与救济主体分离并且成为不同的主体时，如果救济主体不过是权利主体的另外表达，一定意义上的有机状态也是可以成立的。同一性原则遭到破坏的真正原因是，权利主体失去了恢复被否定的权利的自主权能。权利主体与救济主体的同一性不同于权利主体与义务主体的同一性，对于后者而言，权利主体对义务的承担可能恰恰是自主性的体现。而且，权利主体对义务的承担是他享有权利的条件，为保障权利的实现提供了便利。

二　自我救济权利的三种形态

权利救济是自我救济的权利。从历史上看，自我救济主要有三种表现形态：首先是私力救济体现出权利救济的原初状态，其后有公力救济的替代形式，而自力救济的出现则是权利救济在更高层次上的历史回归。

（一）私力救济、公力救济和自力救济

私力救济、公力救济和自力救济作为单独的概念早已存在于法律理论和实践当中。但是，它们究竟是来源于外文相应的翻译对语，还是汉语中

的自有词语，有待进一步考察。在大陆法的概念中，法语中的 justice privee、德语中的 selbsthilfe 等大致可翻译为私力救济或自助行为，后者与英文中的 self-help① 的表达有相近之处。按照徐国栋的理解，在《学说汇纂》中只有 remediumpraetoris（裁判官的救济），该词大致与"公力救济"相当，但在古罗马时代，自力救济发达，公力救济疲软，前者作为常态，没有必要为它专立词汇，所以自力救济是近代公力救济社会才有的一个词。② 不过，这仅仅是一个推测，尚需得到证实。

在学术界或法律实践中，对私力救济和公力救济的二元划分属于主流，至多在自助行为的定性和归属上仍存在一些分歧。例如，布莱克斯通就把权利救济分为司法救济和非司法救济两大类。司法救济主要是指诉诸司法的救济，司法救济被认为是最为有效和正当的救济，而非司法救济则被界定为一种超越司法或反常的救济（an extra-judicial or eccentrical remedy），包括自卫（the defense of one'sself）、无暴力的取回或收回（recaption）动产或不动产、自行消除或取缔妨碍（the abatement, or removal, of nuisances）、扣押财物（distraining cattle or goods for nonpayment of rent, or other duties）等。③

此外，人们往往混同使用自力救济和私力救济：或者将自力救济视为私力救济的组成部分，反之亦然。其逻辑是，私力救济虽然是陈腐、落后的观念或行为，但其合理性的一面是不容抹杀的。权利救济的二分法过分强调私力（或自力）救济与公力救济之间的对立和差异，忽视了二者之间内在的历

---

① "自助的字面意思就是一个个体为自己而施行制裁的诸多努力。这一复合词也被——尽管有些误导——传统的法律和社会学标签用来指由朋友、亲属、流言、治安队员以及其他非科层的第三方执行者施行的制裁"。参见〔美〕罗伯特·C.埃里克森《无需法律的秩序——邻人如何解决纠纷》，苏力译，中国政法大学出版社，2003，第159页注21。
② 参见 http//law.xmu.edu.cn/romanlaw/sub6-1.htm，徐国栋先生对"私力救济"一词翻译的答复。
③ 参见 William Blackstone, *Commentaries on the Laws of England*, edited by Wayne Morrison, London: Routledge-Cavendish.

史关联，这使得对私力（或自力）救济合理性的研究常常陷入困境。把自力救济从私力救济的领域分离出来，并分别规定它们各自的属性和理论特征，有助于还原历史事物的本来面目。更为重要的是，不仅使自力救济作为一个相对独立的救济形态，而且使之成为与私力救济、公力救济相并列的权利救济形态，这既有助于加深对私力救济和公力救济的理解和认识，也可以在一定程度上扩展权利救济发展理论的视野。以下简述私力救济、公力救济和自力救济概念的逻辑关系，并以图表形式简要描述其各自的主要表现形式。

1. 私力救济

在历史上，它有自初民社会延续至今的复仇作支撑，有中国传统社会中的侠客观念为表象；在政治哲学中，它有武装斗争、起义、革命等予以解说；在司法程序中，它有以程序正义为依托而以个体规则的形式出现的本人审判（在中国社会中，它可以以潜规则的面目出现）；在文化理论中，它有发诸如被称为温柔抵抗的大众文化和以全面否定现代性为标志的后现代主义提供根据以及在国际社会中频频出现的战争等。

2. 公力救济

公共裁判机构所实施的几乎所有的解决冲突的方法，一般均可称为公力救济，如放逐、神法裁判、仲裁、行政裁决、司法判决等。此外，一种被称为自助行为的救济在内容上虽然属于私力救济，但由于受到法律制度的支持，从而成为私力救济和公力救济最为典型的结合形式，如刑法中的正当防卫、紧急避险、国际法中的国家自卫以及民事法领域的自助行为等。自助行为是特殊意义上的公力救济，它所适用的领域仅限于法律上的授权和特定情形。

3. 自力救济

自力救济从积极和消极两个方面化解了社会生活中的冲突。从积极面看，有法庭内外的调解、和解、主动采取补救措施、积极履行义务、避免损失扩大等；从消极面看，有忍让、逃避、包容、宽恕等。

表1　私力救济的几种主要表现形式

消极的私力救济	积极的私力救济
逃避或迁移	报复或复仇
疏远	革命、起义或反叛
辞职	议论或破坏财物
隐退	大众文化意义上的游击行为
自杀*	骚扰、嘲笑或非难
	发动战争

＊把自杀作为一种特殊的私力救济，受到布莱克将其作为自我帮助方式的启发。参见〔美〕布莱克《社会学视野中的司法》，郭星华等译，法律出版社，2002，第82页。

表2　公力救济的几种主要表现形式

消极的公力救济	积极的公力救济
正当防卫	诉讼、仲裁或神法裁判
紧急避险	流放或放逐
民法中的自助行为	工会、政党或非政府组织的行动
	违宪审查
	正当程序
	法律援助
	联合国人权委员会的行动
	"京控""上访""议会监督官"
	社会保障机制

表3　自力救济的几种主要表现形式

消极的自力救济	积极的自力救济
放弃权利	调解
忍让	和解
宽容或饶恕	对话或商谈
决斗	当事人暂时搁置争议

（二）私力救济、公力救济和自力救济的辩证关系

私力救济、公力救济和自力救济这三种类型的划分与其说是定义的需要，毋宁说是一种历史的社会事实。私力救济的显著标志是，权利主体将自己或自己认可的标准作为判断案件是非曲直的标准，它或许恰好是公共规则的一部分或者为公共规则所承认，但这种契合仍然是偶然的、任意的产物，并不能改变其性质。私力救济不能简单地与基于私利目的的救济、私下行为的救济画等号。在追求实体正义的过程中，私力救济的权利主体更多地体现在对案件是非曲直的自我判断基础上，即权利主体依照自己的意志和规则在案件中分配权利义务，以致形成了人人是自己案件的法官的局面，以追求个人化的正义。

"所谓个人化正义是指解决纠纷具有下列三种特别风格中的一种或全部。首先是，纠纷之解决是根据法官个人在案件中的利害关系，例如是父亲、投资者或者其他有利害关系的一方（顺便说一句，这就是复仇正义的特点之一）；其次，纠纷解决是按照争讼双方的个性、身份、外貌或其他个人特点进行的，而不是按照他们诉讼本身的（非个人化的）优劣进行的。第三，得出的是实质正义而不是形式正义，即以一种看来对案件特点最佳的方式，而不是运用一般规则来解决纠纷。"[1] 由此看来，私力救济也会出现在公共裁判机构存在的场合中。如果作为"他者"的裁判者受制于一方当事人，并且将一方当事人的判断标准作为处理案件的准则，这仍然是私力救济的形态。当然，这与作为"他者"的裁判者依照公共规则、经过审慎判断后采纳了一方权利救济的主张是有区别的。应当注意的是，私力救济只是权利救济形态中的一个概念，因此，私力救济首先应当以权利或人权为预设，并且这样的权

---

[1]〔美〕波斯纳：《法理学问题》，苏力译，中国政法大学出版社，2002，第397页。

利遭到了事实上的侵犯。这种预设的重要性在于，私力救济尽管常常体现出铁与血的"力量的逻辑"，却与需要克服的任何形式的侵犯行为相区别。当行为不是以救济为目的，或者说不是以恢复自己的应得或应有为目标时，就应将其排斥在私力救济的范围之外。私力救济的概念不承认人类生物圈内的弱肉强食的法则。在这一前提下，从语义上分析私力救济的基本含义才不至于引起误解。

公力救济是在否弃私力救济的基础上产生的由公共规则支配的制度性救济。在西方法学理论中，自然法学家的社会契约理论神化了这一点。[①] 历史实践表明，私力救济逐渐退出历史舞台是由残酷的人类生存和斗争的现实决定的，而不是什么哲学思维演绎和理论所预设的结果。[②] 庞德坚持认为，对私力救济的限制体现了包括救济制度在内的法律目的的发展规律，他说："尽管对个人的侵犯影响了一般安全中的社会利益，但是人们在法律秩序初始阶段极感兴趣的方面却肯定是这样一种局面，即血亲组织社会中对个人的这种侵犯会引发私斗或械斗。因此，当时法律秩序的首要问题乃是缩小自行救助的范围和限制自行矫正。最终，法律秩序可以用和平的救济措施取代私人的自行矫正方式。"[③] 从私力救济走向公力救济，使权利救济的结构发生

---

① "我也可以承认，公民政府是针对自然状态下的种种不方便情况而设置的正当救济办法。人们充当自己案件的裁判者，这方面的不利之处确实很大，因为我们很容易设想，一个加害自己兄弟的不义之徒就不会那样有正义感来宣告自己有罪。"参见〔英〕洛克《政府论》下篇，叶启芳、瞿菊农译，商务印书馆，1964，第10页。

② "国家是表示，这个社会陷入了不可调和的自我矛盾，分裂为不可调和的对立面而又无力摆脱这些对立。而为了使这些对立面，这些经济利益互相冲突的阶级，不致在无谓的斗争中把自己和社会消灭，就需要一种表面上凌驾于社会之上的力量，这种力量应当缓和冲突，把冲突保持在'秩序'的范围以内；这种……力量，就是国家。"〔德〕恩格斯：《家庭、私有制和国家的起源》，《马克思恩格斯选集》第4卷，人民出版社，1972，第115页。

③ 〔美〕罗斯科·庞德：《法理学》第1卷，邓正来译，中国政法大学出版社，2004，第376页。

重大转变。当人的自然权利被否定或受到损害时,应当能够通过一个权威的公共裁判机构获得救济,而那种具有私力性质的自助式的救济则被否定。不过,这种否定不是对私力救济的简单抛弃,而是它的替代形式,是一种新型的自我救济。不论是自己行使私力救济权还是委托他人或一个机构行使,都是为了使自己被否定的权利得到公平的救济。公力救济的标志是设立公共裁判机构,该机构应当根据法律对人们之间的冲突进行裁决。此外,不论人们是自愿加入(社会契约论的视角)社会还是被迫裹入(社会矛盾不可调和的理论)社会,权利主体与救济主体在事实上产生了分离,救济主体被赋予新的力量,这种力量就是国家权力的在场。因此,国家权力的出发点是对权利实施必要的救济,当国家权力失去它的这种目标时,权力就成为新的侵权形式。当然,由权力造成的对权利的侵害需要采取新的救济形式。

表4 权利救济的三种类型

类型	私力救济	公力救济	自力救济
社会状态	非常态	非常态	常态
来源	个体意志	公共意志	共同意志
根据	个体规则	公共规则	共同规则
目标	实体正义	程序正义	共同正义

自力救济既不依赖于权利主体一方的规则和行为,也摆脱了"他者"的中间环节,径直在权利主体之间确立冲突的规则。这是一种试图调和程序正义和实体正义的努力,形成的是一种共同的正义。自力救济不排除专业代理,事实上,在社会分工论的指导下,专业代理广泛地存在于各种形式的自力救济形式中。这表明,在自力救济的当事人之间不是没有其他的主体存在,只不过其他的主体必须成为自力救济的一方权利主体的组成部分,而不是凌驾于一方或双方当事人之上的"他者"。私力救济因强调个体正义或结果的实

体正义而被否弃,与此相反,公力救济(特别是司法救济)则因其程序形式主义而受到严厉的谴责。恢复私力救济是一种历史倒退,因为主张实体正义的路径不必以牺牲法治的公共规则为前提;继续把守现代的、以司法救济为中心的权利救济制度则是保守主义在这一领域的体现。需要复兴自力救济,复兴不是简单地向以往的历史的复归,而是在更高的水准上达到辩证的综合。复兴是一项重建的事业,"是把一种理论拆开,用新的形式重新加以组合,以便更好地达到这种理论所确定的目标"。① 在此,不妨把私力救济理论和自力救济理论拆开,用新的形式将权利救济重新组合。我们认为,自力救济理论便是这样一种组合后的新的形式,其目标是使权利主体既成为解决冲突的规则的制定者,又成为执行者。

如果说私力救济是一反命题,为负,公力救济就是正命题,为正,自力救济是对这两个命题的综合,为合。这种黑格尔式的视角有助于把握权利救济的历史性以及渊源,有助于确立权利救济理论体系,一旦这一体系显示出其基本轮廓,再从体系的角度去看待这些概念,这些概念就会在不失其基本含义的同时又具有了新意。②

三 没有司法的法治社会可能吗?

公力救济取代私力救济,并没有否定私力救济本身所蕴含的自我救济的权利,毋宁说,如何发展自我救济的权利是导致公力救济出现的历史原因。公力救济在体现自我救济的权利上,采纳了与私力救济不同的全新理论和制度。在近现代,它们是社会契约论或人民主权论支持下的议会制度、三权分

---

① [德]哈贝马斯:《重建历史唯物主义》,郭官义译,社会科学文献出版社,2000,第3页。
② 艾兰指出:"概念一旦系统化,便发展为具有别的层次的意义与蕴涵的抽象概念。"参见[美]艾兰《水之道与德之端》,张海晏译,上海人民出版社,2002,第25页。

立制度及其法治、司法规则。如果这些原理、制度和规则能够忠实地执行它们的固定路线而不至于偏离轨道,并且一以贯之地履行替代私力救济时的誓言和承诺,换句话说,在实现人的自我救济权利方面,它们是当之无愧的代表和完美形式,如此一来,自我救济的权利是依然保存于权利主体自身,还是部分保留部分委托或全部委托出去,就成为无关紧要的枝节问题。

自力救济理论否定了公力救济特别是司法救济中的绝对形式主义,打破了公力救济的完美性,要求公力救济检讨、修正、改良、改革它的行为法则和工具性理念,因此在强化而不是否定公力救济应体现自我救济权利方面,自力救济理论与司法改革或改革司法的主张是一致的。然而,如果公力救济已蜕变为法兰克福学派所批判的工具理性时,如果人们潜在自觉或不自觉地因为完全依赖公力救济(特别是司法救济)而丧失了自我救济的精神时,自力救济理论就需要与现代意义上的司法改革或改革司法论决裂,在始终把握自我救济权利的轨道上,冲出公力救济的铁牢,为权利救济的未来寻找新的出路。

司法救济是公力救济的主要表现形式,自力救济与公力救济的关系可以求证于自力救济与司法救济的关系。对司法的功能(哪怕是最为基本的功能),如果不从强制性角度去认识和解读,而仅仅强调它在程序中的正义性质或实体上分配权利义务的妥当性,就看不到蛰伏于司法背后的国家力量。现代社会的法治理论是近现代自由主义理论的产物,即使是最为纯粹的自由观,也无法不为"最低限度的强制"赋予必要的地位。哈耶克认为自由是"人的一种状态","在此状态中,一些人对另一些人施以的强制,在社会中被减至最小可能之限度"。[①] 显然,强制对于自由而言是必要的,只是"一个政府为了达到上述目的而必须使用的强制,应减至最小限度,而且应通过

[①] 〔英〕哈耶克:《自由秩序原理》,邓正来译,三联书店,1997,第3页。

众所周知的一般规则对其加以限制的方法而尽可能地减少这种强制的危害，以至于在大多数情势中，个人永不至于遭受强制，除非他已经将自己置于他知道会被强制的境况之中。甚至在必须采取强制的场合，也应当通过把强制限制于有限的并可预见的职责范围。或者至少通过使强制独立于他人的专断意志，而使它不致造成它本具有的最具危害的影响"。①

上述论断是哈耶克在极其谨慎的情况下作出的。一方面他阐述了自由的基本要素，另一方面使用了本身无法明确的诸多限制词，例如"必须使用""最小限度""众所周知""一般规则""尽可能地""有限的""可预见的"等等。尽管司法强制是被规制的强制，但仍是一种合法性暴力。私力救济行为中所使用的暴力是显而易见的，只是由于它在公力救济社会中的"非法"性质而遭到否定。司法救济的暴力性表现在它的合法层面上，这一切都是由于国家垄断了暴力的权力而具有了正当性。韦伯说："国家是这样一个人类团体，它在一定疆域之内（成功地）宣布了对正当使用暴力的垄断权。"② 现代社会的司法越来越典型地体现了国家的这种独特的权力。

在司法救济的过程中，司法强制不仅维护了司法本身的尊严和秩序，也对司法救济的结果提供了正当性根据，仅在此过程当中，司法强制的必要性才是合理的。然而，程序正义、裁判的说理性等因素的导入并不能替代司法的强制性，也就是说，司法救济的有效性从来都是以司法强制性为保障的，程序正义或裁判的说理性只是为这种强制性的运用提供了进一步的合法根据。"人类社会的历史，就是追求社会强制与公正的努力不断失败的历史，究其失败的原因，通常是由于完全致力于消除强制的因素，或者是由于过分

---

① 〔英〕哈耶克:《自由秩序原理》，邓正来译，三联书店，1997，第17页。
② 〔德〕韦伯:《学术与政治》，冯克利译，三联书店，1998，第55页。

地依靠强制的因素。"[1] 如果把尼布尔的这段话运用到司法强制和司法公正的关系上，那么，人类社会的确依然面临着要么从形式上消除司法强制，要么完全依赖司法强制的巨大矛盾之中。人们相信司法的力量，或许是因为司法具有大众看得见的正义形式，但谁能否认司法的威慑力量呢？在司法领域中处理司法强制和司法正义的关系，只不过是司法强制如何体现司法正义，或者说，司法正义如何再现司法强制的问题。解决这一悖论的途径之一就是要跳出司法救济中心主义设置的城堡，而转向法治规则指导下的自力救济。这一任务尽管非常艰巨，但唯有如此，才能看到前进道路中的曙光。

自力救济理论展示了权利救济理论发展的理论空间。私力救济社会可以被称为"没有法治的法官社会"、公力救济社会则可以称为"有法治的法官社会"。在私力救济社会，就典型形式而言，人人是自己案件或与自己有利害关系的案件的裁判者或审判者，或者说，人们具有使自己成为自己案件的法官的现实条件和可能性，这或者出于人的私利本性，或者出于特定的意识形态，或者出于人的理智上的幼稚，但不论怎样，这一切都可以归结为个体规则而不是法治规则。在公力救济发达的社会中，由于人们沉湎于或无意识地依赖司法救济，往往把一切纠纷都推向法院，从而使法治社会变为法官社会成为可能，这当然可以视为另外意义上的"法官社会"。

自力救济理论实际上就是一方面要使法治规则有所发展，另一方面要使没有司法的法治社会成为可能。但这种"可能"可能吗？这一问题无疑是很难回答的，自力救济理论目前也只能提供一个方向、一个线索。当然，没有司法的法治社会的观点不会导向马克思主义所设想的没有法律的共产主义社会，也不会导向儒家理想家眼中的无讼社会，与布莱克所设计的"电子司

---

[1] 〔美〕尼布尔：《道德的人与不道德的社会》，蒋庆等译，贵州人民出版社，1998，第16页。

法"也毫不相干。① 没有司法的法治社会的命题也并不是主张消灭司法进而取缔国家强制力的无政府主义，它意味着司法救济真正作为最后的救济手段，仅对那些对公法领域的救济和重大的、疑难的不能通过自力救济解决的问题进行裁判。在更多的场景中，司法救济只是一个默默无闻的旁观者，而不是显赫的、活跃于日常生活的裁判者。此外，不论法治社会是已经终结的或已经走到头的历史断言，还是尚需要进一步完成的历史任务，把法治与司法连接起来的做法更多地体现在以普通法为模式的社会中，而在采纳法治的普适性价值的其他社会，法治与司法的必然联系总是会受到巨大的挑战。最后，权利救济理论的发展应当是具有未来前景的开放系统，在把握人的自由、人的主体性、人的自主和自治等方面，自力救济理论无疑属于需要进一步完成的现代性理论。

四　权利救济在中国的前景

权利救济在中国的发展应当从三个方面来体认。一是通过传统文化资源与现代权利理论的有机结合，将儒家的"为仁由己"的道德人格转化为"权利由己"的现代主体；二是继续强化公力救济特别是司法救济的现代化转型，但其重点在于使司法救济更好地体现自我救济的精神，突出权利主体在解决纠纷过程中的资格、能力和信心，而不是打造全职全能地体现工具理性精神的法官社会；三是从正义的社会结构的角度着眼，为消除任何形式私力救济奠定基础。为了对上述三个方面作出解说，我们引入相关的三个概

---

① 在试图解决审判过程中的社会歧视问题时，布莱克预言了电子司法时代的来临，他说："法律将进入一个崭新的阶段，由法官和陪审团决定的审判，将和由经过严刑拷问决定结果以及经过决斗决定对错一样进入法的历史。除非我们能够达到法律进化的最高阶段，否则我们将不可避免地经历计算机审判的时代。"见〔美〕布莱克《社会学视野中的司法》，郭星华等译，法律出版社，2002，第75页。

念，它们都是在权利哲学领域中正在被深度处理的命题。这三个概念是：自本民权、司法节制和正义的社会结构。这三个概念论域宏大精深，在文中显然不能详尽处理，这里只能略述三个概念所蕴含的精神，作为自我救济的权利在中国发展的背景性的理论资源。

（一）自本民权说与合格的权利主体

以民为本的民本论与为民之所本的新民本论是在中国文化和现实的语境下探讨民本主义的主要理论。二者都讲本，但对本的根据有不同的理解。以民为本强调民是本，得民即得天下，失民则失天下，但没有进一步说明为什么民是本的道理。或许"天道观"和"民本观"之间可以相通，即视民为天，视民心为天意，但由于中国传统文化没有西方社会哲学思维中颇为分明的"二分法"传统，① 在天、道、民（人）之间并没有明显的凭借等级结构，故而传统的民本说也可以称为天本说或道本说。新的民本说以启蒙话语，重新审视了自先秦以来的民本思想和学说，试图把民本理念转化为民权理念，把民本政治转化为民权政治，把民本诉求改造为民权诉求。从民本到民权，不仅回答了民何以为本的道理，即以民权为民之所本的根据，而且颠覆了以民为本的传统精神，这就是从他本的民本论到自本的民本论的转化。显然，如果继续论证如何完成这一转化工作无疑离题太远，需要观照的是自本的民权论与权利话语的结合及其追求，以期"致力于建构新的文化本体，培养合格的权利主体，改造现存的权利制度并使之得以有效运作"。② 自本民权说首

---

① "西方哲学上本体界与现象界之分，宗教上天国与人间之分，社会思想上乌托邦与现实之分，在中国传统中虽然可以找到踪迹，但毕竟不占主导地位。中国的两个世界则是相互交涉，离中有合、合中有离的。"参见余英时《中国思想传统的现代诠释》，江苏人民出版社，2003，第7页。

② 参见夏勇《民本与民权》，载夏勇编《法理学专题资料》（未出版），中国社会科学院法学所法理教研室2003年10月印制，第259页以下。

先把握了先秦儒家的真精神，又吸收了自由主义权利哲学的要旨。[1] 但是，这种结合不是机械地融合。

自"五四运动"以来，儒家与自由主义的关系被认为是格格不入的，儒家思想被认为是中国实现现代化的障碍。20世纪80年代之后，对二者之间关系的论证发生了巨大变化，先是上对中国传统文化的同情性的了解开始，以后迅速转向对二者优越点的组合。[2] 这种一厢情愿的说法受到了众多的质疑。[3] 如果抛开"全盘西化"、"本位文化"或"中体西用"等西学东渐思维逻辑，并且不再把差别视为一种短缺或不足，而是做双向思考，平行关注，则不失为一种角度、一种立场和一种态度。民本论的资源，既不在于它有可以利用具有社群主义倾向的历史性和整体观，也不在于它在具体社会角色的合理分配和运作方面能够独树一帜，而在培养仁人主体的道德人格方面强调了人的自主、自立和自治。儒家道德主体的自主、自立和自治由一系列概念和行为组成。在道德主体的具体称谓上，君子、士、仁者、贤者、大人、大丈夫以及圣人可以互通，[4] "修身""修己"[5] "克己"[6] "由己"[7] "自省"[8] 等均表达了道德主体的实践含义。仅有人的自我修炼和自我觉醒，只达到了尽己，尚不能推己。"夫子之道，忠恕而已矣。"[9] 朱子《集注》曰："尽己之谓忠，推己之谓恕。"消极意义上的恕是"己所不欲，勿施于人"，[10]

---

[1] 夏勇：《民本新说》，《读书》2003年第10期。
[2] 参见邓小军《儒家思想与民主思想的逻辑结合》，四川人民出版社，1995。
[3] 参见哈佛燕京学社主编《儒家与自由主义》，三联书店，2001；蒋庆《政治儒学——当代儒学的转向、特质与发展》，三联书店，2003，第250页以下。
[4] 余英时：《中国思想传统的现代诠释》，江苏人民出版社，2003，第7页。
[5] 《论语·宪问》。
[6] 《论语·颜渊》。
[7] 《论语·颜渊》。
[8] 《论语·里仁》。
[9] 《论语·里仁》。
[10] 《论语·卫灵公》。

积极意义上的恕是"己欲立而立人,己欲达而达人"。[①] 儒家从尽己出发,达致推己,以忠恕之道赋予人规范的道德主体,申言为仁由己,找到了实现理想道德人格的实用方法。

自由主义权利哲学赋予抽象的人和公民以自由主体之名,强调权利的享有和使用在权利主体本身,即权利由己,在创造、积累和完善人权和公民权的理论和制度方面奠定了深厚的基础。自本民权观立足于中国传统社会的民本思想,又借助于现代社会的权利话语,二者的结合点在于权利在民,权利在人。民既是人民的民、民众的民,也是抽象的原子意义上的人,是具体的活生生的每一个人。换句话说,民的概念是人、公民和各种角色的统一体,相应地,民权就是人权、公民权和角色权的综合。因此,在主体意义上,民权就是一个自主性的概念,体现了民和人的自治自济。

(二)司法节制

从历史的阶段性而言,司法救济既要担当起否定各种形式的私力救济的重任,又要在体现自我救济的特性上有所作为。在继续完成从私力救济向公力救济的转向方面,强化而不是削弱司法救济仍是重要的。例如,从制度上消解暴力型的各种私力救济形式和改造消极意义上的自力救济,如退让、无原则的各种私了、回避诉讼、忍让等。此外,如前所述,私力救济与公力救济之间的区别不在于是否设立了公共裁判机构,而在于是否依照公共规则对案件的是非曲直作出公平的判断。在现代社会,它直接指向公共裁判机构是否依照法治规则运作。如果公共裁判机构背离了法治规则或缺乏法治规则的指引,就会抹杀私力救济和公力救济的界限。

就当下中国的实际情况论,既要弃绝形形色色、繁杂不一的私力救济,

---

① 《论语·雍也》。

又要防止矫枉过正走向法官社会。为此，就需要以整全的开放思路，找到一种必要但适度的司法救济观。所谓适度的司法救济观，是介于消极的司法救济观和积极的司法救济观之间的状态。消极的司法救济是单纯的政治社会的工具，是丧失了对立性和中立性的司法救济。在中国传统社会，司法很大程度上成为国家推行一种以儒家思想为核心的全能教义的工具。在法西斯德国，法官以荒谬的生物血统理论为依据的判决显示了真正意义上的恐怖。[①]积极的司法救济观，是现代性法治的必然结果，现代司法不仅在解决社会纠纷方面当仁不让，而且还以实现社会正义为己任。在越来越多地赋予司法更多的社会职能的过程中，司法不仅成为正式的纠纷解决机制的代名词，而且在试图收编和改造非纠纷解决机制方面越走越远。司法在垄断和控制了几乎所有社会纠纷解决机制的同时，相应地也垄断和控制了正义。至于说这种正义是法律之内的正义，还是超越实在法的正义则在所不问。消极和积极的司法救济观尽管在理念、基础和目标上存有较大的差异，但在强化他者救济，否认或消解人的自我救济方面仍有其共性。

倡导适度的司法救济观，首先应当从权利救济的历时性的结构中作出定性，使司法救济作为一个发展中的事物保持它的必要的、基本的功能，与此同时，在彰显自力救济的过程中成为自力救济的补充而不是相反。这就是说，权利救济不会按照现代性法治的逻辑走向司法救济中心主义下的法官社会。

（三）正义的社会结构

实际上，在权利救济的发展过程中，确立正义的社会结构是一项重要的基础事业。救济问题是关于受害人的救济问题，现代权利救济问题则是关于受害人的权利救济问题。现代意义上的受害人通常是被称为原告（plaintiff）、

[①] 参见〔德〕英戈·穆勒《恐怖的法官——纳粹时期的司法》，王勇译，中国政法大学出版社，2000。

申请人（applicant）、苦主（complainant）、请愿人（petitioner）等的权利主体。

受害人通常是指基于某种社会的或自然的原因遭受损害的人，既包括物质上的损害，也包括精神上的损害，如身体遭到伤害、财产受到损失、人格遭受凌辱等；既包括直接承受上述损害后果的人，也包括间接承受这些损害后果的人，后者如具有亲缘关系的家庭成员、亲属等。此外，特定的人群、民族、国家乃至人类社会整体都会在这样那样的原因下以受害人的身份出现。因此，受害人是一个特殊的社会主体，是因外来的打击、破坏、侵扰、干预等而使正常的生活秩序、人生进程受阻、中断的个体和人群。

在不同的社会和文化中，对受害人的判断标准是不同的。在一个社会中被认为是受害人，在另外一个社会中可能被认为不是受害人。确实，对受害人的判断标准具有多元化性质。然而，这样的解说不能否认受害人存在的事实。在此归纳三种类型的受害人：一是因为自然灾害而沦为受害人，如地震、火灾、洪水、火山、飓风等以及先天的生理缺陷（失明失聪、痴呆、肢体残缺等）而导致的对人的正常生活秩序的侵害或阻碍。二是因自然原因之外的因素而成为受害人的人。由于人的过失或故意的行为，而使受害人遭致财产损失、肢体残缺、人格损害等。事实上，即便不是加害人有意图谋，就日常生活的疏忽大意、理性不及等也会造成上述后果。三是社会基本结构的不公正从一开始就剥夺了社会中一部分人最为基本的生存条件，例如，基于社会的歧视，如文化、种族、性别、职业、肤色、语言、财产、出身等，从而使社会中的一部分成员丧失了做人的资格。

第一种情形下的受害人，可以通过富有同情心的人道主义或施舍得到救济或部分救济，可以与权利、正义的社会无关。关于第二种情形下的受害人，可以依据惯例、人情世故或纯粹的实在法得到救济，也不是必然与权利和正义的社会有关联。然而，由社会基本结构的不正义所造成的受害人的救济问题早已超出了惯例、人道和实在法的职能范围。正义的社会要求任何一个个体都要受到公平的对待，使每一个人不因为他或她的个体差异而失去享有或应当享有的权利。无论是什么样的社会制度，都应当是确保人的平等对待的道德资格，"只有在一个符合道德成员资格的政治社会中自我管理才有可能"。[①] 权利的不可侵犯性原则如果不是建立在承认人的这种道德资格即人权基础上就不会成立。罗尔斯承认，如果不是在一个正义或基本正义的社会结构内谈论权利，他的基本理念和制度构想就失去了前提。当然，我们不是要建立罗尔斯在"无知之幕"下的适合西方民主社会的正义结构，而是谋求既承接历史，又有所创新的自己的正义制度，以此作为中国的权利救济发展理论和实践的基础和出发点。

五 小结

以上通过对自我救济权利的分析，笔者试图提出一种权利救济发展理论的雏形。就自我救济的权利这一概念而言，它强调的是其所代表的精神与方向。自我救济的概念与近现代社会以来倡导的自我实现、自治、自我解放等主体性概念相关，是一个典型的自由主义权利哲学的命题。自由主义权利哲学在解决权利的来源、权利与国家的关系等方面提供了理论基础，但是，自由主义权利哲学往往忽视了权利生成和发展过程所受制的历史和文化条件，割裂了个人与社会、自我与传统的真实关系。权利救济理论如果一味地寻着这一思路展开去，很难说有什么作为。权利救济在任何情况下都是指权利已经被否定的事实和状态，这是一个实践性概念，是一个人与人之间相互关系

[①] 〔美〕德沃金:《自由的法——对美国宪法的道德解读》，刘丽君译，上海人民出版社，2001，第30页。

的实践性概念。这意味着，权利救济的历史转型既需要坚持自由主义哲学的基本立场，同时也要关照历史、文化和社会的具体景况，使本文所论证的自力救济不仅可欲，而且可能。尽管如此，对权利救济的结构建构及其转型仍需要更多的社会资源和理论作为支撑，有关权利救济的概念性工具之间的关系以及对自我救济的精神的论证等仍有待进一步地深化。

第九章 平等与人权

人权（human rights）在权利的结构层次中，是基础性的权利。缺乏人权，人就不成为其人或不是社会完整的人。自从人类脱离动物界，人权的事实就已存在，然而，人权作为一种观念，却不必然伴随着这种人类存在的客观事实。人权观念的产生有着博大精深的社会基础，社会主体的普遍历史感，而这只有在一定的条件和历史环境下才能完成。无疑地，对这一问题的揭示将有助于深刻认识人权的性质、内容及其结构特征。

一　平等的人类观念

人权观念源于人类平等观念，是人类平等观念的一种特殊表现形式，人类平等观念自身又是人"类"意志的集中体现，从人"类"意志到人类平等观念再到人权观念，既表明了人"类"意识发展的连续性，又表明了其发展的阶段性。

人类诞生的历史事实并没有伴随着人们对人作为其人这一简单的、原始的权利基础的认识。这并非古人缺乏生物学或人类学方面的知识，而是因为人类的诞生初始就是以准备划分为阶级、等级为沉痛代价的，而且只有这样的准备，才能使历史的车轮向前滚动，没有奴隶制——人类最初不平等的模式，就不会有人类文明的进程。人类文明的发端与人类不平等是同时进行的，不能一概否认人类早期不平等的历史功绩。然而，这并非对奴隶制或不平等歌功颂德，它仅仅说明了：平等和不平等作为一对矛盾范畴是相互作用和制约的。平等必然是存在着不平等，没有事实上的不平等，也就没有为争取平等所做的斗争，因此，要消除不平等，就要消灭平等本身。正如历史上存在大量的不平等现象一样，相应地在一定范围内的社会成员间存在着平等关系，两者是相辅相成的。资本主义的平等关系是消灭封建领主、僧侣之间的平等关系的必然产物，社会主义平等关系则是消灭资本家之间的平等关系的必然产物。

人类平等观念正是循着历史上这种平等与不平等的轨迹逐渐展开的。平等的观念形成"需要一定的历史关系，而这种历史关系又以长期的以往的历史为前提"①。那么以往的历史是什么呢？"在最古的自发的公社中，最多只谈得上公社成员之间的平等权利，妇女、奴隶和外地人自然不在此列。在希腊人和罗马人那里，人们的不平等比任何平等受重视得多。如果认为希腊人和野蛮人、自由民和奴隶、公民和被保护民，罗马的公民和罗马的臣民（指广义而言），都可以要求平等的政治地位，那么这在古代人看来必定是发了疯。在罗马帝国时期，所有这些区别，除自由民和奴隶的区别外，都逐渐消失了……但是只要自由民和奴隶之间的对立还存在，就谈不上从一般人的平等得出的法律结论。"② 在欧洲中世纪，"日耳曼人在西欧的横行，逐渐建立了空间极其复杂的社会和政治的等级制度。"③ 在封建僧侣、贵族与市民之间等级森严，界限分明。

伴随着上述欧洲历史上不平等的社会状况，出现了反对这种不平等的运动或要求。在资产阶级革命以前，它主要表现在两个方面：第一，极广泛意义上的古老的人类平等观念，即一种朴素的、自发的平等观，也就是说："一切人，作为人来说，都具有某些共同点，在这些共同点所及的范围内，他们是平等的。"④ 这是人类平等观念的最初、最原始的表现形式，是产生真正

---

① 《马克思恩格斯选集》第3卷，人民出版社，1972，第147页。
② 《马克思恩格斯选集》第3卷，人民出版社，1972，第143页。
③ 《马克思恩格斯选集》第3卷，人民出版社，1972，第143页。
④ 《马克思恩格斯选集》第3卷，人民出版社，1972，第142页。

人类平等观念的基础。发生于历史上的不计其数的奴隶起义、农民战争无不是这种平等本能的"自发的反应"。第二，作为宗教性质的基督教平等，这是奴隶和被压迫者本能的平等观在宗教中的反映。从本质上讲，这种平等观是对人类平等观的虚幻表现。但是在基督教产生的初期，宣扬原罪的平等或上帝选民的平等无疑为所有人铺垫了通向未来美好生活的道路。在基督教教义中，有"公共用膳"和"耶稣殉难"的典故，它曾启迪一代或几代虔诚的教徒。《圣经》中没有犹太人、希腊人之分，没有奴隶、自由人之分，也没有男人、女人之分，因为大家是耶稣基督身上的统一体。这种宗教的平等观为现代平等观的出现提供了广泛的群众和社会基础。

现代的平等要求，"一切人，或至少是一个国家的一切公民，或一个社会的一切成员都应当有平等的政治地位和社会地位"。[①] 它标志着人"类"意识的产生，也只有在这个基础上才可能谈论人权问题，而这在奴隶社会和封建社会狭隘的政治、经济体系中是不可能完成的，由于历史的局限性和阶级的狭隘性，在资产阶级启蒙运动之前，谈平等或权利者不乏其人，却无法把问题上升到"类"的高度，要确立政治和社会权利的基础，必须达到人类平等的共识，在此之前则无人权可言。

人类平等观念产生于资产阶级启蒙和革命的实践运动中，以商品经济为纽带的资本主义世界体系的形成和人在身份上获得解放是其历史条件和社会环境。由于资本主义经济的发展，西欧和中欧在中世纪末，"第一次创造了密集的文化区域，并在这个区域内第一次建立了一个由相互影响和相互防范的，主要是民族国家所组成的体系，这样就准备了一个基础，后来只有在这个基础上才有可能谈人的平等和人权问题。"[②] 这是因为资本主义商品经济已把欧洲世界连成一体，瓦解了封建社会的经济政治制度，改变了其封闭割据

[①] 《马克思恩格斯选集》第3卷，人民出版社，1972，第143页。

[②] 《马克思恩格斯选集》第3卷，人民出版社，1972，第144页。

的状态，关于自由和平等的要求自然地获得了普遍的、超出个别国家范围的性质，① 进而以人"类"的意识，从全人类的角度提出共同权利的问题。

与此相适应，资本主义的发展使人摆脱了全体制度的统制，一个从"身份到契约"的历史运动完成了。在社会整个领域的表现是：不论资本家、工人、富人、穷人都毫无例外地被宣布为公民，在社会地位和法律地位上是平等的。资本主义经济因素把人首先看作"无主"的人，然后才以社会角色的身份出现，也就是说，对社会任何成员来说，他（她）首先是一个"赤裸裸的人"，有着不同于动物的本性和特征，在此基础上才是官吏、牧师、商人、教师、医生、工人等各种社会职位的划分。因而，以个人权利和契约自由为核心、以保护机会均等为框架的法律制度在资产阶级革命胜利后就诞生了。恩格斯对此评价道："这一观念特别是通过卢梭起了一种理论的作用，大革命时候以及在大革命之后起了一种实际政治的作用。"② 资本主义的人类平等观念的确立，从人类发展角度看，是文明的一大进步。它第一次打破了地域、民族、身份、出生、门第的限制，将人看作是"种"或"类"的相对独立的一部分，第一次从形式上确认了所有社会成员政治或法律地位的平等，为人权观念的产生奠定了思想基础。

二 平等的结构分析

人类平等观念从结构上可分为三大部分。

1. 种的或类的平等

种的或类的平等具有生物意义上的属性，即所有的人，作为人种的成员，事实上是平等的，这使得人类和动物在种类上区别开来。该事实根据就

---

① 《马克思恩格斯选集》第 3 卷，人民出版社，1972，第 145 页。
② 《马克思恩格斯选集》第 3 卷，人民出版社，1972，第 142 页。

是，任何同种的生物的全体成员都具有这个生物种的、由遗传决定的各种性质或能力，这一生物种的全部成员都具有的共同性质就是物种的特性。这应当是确认人成为其人的基础，缺乏这个基础，就会失去一切政治、经济、文化或社会发展和繁荣的前提和条件。因而，凡具有该生物种特性的都是人，而不论是古代人、现代人、女人、男人、奴隶主、奴隶、本国人、外国人等。对种的平等的判断只能是陈述性的，即"是"或"不是"的判断，而不是指示性的，即"应该"或"不应该"的判断。例如，我们对一生物的判断，只可以说它"是"或"不是"人，而不能说它"应该"或"不应该"是人。种的平等由于仅仅相对于其他动物而言，把人类作为一个不可分割的整体，具有高度的抽象性，因此必须使之具体化，从社会关系的角度认识人类平等关系。

2. 政治或社会的平等

政治或社会的平等具有社会的基本属性，即一切人，或一个社会或一个国家的一切成员都应该有平等的政治地位和社会地位。这是由一定社会的政治和经济制度决定的。在奴隶社会和封建社会，政治或社会的平等只局限于社会中一部分成员中，奴隶、妇女、外来人等则被排除在外；资产阶级革命打破了因出生、门第、性别、种族、文化等各方面的限制，宣布该社会中所有成员都具有平等的政治或社会地位，并且通过法律的形式使之明确化、规范化。政治或社会平等进一步划分，又可分为两大部分：(1) 公民权利和政治权利的平等，该社会中的一切成员都享有选举权和被选举权（特殊的合理的限制除外），公民在法律面前人人平等。如生命权、人格权、自由和安全权、宗教信仰、和平集会和游行示威权、隐私权、通信秘密权、住宅不受侵犯权等。(2) 经济、文化、社会权利平等。如工作权、休息权、物质帮助权、受教育权、医疗卫生保健权等。上述这两类权利，都体现了一定的平等关系。由于权利的性质、功能或结构不尽相同，一些权利要求法律的尊重，如人格权、宗教信仰权等；有些权利要求社会或国家积极提供条件予以实现，如游行权、工作权、受教育权等。政治或社会的平等既可以是陈述性的，也可以是指示性的。在政治或社会的平等关系中，我们既可以说某些人之间是平等的，也可以说某些人之间是不平等的。前者指已经取得的平等关系，是一种既成事实；后者指尚未取得或已经取得而未充分实施的平等关系。政治或社会平等的指示性判断不仅运用于无产阶级反对资产阶级的斗争中，即不仅要求形式上的政治或社会平等，也存在于一定的经济政治制度下人们的日常生活、工作、学习中，由于制度的不完善，特权、专制思想的大量存在，而要求切实保障和实现已经争取的各种平等关系。因此，对政治或社会平等的陈述性判断必须用法律的形式予以尊重和保障，对政治或社会平等的指示性判断则须通过国家的、社会的力量用法律、行政、道德、文化教育等多种形式予以实施和完善。

3. 阶级平等

阶级平等是人类平等观念在阶级社会中最高、最全面的体现。在阶级社会中，由于人们在生产、分配和交换中所处的地位不同，私有制和社会分工导致了阶级的产生和阶级差别，不同的阶级有不同的利益要求和表达方式，其中占统治地位的阶级往往以社会生产资料的主人自居，在社会生产、分配和交换中处于领导、支配地位，并通过法律的形式将有利于统治阶级利益的社会关系确定下来。被统治阶级则在社会整个领域中处于被压迫、被奴役的地位。阶级之间的不平等使一切政治的、经济的、文化的或社会的平等化为泡影，资产阶级平等观仅仅满足了形式上的或法律上的平等，掩盖了平等的阶级属性。按照马克思主义平等观，无产阶级必须为争取阶级的平等而斗争。阶级平等是无产阶级平等观念的内在要求。只有阶级平等，种的平等和政治或社会平等才能得到充分的实现和保障，只有阶级平等，种的平等和政治或社会的平等才是真实可靠的。在阶级社会中，种的平等和政治或社会的平等无不在阶级平等下展开并予以体现，不存在抽象的平等或政治社会的平等。在剥削阶级类型的国家是如此，在人民当家作主的社会主义国家也是如此。在社会主义国家，由于还存在着社会分工，阶级差别在很长一段时间内还将存在。剥削阶级作为阶级虽然已经消灭了，但阶级斗争还将在一定范围内存在，再加上国际国内的敌视社会主义的敌对分子对社会主义革命和建设的破坏、干扰，社会主义的平等关系必将带有很强的阶级性。

在人类平等的内在结构中，政治和社会平等是种的平等的自然延伸，阶级平等则为政治和社会平等提供了阶级属性，三者是相互联系、统一而不可分割的。人权观念是从政治和社会平等中得出的一般法律结论，也就是说，人权是政治和社会平等的法律化。从社会关系特别是政治经济关系的角度看，一个社会的所有成员在政治、经济、文化、社会中的关系是平等的；从社会关系的承担者角度看，一个社会的所有成员都拥有政治、经济、文化、社会等权利。在这些权利中，基础性的权利就是人权。因此，人权实际上从一个侧面体现了一定的平等关系。

平等观念转化为人权观念既体现了历史运动的轨迹，同时也是平等观念本身的要求。

人权一开始是作为神权的对立物而出现的，力图用人的眼光而不是神的"灵性"来观察社会和国家事务是文艺复兴和资产阶级启蒙运动的重要标志。人权与神权在观念上的对立也就是被恩格斯所称的"神学世界观"和"法学世界观"的对立。恩格斯在谈到法学世界观的确立时指出："由于竞争——这个自由商品生产者的基本交往形式——是平等化的最大创造者，因此法律面前的平等便成了资产阶级的口号。这个新的上升的阶级反对封建主和当时保护他们的君主专制的斗争，像一切阶级斗争那样，应当是政治斗争，是争取占有国家的斗争，应当为了法权而进行——就是这一事实，促进法学世界观的确立。"因此,"代替教条和神权的是人权,代替教会的是国家"。① 封建的等级制度被资产阶级平等关系所代替,并用法律的形式即法权加以保障,这样,从法学思维的角度来反映人类平等观念体现了资本主义经济政治制度确立的一般过程。

就平等本身而言,平等是一定的社会关系的反映,是人们在生产、交换和分配中社会地位的等质表现。在阶级社会中,基本的平等关系是由法律加以确认的。平等关系的法律化不仅明确了平等关系主体的各自权利义务,也保障了一定的平等关系免受侵害或破坏。不论是作为要求予以尊重的平等关系(如人格关系),还是作为要求予以提供条件实现的平等关系(如工作关系),都要求国家强制力的参与。平等关系主体就是作为法律人格者出现。以拥有或不拥有某些权利来实现一定的平等关系,这应当成为现代社会公开行为或不行为的出发点。在这个意义上,没有平等,也就没有人权。总之,人权是法律化、规范化了的基本的人类平等关系。

三 平等的人权要素

资产阶级的平等观念从它产生之日起就由于资产阶级社会的固有矛盾,而成为一种狭隘的、残缺不全的价值观念,使资产阶级所建立的"理性、平等、自由"王国变成一种虚幻的社会共同体。形式上和事实上的平等之间的巨大差距使平等、人权的范围自然退回到只有少数人才享有的社会关系中。恩格斯指出:"平等归结为法律面前的资产阶级的平等;被宣布为最主要的人权之一的是资产阶级所有权。"② 马克思进一步指出:"平等原则又由于被仅仅限制为'法律上的平等'而一笔勾销了。"③ "平等地剥削劳动力,是资本

---

① 恩格斯:《法学家的社会主义》,《马克思恩格斯全集》第21卷,人民出版社,1974。
② 《马克思恩格斯选集》第3卷,人民出版社,1972,第405页。
③ 《马克思恩格斯全集》第2卷,人民出版社,1957,第647页。

的首要人权。"① 人权本身就是特权。

伴随着这种社会政治和经济制度的现实，从资产阶级平等观产生之日起，一种崭新的平等观——无产阶级平等观也就产生了。"无产阶级抓住了资产阶级的话柄：平等应当不仅是表面的，不仅在国家领域中实行，它还应当是实际的，还应当在社会的、经济的领域中实行。"作为无产阶级人权观思想基础的无产阶级平等观是建立在科学的唯物史观和剩余价值理论基础上的。无产阶级平等观不仅要消灭阶级特权，而且要消灭阶级差别本身；无产阶级平等观是广大劳动人民在公有制基础上当家作主、共同行使国家权力的本质要求；无产阶级平等观是广大劳动人民在经济、文化、社会等各个领域内广泛享有自由和权利的反映，有着极广泛的人民性、不容置疑的真实性和科学性；在历史的发展中，无产阶级通过消灭私有制、阶级压迫和剥削，解放全人类，从而解放无产阶级自身，使无产阶级平等观念自行消亡。在这个意义上，它第一次科学地从人"类"的角度阐明了全人类解放和自由的真理，使人类平等观念具有崭新的内涵和深远的意义。

两种对立的平等观念产生出两种不同的人权观念，即资产阶级人权观念与无产阶级观念，两者的不同具体表现在：

（1）历史背景不同。资产阶级人权观念产生于十七八世纪资产阶级革命时期，是新兴资产阶级反对封建等级、特权、专制的产物；无产阶级人权观产生于无产阶级反对资产阶级、殖民主义的压迫和剥削的斗争之中，是无产阶级革命和专政理论的一部分。

（2）法律表现形式不同。资产阶级人权观是以个人为本位和契约自由为特征的资产阶级法权观念，在法律形式上强调个人权利、私有财产不可侵犯和法律保护每个人机会均等的原则；无产阶级人权观则以集体主义为主导，

---

① 《马克思恩格斯全集》第23卷，人民出版社，1972，第320页。

注重个人与集体、国家辩证的内在统一性，是无产阶级平等和法治原则的重要组成部分。在法律形式上强调集体权利、民族自决权和社会发展权，保护个性的发挥和全体人民的共同发展。

（3）内容侧重点不同。资产阶级人权观以个人权利和社会政治权利为中心，要求国家和社会对人权消极对待；无产阶级人权观以集体权利和经济文化权利为核心，要求国家、社会积极提供条件保障人权的实施和完善。因此，个人权利和集体权利的统一，公民政治权利和经济、文化、社会权利的统一，就成为现代科学人权观的标志。

两种不同的人权观念决定了不同性质社会中的立法和司法原则。资产阶级人权观主要由西方的自然法思想诠释。西方自然法的一个基本主张就是个人尊严、理性和自由意志。因而，在其立法和司法原则上表现为：人权不为法律所授予或规定，法律也不能剥夺或取消人权，人权是"固有的""天然的"权利。与这种支撑资产阶级人权观的理论或信念相反，无产阶级人权观则以为人权的内容、范围及其实现要受一个国家政治性质、经济基础和科学文化水平的制约和限制。人权是社会经济发展到一定历史阶段的产物，不存在抽象的、一成不变的天赋权利。法律同人权的关系表现为两个方面：一方面是法律规定人权的内容和范围，维护人权，保障人权的实现；另一方面法律又限制和约束人权。

鉴于第二次世界大战给人类带来了无比深重的灾难，促成了不同体系国家的政府和人民从全球角度重新审视全人类的共同利益。全世界大多数国家在联合国宪章中"重申"的"基本人权"，是一个关于信念的宣言性的条款。1948年12月通过的《世界人权宣言》，在资产阶级人权观和无产阶级人权观中作出了某种双方都可接受的国际人权准则，在社会主义国家和广大的第三世界国家的争取下，该宣言向事实上的平等方面迈出了重要的一步，即宣布所有的人都有权要求社会提供他们以人的基本需要和其他经济社会利益（见该宣言第 22、25 条）。此后的《经济、社会和文化权利国际公约》以及《公民权利和政治权利国际公约》，在这方面又有了长足的进步。但是，应当看到，即便是在这些关于人权的国际文件中，资产阶级人权观仍占有相当的比重，其中的许多条款无疑是资产阶级人权观的翻版。在经济、文化、社会权利、民族自决权、发展权等方面，资本主义国家往往拒绝或推迟承认它们的存在和发展。在审议这方面的国际文件时，以种种借口阻挠其制定和生效，一意孤行地推行其反动、片面的人权政策，压制或肆意干涉他国内政，企图凭借其经济、军事实力将资产阶级人权观念及其意识形态扩展到全世界范围内。在当前的国际政治斗争中，只有充分认识资本主义人权观以及资本主义国家在国际人权运动中所扮演的角色，才能捍卫发展无产阶级人权观，保障人民在政治、经济、文化、教育、社会等各方面权利的全面完善和发展。

第十章 权利救济视阈下的司法功能

司法功能是指司法的价值目标和司法机关发挥职能的功效。一切国家的司法都具有维护公平正义的能指目标，也有体现历史发展和历史局限性的所指目标。有什么样的司法功能观，就有与之相适应的司法机制、体制和制度。与传统国家的司法功能相比，现代国家司法以保障人权和权利为价值目标，通过定纷止争和制约公权力的法律实践行动，防范权利冲突，落实程序正义和实体正义的内在统一。认识和探讨新形势下我国社会主义国家司法功能，有助于为我国当前正在展开的新一轮司法体制改革提供方向指引。

一 司法的专政功能

（一）作为国家暴力机器的司法机关

事物的功能具有复合性的结构特征。当我们说到司法的功能时，就指明了司法的首要功能与其他功能之间所形成的支配和被支配的结构体系。司法的首要功能在功能结构中处于中心地位，是司法其他功能发挥效用的主导要素。新中国成立以来，我国司法功能经历了一个曲折发展的过程。司法的专政职能长期成为司法的首要功能。司法是无产阶级专政的工具，是实现党和国家政策目标的手段，是镇压阶级敌人和其他罪犯的锐利武器。这个理念不仅主导了中国的司法制度的设计，也主导了司法职业人员的从业标准。[1] 新中国成

---

[1] 信春鹰：《中国需要什么样的司法权力》，《环球法律评论》2002年春季号。

立初期改造旧司法运动、"文革"中砸烂公检法、改革开放以来数次司法改革活动等司法历史事件都与司法的专政功能有关。司法的专政功能是由我国的基本规范决定的，新中国成立以后的四部宪法均以根本大法形式确立了人民民主专政的国体，按照政治宪法学的语言，对敌人实行专政是人民时时在场的体现，显现了人民的决断力。新中国前后30年内在的连续性通过人民民主专政的基本规范得以确立。因此，如果不是通过修宪取消专政的规定，就不应当否认司法专政功能在宪法上的正当性。换言之，在基本规范确立的前提下，需要追问的不是我国司法应不应当有专政的功能，而是专政功能是否在任何历史阶段都要发挥其首要功能，以及正如下面所讨论的那样，人们如何在一个非战争状态或和平状态环境下理解和运用专政。

遵从宪法关于人民民主专政的原则性规定，人民法院组织法和人民检察院组织法规定了作为司法机关的人民法院和人民检察院的性质、功能和组织方式。人民法院组织法第3条规定："人民法院的任务是审判刑事案件和民事案件，并且通过审判活动，惩办一切犯罪分子，解决民事纠纷，以保卫无产阶级专政制度，维护社会主义法制和社会秩序，保护社会主义的全民所有的财产、劳动群众集体所有的财产，保护公民私人所有的合法财产，保护公民的人身权利、民主权利和其他权利，保障国家的社会主义革命和社会主义建设事业的顺利进行。"人民检察院组织法第4条第1款规定："人民检察院通过行使检察权，镇压一切叛国的、分裂国家的和其他反革命活动，打击反革命分子和其他犯罪分子，维护国家的统一，维护无产阶级专政制度，维护社会主义法制，维护社会秩序、生产秩序、工作秩序、教学科研秩序和人民群众生活秩序，保护社会主义的全民所有的财产和劳动群众集体所有的财产，保护公民私人所有的合法财产，保护公民的人身权利、民主权利和其他权利，保卫社会主义现代化建设的顺利进行。"按照上述法律的规定，维护无产阶级专政是司法机关的首要功能，保护公民的人身权利、民主权利和其他权利等则是从属性的功能。

人们已经注意到，人民法院组织法和人民检察院组织法对无产阶级专政的表述与现行宪法关于人民民主专政的表述不同——虽然后者是无产阶级专政在新时期的另外表达。作为相对宪法而言的低阶位的法律，人民法院组织法和人民检察院组织法在立法技术上需要与宪法的表述一致。如果说1979年制定人民法院组织法和人民检察院组织法时，有关无产阶级专政的表述与当时有效的1978年宪法相一致，遵循了下位法与上位法相一致的原则，在1983年和2006年对这两部法律作出修正时，该法已经处于1982年宪法的统领之下。2011年中国特色社会主义法律体系宣告形成，但法律秩序内部的统一性在这里未得到应有的体现，人民检察院组织法亦未能跟随刑法的修改而改变"镇压一切叛国的、分裂国家的和其他反革命活动，打击反革命分子"等的用语。导致这种差异或不统一的原因或许不是立法者的疏忽或立法技术上产生了错误，而是对司法机关性质和功能的认识未能随改革开放的深入而发生变化，维系了司法机关作为继续革命的国家暴力机器功能的传统解读。

基于特定历史背景和制法原则，1979年制定的人民法院组织法和人民检察院组织法是1978年宪法关于"无产阶级专政下继续革命"的产物。国家机器暴力论是马克思主义国家学说的重要组成部分，在马克思主义国家观中，以革命的方法摧毁资产阶级国家暴力机器、创建并维护无产阶级国家暴力机器具有同等重要的意义。司法机关不是单纯的公诉机关或审判机关，司法机关应通过公诉和审判的环节和过程维护无产阶级秩序。在合法地行使国家暴力职能方面，司法机关与军队、警察、监狱等机构具有同一性质，其首要功能都强化了暴力性专政的一面。由于强化了司法机关作为国家暴力机器的性质，虽然国家机构都有保卫人民民主专政的功能，都是国家政权组成单位，但地方人大和地方政府组织法却没有设置保卫无产阶级专政或人民民主专政的专门条款，这从一个侧面凸显了司法机关作为暴力性专政机构的属性。在这种认识论的指导下，1997年刑法将反革命罪变更为危害国家安全罪不影响司法机关专政的功能，不会动摇司法机关作为暴力性专政机关的法律定位。

（二）专政、紧急状态与国家

认识新中国司法机关的功能首先需要理解专政。何为专政？英文中的专政一词源于拉丁语 dictatura，原意为"命令、支配"，引申为"专制"或"独裁"。卡尔·施密特以通俗的方式称"专政就是没有商量"。[①] 毛泽东在《论人民民主专政》一文中将"人民民主专政"称为"人民民主独裁"，独裁"就是剥夺反动派的发言权，只让人民有发言权"。[②] 施密特论专政的制度基础是德国魏玛宪法，他试图通过赋予总统在紧急状态下的特别处置权而克服魏玛共和国的危机。毛泽东是在中华人民共和国成立前夕提出了对反动派实施专政的主张，其时国内战争尚没有结束，世界范围内的冷战局面正在形成。只有与紧急状态即显性或隐性的战争状态结合在一起，专政才能够得到理解。

紧急状态是一种危及生存的特别状态。一个人的生存受到威胁，就会进入紧急状态；一个集体或国家的生存受到威胁，也就进入了紧急状态。国家的生存状态是由其基本规范决定的，当国家的基本规范遭到瓦解或受到动摇时，国家的生存就处在危机之中。紧急状态与霍布斯主义的自然状态都呈现了不同形式的战争状态，但紧急状态是在国家的基本秩序既定且遭到严重破坏下显现的战争状态，而霍布斯主义的自然状态建立在无政府主义的基础之上，阐释了个体人之间的"一切人对一切人的战争状态"。紧急状态是正常状态的例外，但例外状态没有否定以法律规范政治权力的逻辑。卡尔·施密

---

① 〔德〕卡尔·施密特：《政治的神学》，刘宗坤译，上海人民出版社，2004，第41页。
② 《毛泽东著作选编》，中央党校出版社，2002，第374页。

特对此有清醒的认识,在例外状态中,"法学意义上的秩序仍然占据主导,尽管这已经不再是那种平常的秩序"。① 正如乔治·施瓦布所指出的那样,施密特对《魏玛宪法》第48条所作的自由裁量权解释瓦解了《魏玛宪法》,并为希特勒铺平了道路的认识是大错特错的。②

国家秩序形成之后的紧急状态是一个规范概念,也是一个在基本规范之下被安放的合法概念。专政建立在统治阶级掌握国家政权的前提之下,无产阶级专政理论同样建立在无产阶级掌握国家政权的前提之下,失去了这个前提,我们就无法理解和处理统治阶级所需要的专政的正当性。如果正当性的命题始终是政治秩序的第一原理,体现正当性的方法就需要规范性的理论和实践表达。为此,人们有理由将无产阶级为获得政权而采取的革命斗争与获得政权后实施的阶级斗争加以恰当的区分,前者的任务在于瓦解资产阶级的基本规范、确立无产阶级专政的基本规范,后者的使命在于保卫业已确立的无产阶级的基本规范。革命的逻辑在于夺权并获得国家的统治地位,专政的目的在于维持既定的国家权力秩序以及由此决定的整体秩序。如果专政以既定的基本规范为前提并作为紧急状态的实质性标准,那么在逻辑上难以将专政视为革命的延续,或者将专政等同于一种特殊的革命行动。"在无产阶级专政下继续革命"的理论混淆了革命与专政的关系,它用革命的方法替代了专政的方法,阻碍了规范建设社会主义的历史机遇。

与紧急状态对应的是正常状态,与战争状态对应的是和平状态。专政在紧急状态或战争状态下才具存在的价值,民主在正常状态或和平状态之下才具有正当性。对人民实行民主、对敌人实行专政的思维方式从政治的概念中既恰当地划分了敌人和朋友,也提示了敌我存在的历史和社会背景。越

---

① 〔德〕卡尔·施密特:《政治的神学》,刘宗坤译,上海人民出版社,2004,第9页。
② 〔美〕乔治·施瓦布:《例外的挑战:卡尔·施密特的政治思想导论(1921~1936)》,李培建译,上海人民出版社,2015。

是强调专政，就越能显示紧急状态或战争状态的显性或隐性的存在；越是强调民主，就越能表达一种和平状态。一旦扩大民主的意识成为社会的主流意识，就肯定了一种和平状态或平常状态的存在。就理想状态而言，真正的民主国家是全体社会成员都是人民共同体的组成部分，这是一个消灭了战争状态的国度，也是从观念上解构了绝对的敌我关系隐喻的政治共同体。需要注意的是，毛泽东将专政视为与民主相对立的概念，这种概念上的使用规律体现了相互否定又相互依存的辩证法，在与民主概念的对立中，专政同时显示出其非暴力的强制色彩。毛泽东指出："选举权，只给人民，不给反动派。"[1]将选举权或政治权利赋予人民而不是敌人正是无产阶级国家确立其基本规范的体现，呈现了一种符合历史发展趋势的理性主义秩序观，这种秩序观从立法上事先剥夺了反动派或敌人的政治权利，但不是必然剥夺他们所享有的非政治权利。在这里，敌人是已经被确定的对象，是被规范和被控制的法律调整对象，成为确认有利于无产阶级基本秩序的方法。

不过，专政的正当性始终与马克思主义国家学说是一致的。马克思主义国家观揭示了国家是战争状态必然结果的法哲学立场。按照恩格斯的论述，国家既不是从外部强加于社会的一种力量，也不是黑格尔断言的是"伦理观念的现实"，"国家是承认：这个社会陷入了不可解决的自我矛盾，分裂为不可调和的对立面而又无力摆脱这些对立面。而为了使这些对立面，这些经济利益互相冲突的阶级，不致在无谓的斗争中把自己和社会消灭，就需要有一种表面上凌驾于社会之上的力量，这种力量应当缓和冲突，把冲突保持在'秩序'的范围以内，这种从社会中产生但又自居于社会之上并且日益同社会相异化的力量，就是国家"。[2] 国家是阶级斗争必然化的结果，也是一种表面上凌驾于社会之上的力量。在这种表面的力量之下，国家是统治阶级对

---

[1] 《毛泽东著作选编》，中央党校出版社，2002，第375页。
[2] 《马克思恩格斯选集》第4卷，人民出版社，1972，第166页。

被统治阶级实施专政的共同体。马克思主义批判了以往存在的历史国家的实质,"古代的国家首先是奴隶主用来镇压奴隶的国家,封建国家是贵族用来镇压农奴和依附农奴的机关,现代的代议制的国家是资本剥削雇佣劳动的工具"。① 国家工具论是阶级政治和阶级斗争的方法论,而唯意志论构成了国家工具论的实质内容。君主制国家的法律是君主意志的体现,资产阶级国家的法律是资产阶级意志的体现,社会主义国家的法律就是无产阶级意志的体现。意志受制于利益格局,又有相对的独立性,但独立的自由意志要获得决断力并对事物产生效力,就需要与国家政权结合,司法、立法乃至国家都是实现统治阶级意志的工具。阶级政治是无产阶级专政的基础,它预设了统治阶级和被统治阶级之间在利益上根本对立的逻辑,其矛盾是无法通过协商等民主方法化解的。这种对立、不可调和、不可解决等矛盾超出了一般意义上的纠纷和冲突,从隐喻并且衍生的意义上使对立的阶级进入显性或隐性的战争状态。

(三)作为专政工具的司法机关

司法的专政功能以阶级政治为基础。毛泽东明确指出:"军队、警察、法庭等项国家机器,是阶级压迫阶级的工具。对于敌对的阶级,它是压迫的工具,它是暴力,并不是什么'仁慈'的东西。"② 只要阶级政治即敌我政治还是支配国家治理的政治意识形态,把司法作为专政的工具就具有其合理性。作为阶级压迫的方法而言,保障国家对外安全的军队与保卫国内安定的警察、法庭等都具有同质性,同属于专政的工具,其共同的使命在于维系有利于统治阶级的秩序,以打击、镇压和消灭来自各个方面的敌人以及任何具有敌人性质的力量。敌人的概念建立在阶级政治的基础上,其指涉的对象是敌人群体。只有敌人才能破坏统治阶级法律确定的秩序,也只有敌人才能显

---

① 《马克思恩格斯选集》第4卷,人民出版社,1972,第167页。
② 《毛泽东著作选编》,中央党校出版社,2002,第375页。

示其狰狞恐怖的一面。敌人不是道德意义上的坏人，也不是经济意义上的自私自利者。如果资产阶级理论用掩饰性的语言遮蔽了法律对被剥削阶级实行专政的本质，那么无产阶级理论鲜明地提出对敌人实行专政，指认与无产阶级相对立阶级的"敌人性"及其恶性程度，体现了无产阶级意志的纯粹的决断力，保卫无产阶级的胜利果实和秩序。

面对共同的敌人，问题的关键始终不是无产阶级有无专政意志，而是如何体现无产阶级专政的意志。在无产阶级取得国家政权后，无产阶级需要通过一定的形式将其专政的意志体现出来。立法机关通过制定体现无产阶级意志的法律体现专政，行政机关通过执行法律体现专政，司法机关通过适用法律体现专政。不过，与军队、立法机关和行政机关（包括警察、监狱等机构）体现专政的方法不同的是，司法只有遵循了司法规律才能体现出其价值。这种必然诉诸诉讼规律的司法职能实现方法不必掩饰其本质上专政的本质，但在方法论上则与纯粹的暴力行为拉开了距离。因此，除非像在"文革"时期砸烂公检法，只要借助于司法的方法，司法所欲实现的价值就必然呈现自身的独有特征。司法规律的实质在于，司法机关只有通过对个案的审理过程和具体裁判才能体现其功能。如果认为检察权和审判权是人民检察院和人民法院享有的一种专断权，人民检察院和人民法院只有按照既定的检察规则和审判规则并结合个案才能行使这种专断权。专政是某种意义上的专断，司法专政不仅具有决断性，也具有规范性，通过司法的规范性体现其决断性既满足了司法的政治正确性，也在个案中落实了专政的任务。

辩论、制衡甚至有原则的妥协等都是与专政方法不相容的东西，但司法专政因其自身的特点不仅与直接运用暴力的非理性主义格格不入，而且在某种程度上还要成为理性主义教育专政的重要组成部分。正如人们不能将一个法律或行政措施理解为战争状态或紧急状态的延续或表现形式，更不能将其理解为一场明确、血腥的决战。在否定性批评资本主义国家的司法机关与肯定性地建构社会主义国家的司法机关之间不能全然画等号。

二 公敌、私敌与罪犯

(一)专政过渡论和改造新人说

实践行为是可以通过话语来处理的,这既表达了一种辩证法的逻辑,也呈现出思维方式转换的必然结果。对专政的理性主义处理方案成就了专政现实性和历史性的统一。毛泽东在《论人民民主专政》一文的开篇就指出了取消阶级和专政是"人类进步的远景"。毛泽东指出:"阶级消灭了,作为阶级斗争工具的一切东西,政党和国家机器,将因其丧失作用,没有需要,而走向更高级的人类社会。……消灭阶级,消灭国家权力,消灭党,全人类都要走这一条路的,问题只是时间和条件。""我们和资产阶级政党相反。他们怕说阶级的消灭,国家权力的消灭和党的消灭。我们则公开声明,恰是为着促使这些东西的消灭而创设条件,而努力奋斗。"[1] 毛泽东遵循了马克思主义关于国家以及国家暴力机器消亡的理论,提出了抵达无国家的"大同境界"的方法。[2] 相对于资产阶级国家以及任何其他类型的国家,社会主义国家是体现人类进步远景的一个环节和状态。

无国家即无专政,只有消灭了国家,专政才能退出其历史舞台。在对新民主主义、社会主义和共产主义做出有关联的三个社会发展阶段划分后,毛泽东提出要创造条件,使阶级、国家和政党自然地归于消亡。阶级敌人主要

---

[1] 《毛泽东著作选编》,中央党校出版社,2002,第369页。
[2] 1956年在社会主义改造基本完成之后,毛泽东再次表达了相同的主题:"凡是历史上发生的东西,都是要在历史上消灭。……共产党,无产阶级专政,哪一天不要了,我看实在好。我们的任务就是要促使它们消灭得早一些。这个道理,过去我们已经说过多次了。"《毛泽东著作选编》,中央党校出版社,2002,第403页。

是指帝国主义及其国民党反动派、地主阶级和官僚资产阶级，对这些反动派"只许他们规规矩矩、不许他们乱说乱动。如要乱说乱动，立即取缔，予以制裁"。对于作为个体的反动分子也给他们工作，实施社会主义改造。社会主义时期是无产阶级专政的过渡时期，其任务不仅要逐渐消灭阶级政治，也要消灭敌人。消灭敌人、阶级和专政等都可以被视为创造国家消亡历史条件的形式，社会主义是抵达共产主义的必经阶段，是为在共产主义消灭国家、专政和政党创造条件的阶段。无产阶级专政过渡说和改造敌对分子新人说是相辅相成的。对于反革命分子，"能劳动改造的去劳动改造，不能劳动改造的就养一批。……对一切反革命分子，都应当给予生活出路，使他们有自新的机会"。① 改造敌对分子说是化敌为友论的另外表达，其总体方法在于用法律或非暴力的手段改造敌人，促使其成为与公民身份具有同等性质的新人，为从整体上消灭阶级和阶级斗争指明了方向。1954年宪法第19条第2款以宪法条款形式确认了改造敌对分子新人说："国家依照法律在一定时期内剥夺封建地主和官僚资本家的政治权利，同时给以生活出路，使他们在劳动中改造成为自食其力的公民。"②

不断扩大的人民阵线既体现了人民当家作主的国家高度民主的性质，也为一种合乎辩证唯物主义的社会发展规律提供了实践场域。无产阶级专政过渡说从其内在的规定性中设定了无产阶级自我解放和自我完善的使命。衡量成熟社会主义的标志之一在于消灭阶级政治、改造敌人的程度，越是

---

① 《毛泽东著作选编》，中央党校出版社，2002，第405页。
② 周恩来说："'人民'与'国民'是有分别的。'人民'是指工人阶级、农民阶级、小资产阶级、民族资产阶级，以及从反动阶级觉悟过来的某些爱国民主分子。而对官僚资产阶级在其财产被没收和地主阶级在其土地被分配以后，消极的是要严厉镇压他们中间的反动活动，积极的是更多地要强迫他们劳动，使他们改造成为新人。在改变以前，他们不属人民范围，但仍然是中国的一个国民，暂时不给他们享受人民的权利，却需要使他们遵守国民的义务。"周恩来：《人民政协共同纲领草案的特点》（1949年9月22日），载中央文献研究室编《建国以来重要文献选编》第1册，中央文献出版社，1991，第17页。

最大范围地削弱阶级政治,越是让更多的人不再成为敌人就越能够反映社会主义的优越性。消灭阶级政治是具有先进性的工人阶级及其政党的使命,同时还要自觉承担阶级政治被消灭之后的逻辑结果:阶级对立的双方一并消失在历史的视野之中。专政的最终目的是取消专政,然而,取消专政既不是一蹴而就的,也不是无规范的。一旦专政的话语与法律结合并借助于法律方法,专政自身就会受到必要的约束,为此产生了两种意义上的专政:革命的专政和法治的专政。依法专政将专政本身纳入法律的轨道之上,并赋予专政规范的性质。现行宪法在序言中指认了敌对性的政治存在,在正文中赋予了国内敌对分子以罪犯的地位。罪犯是一个法律概念,也是一个规范概念,在国内法的意义上,罪犯的概念建立在公民身份的基础上。作为公民身份的人因其具有国籍而同属于一个共同体。在公民共同体中,违反法律是最大的公敌行为——如果公敌的概念还可以在法律层面继续适用的话。

(二)公敌与私敌

改造敌对分子新人说总体上属于社会主义改造的历史运动。党的八大宣布剥削阶级作为一个阶级已经不复存在,这预示着阶级专政的消亡,同时表达了阶级政治瓦解状态。社会主义改造在经济上是将农业、手工业和商业等非公经济公有化的行动,在政治上则是宣告了敌人作为一个阶级的消亡,一旦公有制经济得以确立,专政赖以产生和维系的经济上的紧急状态亦不复存在。1982年宪法在序言中确认:"在我国,剥削阶级作为阶级已经消灭,但是阶级斗争还将在一定范围内长期存在。中国人民对敌视和破坏我国社会主义制度的国内外的敌对势力和敌对分子,必须进行斗争。"没有了剥削阶级的阶级斗争并没有因此取消反动分子、敌对势力或敌人的政治性规定存在。敌对势力和敌对分子既可以作为阶级属概念而存在,也可以作为单数意义上的种概念而存在。宪法对敌对势力和敌对分子的定位隔断了与阶级属性的联系，确立了个体意义上的敌对势力和敌对分子的存在。作为阶级的敌人是被推定为一个集体的有机体，它与作为个体的敌对分子不同，与作为敌对分子之间合作式的联合也有所不同。敌人的概念越来越私密化、个体化或个性化，为此产生了作为阶级的敌人和作为个体的敌人的区隔形态。

作为阶级的敌人是公敌，而作为个体的敌人是私敌。公敌是阶级政治的特有对象，深谙此道的卡尔·施密特指出了公敌的特性："敌人并不是指那些单纯的竞争对手或泛指任何冲突的对方。敌人也不是为某个人所痛恨的私敌。至少在潜在的意义上，只有当一个斗争的群体遇到另一个类似的群体时，才有敌人的存在。"[1] 如果把群体之间的斗争理解为敌人的内在性规定，在阶级斗争扩大化逻辑下，不仅有敌人的存在，而且可以产生出越来越多的敌人——只要把某些人认定为敌对阶级的成员，敌人的范围就会扩大，数量也会大大增多。在作为阶级成员的公敌面前，一个人无论其在道德或伦理上是否良善，只要其依附于特定的对立的群体，就可以成为与之斗争的群体眼中的敌人，正如在"文革"期间，一旦一些人被纳入"地、富、反、坏、右"的行列，就会进入敌人的行列。不同于社会学视野中的角色分类，政治身份论强化了敌我关系的阶级属性。公敌是一个集合范畴，也是需要被整体消灭的对象。

与公敌不同，私敌来自同一群体或同一阶层，他们或是同属于人、一个国家的公民或一个非政府组织的成员。私敌因其个体性的对立而呈现出多元化、特殊性和变动性的特征。私敌之间不总是可以和平相处，但处理他们之间的争端和纠纷的方法不再是那种你死我活的斗争，而是遵守了共同的法则。面对公敌，不存在与敌人共同遵守的法则，面对私敌，则要按照既定的共同法则。私敌并没有消除政治的概念，区分敌友关系在公敌解构的时代仍

---

[1] 〔德〕卡尔·施密特：《政治的概念》，刘宗坤等译，上海人民出版社，2003，第143页。

然具有其说服力，只不过这里的敌友关系已经演化为私敌—朋友关系。毋庸置疑，私敌行为呈现了其应有的破坏性，但私敌的危害性是被共同法则确定的危害性，不是所有的私敌危害性都需要通过法律来防范和制止，只有法定的危害性才是法律力图制止的行为。法律不能消除所有的私敌行为，只要个人间的恩怨、不满和恼怒不至于上升到法定化的危害性程度，个人之间的敌意就只能借助于道德、美德及其文化上的心灵概念予以化解。

法定的私敌危害性如同人民内部的犯罪或违法危害性。一旦将私敌等同于罪犯，就赋予了所有私敌同一的法律主体身份。从国内法的角度看，敌对势力和敌对分子是一个等同于罪犯的私敌概念，而不应解释为作为敌对阶级之下的组成部分。然而，脱离了阶级属性的私敌绝不因其无阶级属性而减少其危害性，来自人民内部的罪犯也不因其原有的阶级属性而不具有危害性。无论罪犯和私敌都是对社会主义制度具有危害性的个体，应受到同等的惩处。法律面前人人平等的宪法原则确立了在法律适用领域法律主体的一致性和统一性。宪法第 1 条第 2 款规定："社会主义制度是中华人民共和国的根本制度。禁止任何组织或者个人破坏社会主义制度。"这里规定的组织和个人适用于所有的组织和个人。在社会主义的根本制度面前，无论是敌对分子还是人民内部成员都获得了统一性规定，被要求适用相同的法则。

（三）司法与罪犯

司法机关作为国家的政权机关处于无产阶级专政的过渡时期，承担着惩处敌对分子的专政任务。司法专政的方法因专政对象的变化而发生变化，其最为显赫的标志是司法关系场域的重塑。在政治上被视为敌对分子的人在法律上成为公民，在司法机关眼中则是具有公民身份的犯罪嫌疑人和罪犯。1979 年《中共中央关于坚决保证刑法、刑事诉讼法切实实施的指示》中规定："无论被控告者社会政治地位、社会成分和政治历史有什么不同，无论被控告者是否犯罪或是否属于敌我矛盾，在应用法律上一律平等，这就是在法律面前人人平等。"把被控告者的行为分为犯罪和敌我矛盾的行为遵循了两类矛盾（人民内部矛盾和敌我矛盾）的政治分类学原理，也没有理由表明因此就取缔了敌我矛盾的划分立场，但是，用同一的方法或共同的标准处理两类矛盾间接地促使敌我矛盾行为从过去的普遍"无权"向平等权转化。重要的是，对罪犯的惩罚和对罪犯的改造是同时进行的，而后者在社会主义惩罚目的论中成为不可或缺的内容。无论哪一种性质的罪犯都具有了病理性上的病人身份，相信任何罪犯都可以被改造为新人也成为社会主义监狱理论的核心理念。

　　场域是一个特定的实践领域概念，不同的场域规定了场域内的特定角色及其相应的权利义务关系。进入新的司法场域的主体，在民事和行政案件中则是原告和被告，在刑事案件中则是公诉人和犯罪嫌疑人。无论原告、被告和犯罪嫌疑人都享有宪法和诉讼法规定的权利。犯罪嫌疑人和被告在法庭上的自我辩护不再被视为"乱说"或狡辩，而是犯罪嫌疑人和被告应当享有的诉讼权利。[①] 在旧的司法场域中，犯罪嫌疑人和被告是带着"先赋身份"接受审判和制裁，被冠以"地、富、反、坏、右"身份的人已经被设定为潜在的犯罪嫌疑人，不享有选举权和被选举权，也就不存在剥夺犯罪嫌疑人或罪犯的选举权和被选举权的问题。在新的司法场域中，每一个当事人都享有宪法和法律赋予的权利，只有经过人民法院的裁判，才能剥夺某些罪犯的政治权利。其逻辑是，唯有犯罪嫌疑人和罪犯本身享有选举权和被选举权或其他政治权利，才有经过诉讼程序被人民法院裁定剥夺权利的法律后

---

① 在著名的快播案件审理中，新华社高度评价了犯罪嫌疑人及其辩护人在法庭上的辩护艺术，认为充分尊重犯罪嫌疑人在法庭上"说话的权利"或"狡辩的权利"，才是人民检察院和人民法院认真履职的体现。《无论快播是否有罪，要对"狡辩的权利"鼓掌》，新华网，http://news.xinhuanet.com/legal/2016-01/09/c_128611909.htm，2016年1月10日首次访问。

果。这里清晰地显示出两种对待犯罪嫌疑人和罪犯的方法和态度。用专政的方法剥夺政治权利和用法律的方法剥夺政治权利显示出无产阶级专政过渡论的重要成果。剥夺敌对分子的政治权利，然后重新赋予改造好的敌对分子政治权利，这是专政方法。法律方法则是先预设了所有公民以政治权利，只有通过审判和在法律规定其罪行可剥夺政治权利的情形，才能剥夺罪犯的政治权利。在后一种情况下，没有人预先被剥夺政治权利，即使被剥夺政治权利，也是在极其严格的法律规定下谨慎实施的。

在宪法、人民法院组织法和人民检察院组织法的规定下，与其说司法在其专政功能之外强化了其他功能，不如说司法通过与司法规律相适应的方法体现和再现了其专政功能。然而，只要司法机关担负着将敌对分子改造为新人的历史任务，司法机关同样要面临改造自身的需要。需要再次强调的是，社会主义作为实现共产主义的一个过渡阶段，其发达程度和成熟标志在于不断降低或消灭敌对性范围，从而相应地扩大人民共同体的范围。司法机关通过重塑新的司法关系场域发挥了其专政和改造罪犯的功能。在司法机关面前，敌对分子是法定化的敌人，是规范的敌人，也是具有公民身份的违法者和罪犯，归根到底，在公民共同体内，存在的只是具体公民之间的私敌意图及其行为。违法行为和犯罪行为被确认是侵犯了具体利益的私敌行为，司法通过保护具体的法利益体认和维护抽象的法利益。正因为如此，一个盗窃行为，首先侵犯的是被盗窃人的财产，然后才危及了整体上的财产秩序和经济秩序。

以上的讨论表明，如同其他国家机构一样，司法机关依然承担着专政的功能，但司法专政是以改造为目的的教育专政，而不是以消灭肉体为导向的暴力专政。对司法机关作为国家暴力机器组成的定位及其属性的认识也正在发生变化，"军队、警察、法庭、监狱"等词语并列使用的情况因强调不同的场域而发生改变。受制于日渐成熟的程序法（如刑事诉讼法、民事诉讼法和行政诉讼法等），司法机关通过强调法律规范强制力淡化其作为国家暴力机关的色彩。司法强制力是法律强制力的组成部分,把法律强制力从赤裸裸的暴力行为中分离出来,显示了文明进步的法则。司法强制力尤其是人民法院的裁判强制力更多地被要求体现在裁判文书的说理性方面,而不是直接诉诸法律上的强制力。判断司法机关行为优劣的一个标准乃在于其是否依据法律规定的程序对案件作出令人信服的判断和解释。司法机关有权合法使用法律上的强制力,但司法机关的权威性需要通过"说理的艺术"达致服众的效果才能体现出来。最糟糕的判决书不是没有体现法律上的强制力,而是呈现了判决语言的暴力。

三 权利救济与我国司法功能结构的改造

(一)重塑司法功能的结构

司法的专政功能因其专政对象从公敌向私敌转化、从私敌向罪犯转化而发生了改变。"从作为'无产阶级专政的工具'到'确保司法公正'显示了司机机关功能从特殊功能向抽象功能转化。司法机关不仅是政治国家实现政策目标的工具,也是社会实现其价值追求的一种机制。"[①] 这种变化的缘由,从宏观方面讲,乃在于紧急状态在国内法意义上不再作为社会主义建设和改革开放时期的常态。社会主义建设时期和改革开放时期内在地要求一个和平有序的环境,也预示了一个不同于紧急状态或战争状态的局面。面对阶级性敌人和集体性公敌的整体消亡,司法机关越来越多地承担着处理人民内部矛盾的任务。司法在客观上要求回到其应有的日常功能之中,并从这一日常功能中体现公正司法的总体目标。毋庸置疑,紧急状态不会永远消失,司法的专政功能也不会消失,但紧急状态是被规定为日常状态的例外情况,并且受到了法律的严格限制。换言之,法律下的例外状态是一种特殊的紧急状态,

---

① 信春鹰:《中国需要什么样的司法权力》,《环球法律评论》2002年第1期。

也是被规制的紧急状态。

常态化即日常化。日常化的司法功能既是司法机关专政过渡论的成果，也孕育着新的司法功能的产生。当下进行的新一轮司法改革起始于党的十八届三中全会和四中全会，其总的目标是锻造一个中立、权威和高效的司法制度。日常化的司法功能要求在法律面前人人平等，要求在司法面前人人平等，要求按照程序正义体现司法公正。习近平指出："所谓公正司法，就是受到侵害的权利一定会得到保护和救济，违法犯罪活动一定要受到制裁和惩罚。"① 不公正的司法"不仅影响司法应有的权利救济、定纷止争、制约公权力的功能的发挥，而且影响社会公平正义的实现。解决这些问题，就要靠深化司法体制改革。"② 新时期我国司法公正观需要通过具象化的法治方法予以再现，在这里，权利救济、定纷止争和约束公权力等被作为司法功能的构成要素而提炼出来，开辟了我国社会主义司法功能观的发展空间，成为衡量新一轮司法体制改革的目标。

权利救济、定纷止争和制约公权力三个方面构成了司法功能的基本结构，共同服务于社会公平正义的价值目标。司法功能是以权利救济为导向的，定纷止争和制约公权力是作为"功能的功能"而发挥作用的。权利救济是司法的首要功能，单纯的定纷止争和制约公权力是无意义的，只要定纷止争和制约公权力不以权利为中心并赋予权利救济的目标，就无法产生现代社会的司法功能机制。权利救济是一个实践概念，权利只有在被侵犯后才存在救济问题。在将文本权利落实到实践权利的过程中，或者说将主观权利与客观权利加以协调方面，权利救济发挥了实质性的纽带作用。与此同时，权利救济的理论和实践将检验时下正在兴起的法律体系向法治体系转化理论、具体法治理论和个案公平理论。认真对待权利救济问题，就是要关注宪法和

---

① 《习近平关于全面依法治国论述摘编》，中央文献出版社，2015，第67页。

② 《习近平关于全面依法治国论述摘编》，中央文献出版社，2015，第77页。

法律赋予公民的权利被侵犯之后的救济问题。司法的权利救济功能预示着一个新的时代的到来。

（二）权利体系与权利救济

中国传统社会缺乏权利概念和权利意识，伦理责任和道德义务满足了农业社会和传统的熟人社会的秩序要求，在现代性来临之际，单纯的伦理责任和道德义务则难以生成合法性的规范秩序。列宁说："什么是宪法？宪法就是一张写着人民权利的纸。"① 法国大革命之后，通过成文宪法列举公民权利，开列公民权利清单成为现代宪法史的一个基本特征。② 自1911年辛亥革命以来，无论是孙中山领导制定的宪法或宪法性文件、袁世凯及其后继者支配下制定的宪法以及蒋介石领导的国民党制定的宪法，就"纸上的宪法"而言都程度不同地写上了公民权利。中华人民共和国成立伊始通过《共同纲领》确认了公民的基本权利和自由，经过1954年宪法、1975年宪法、1978年宪法和1982年宪法的发展，我国公民的宪法权利体系日臻完善。现代权利理论表明，通过宪法宣示权利是一个方面，重要的是建立被宣示权利的保障机制。凡权利无保障的社会便无宪法可言，没有宪法就很难称为合格的现代国家。

伴随着制度重建，改革开放30多年来，我国的权利研究经历了不断认识和深化的过程，以权利为标识的权利发展路径基本形成。1982年宪法制定时，立法者将"公民权利"一章提至"国家机构"前面，确立了现代性的公民权利和国家机构之间的权利义务关系。1991年我国第一个人权白皮书宣布"人权是一个伟大的名词"；2004年宪法修正案确立了"国家尊重和保障人

---

① 《列宁全集》第9卷，人民出版社，1959，第448页。
② 夏勇：《走向权利的时代：中国公民权利发展研究》（修订版），中国政法大学出版社，2000，第6页。

权"的宪法原则。截至 2012 年,中国加入了包括《经济、社会和文化权利国际公约》在内的 27 个国际人权公约。2011 年我国社会主义法律体系形成,该体系也被称为"我国社会主义人权体系"。[①] 具有历史意义的党的十八届四中全会提出依宪治国的主张。宪法规定和确定了国家的组织原则和国家机构的行为方式,其目的在于保障公民的权利和自由。权利观念特别是人权原则获得了新的政治阐释。科学发展观包含了权利发展的内涵和信念,以人为本的理念与人是目的的人权精神明通暗合。上述权利观念或制度性成果形成了具有中国特色的权利制度和权利体系,对权利在我国的发展具有重要意义。

从权利体系到权利救济体系的转化是落实宪法权利的内在要求,也是我国社会主义法律体系向社会主义法治体系转化的显著标志。然而,与权利观念和权利体系相比,权利救济的理论和实践却相对滞后,影响了权利救济事业在我国的发展。当前权利救济落后的局面表现在以下几个方面的关系反差:(1)上访救济发达与司法救济落后形成反差。上访救济的传统政治功能还没有发生结构性变化,老百姓信访不信法的局面还没有得到根本改善,"审判审判者"的现象依然存在。(2)宪法的至上性地位与宪法救济的缺位形成反差。对规范性文件或称为"红头文件"的审查在制度上还没有实质性的突破。大量的违法或违宪的规章或规范性文件是导致群体性案件并进而侵犯权利的重要原因,在现实生活中却缺乏有效的审查机制。(3)经济、社会和文化权利救济发达与公民权利和政治权利落后形成反差。主要表现在对民生权利救济的高度重视和对民主权利救济的有意或无意地回避。(4)政策救济先行与司法救济滞后形成反差。党政领导对涉及侵犯重大人权案件的批示成为法律救济的先导,虽产生了救济的及时性效果和结果上的妥当性,却相对忽视了法律正当程序和司法权威。(5)对城市人的权利救济与对农民的权利救

---

① 国务院新闻办公室:《2013 年中国人权事业的进展》。

济形成反差。城市居民的福利及其相关权利有了较为系统的保障,农民工被视为"外来人"不被重视,在城市居民和农民工乃至更广的外来务工人员之间缺乏统一的权利保障制度。(6)道德救济发达与法律救济落后形成反差。在一起典型性的个案发生后,舆论谴责和道德关怀成为压倒或替代法律救济的因素。以上几个方面反差既影响了司法定纷止争功能的正常发挥,同时也暴露了我国司法在制约公权力方面的软肋和不足。

(三) 构建以权利救济为中心的司法功能观

从权利救济的角度审视司法的定纷止争功能和制约公权力功能要求新一轮的司法体制改革不仅注重"司法改革",更要注重"改革司法"。在以权利救济为中心的新的司法理念之下,应当对司法机关自身的地位和功能给予重新的认识和定义。

第一,司法公信力、维稳和维权。司法公信力是司法工作的生命,失去司法公信力的司法既无司法权威,也无司法公正。司法公信力源自人民群众对司法的自然信任,这种自然信任首先是基于人民群众对司法机关自然而然产生的亲切感和亲近感。在对司法机关的功能定位上,司法机关同样扮演了"亲民"的形象,而不是纯粹的实施暴力的合法工具。换言之,司法不再是单纯的维稳工具,而是要与维权紧密结合起来;司法机关不是清一色的总是呈现冷峻色彩的暴力机器,而是体现了人文关怀的权利保障者。维稳通常发挥了司法的定纷止争的功能,但与以往社会司法的维稳性质不同,现代社会维稳的实质是维权,要求完善对维护群众切身利益具有重大作用的制度,强化法律在化解矛盾中的权威地位。[1] 打造司法机关的亲民形象,使诉讼当事人和利益相关者非但不畏惧司法机关,而且将其视为自身合法权益的自然

---

[1] 孟建柱:《新形势下政法工作的科学指南——深入学习贯彻习近平同志在中央政法工作会议上的重要讲话》,《人民日报》2014年1月29日第7版。

保护者。

权利救济的前提是要承认和认可任何人在宪法和法律范围内享有的权利，设定包括司法机关在内的公权力保护公民权利的法定职责。人民群众对司法机关的亲切感最终源于司法对其切身利益的有效保障，进入法院大门的当事人寻求的是与自己的利益相关的个案公平。让人民群众在每一个案件中都感受到公平正义凸显了案件当事人的主观权利和基本诉求。社会的和谐与稳定以保护和救济权利为出发点和归宿，而不是一味地和稀泥，更不是无原则地"摆平"。衡量"案结事了"和"胜败皆服"的标准乃在于当事人的合法权益依法受到保护。衡量每一个案件是否得到公平正义的标准则是宪法和法律赋予的权利是否被侵犯，并在被侵犯之后是否得到有效、充分的救济。权利救济是公力救济的重要组成部分，司法救济又在公力救济中处于中心位置。充分发挥司法救济的定纷止争功能凸显了公力救济的制度格局，能最大限度地遏制各种形式的私力救济。

第二，裁判中立与司法权威。强化司法机关裁判中立性，保障人民检察院和人民法院依法独立行使检察权和审判权是提高司法权威乃至法律权威的必要条件。任何国家的司法机关都不是在真空中存在的，绝对的司法独立是不存在的。在任何社会和任何时代，作为纠纷的裁决者的权威性首先建立在其不偏不倚的立场和态度上。纠纷裁决者既不能成为争议中的当事人中的潜在一方，也不能受到其他任何人的支配。保持司法机关的中立性不是司法公正的充分条件，却是司法公正的必要条件。在其他条件相同的情况下，缺乏裁判中立性，就不会产生司法公正。保障裁判中立性的方法在不同国家和不同的历史阶段有不同的方法。人民检察院和人民法院依法独立行使检察权和审判权不是司法独立的表现，但应是司法机关裁判中立的体现。衡量司法体制改革成功的一个重要标准，是要看人民检察院和人民法院是否保持了其作为裁判者的中立地位，这种中立性规定既体现为不受当事人及舆论审判的影响,也体现为不受任何非司法机关的干涉。

从内在视角出发讨论我国司法机关的法律定位可以摆脱套用西方理论和制度的机械做法。1954年宪法被法学界公认为是一部质量上乘的宪法,我们很难说1954年宪法是脱离了中国国情的宪法文本。1982年宪法的许多条款借鉴或恢复了1954年宪法的一些规定,如同那个时代的所有重大事件一样,1982年宪法发挥了拨乱反正的功效。1954年宪法对司法机关尤其是人民法院中立地位的规定具有里程碑的意义。1954年宪法第78条规定:"人民法院独立进行审判,只服从法律。"1954年宪法第78条并不是孤立的条款,其总纲部分即第18条原则上规定:"一切国家机关工作人员必须效忠人民民主制度,服从宪法和法律,努力为人民服务。"司法中立论要求司法机关只服从法律的规定,这在根本上呈现了法治的思维方式,这种思维方式表明,凡是法律有明确规定的,从法律;凡是法律没有明确规定,从立法解释和司法解释;立法解释和司法解释没有规定的,从指导性案例。司法机关只服从法律,没有排除道德、伦理、经济、习俗、政策等非法律因素在审判中作为裁判因素的综合考量,但这与司法机关只依照法律行使公诉权、法律监督权和审判权没有内在的冲突。人民法院裁判中立性地位更具有法律技术上的规范要求,而并非一定要从政治意识形态方面加入审视的目光。

第三,制约公权力与人民法院作为纠纷的最终裁判者。司法机关对公权力的制约功能在我国司法历史上经历了从无到有的过程,而无此功能的实践和学说则成为主流。司法机关的专政功能和定纷止争功能几乎独占了司法功能的所有位置。司法机关往往被假定对外和对敌人发挥专政功能、对内和对人民发挥定纷止争功能,这种内外功能说难以开发出司法机关对公权力的制约功能。情况或许相反,司法机关因其财政或其人员福利高度依赖于所在地的行政机关、受制于其他政权机关,反而成为被制约对象的制约对象。被诟病的司法地方化和司法行政化正是这一逆向权力制约的产物。赋予司法机关制约公权力的制度性权力，也是确立人民法院在纠纷解决中作为最终裁判者的需要。人民法院作为纠纷的最终裁判者，不是说人民法院是所有纠纷的唯一裁判者，而是说人民法院对诉诸司法的案件具有终局性的权威，排除了司法机关以外的任何机构和个人具有影响和改变案件终局性结果的潜在权威力量。

司法机关对公权力的制约是一个全方位的约束公权力的系统方案，即只要公权力侵犯了权利，不论这种侵犯的形式是什么，司法机关都有权按照司法规律和法定程序对被侵犯的权利实施法律救济。不同的公权力的运行机制各有不同，其侵犯权利的方式也各有差异，但司法机关对公权力的制约方法却可以是同一的。其原因在于，无论司法机关发挥怎样的功能，其运行需要通过对个案的审理和裁决来完成。对具体行政行为的裁决是以个案的形式出现的，对抽象行政行为的裁决同样是以个案形式出现的。当下司法机关对公权力制约问题上面临的难题是，司法机关对具有立法性职权的公权力机构缺乏制度性的约束机制，司法机关难以对抽象行政行为的合法性作出裁决。虽然新一轮司法改革在使司法机关去行政化、去地方化的方向上迈出了历史性步伐，赋予了检察官和法官在个体意义上的相对独立的权力，但从司法机关制约公权力的角度，司法机关在自身的权力和功能定位上却没有实质性的变化。"让审判者裁判"恢复了审判者应有的权力，排除了非审判者对裁判者审判权的僭越、干涉和影响，但被恢复的审判者的固有权力自身缺乏制约公权力抽象行为的能力，则不能对由此受到损害的权利提供必要的司法救济。

赋予人民法院必要的司法审查权是充分发挥人民法院制约公权力功能的必要条件，这就需要适时修改宪法和人民法院组织法，增设人民法院制约公权力行为的特别条款，最大限度地树立人民法院是纠纷最终裁判者的制度性地位，为改造性地取消上访制度、确立真正具有公信力的司法权威提供制度保障。以"审判为中心"的司法改革方案强化了人民法院在诉讼过程中的中心地位，也隐含了让人民法院最终说了算的内在理念。当然，司法权力作为公权力的组成部分，自身也要受到应有的制约，而对公权力的制约方法不必一定建立在权力分立的基础之上。

第十一章 中国国家人权观：以人权白皮书为分析对象

尊重和保障人权是宪法确立的国家义务。新中国成立特别是改革开放以来，中国国家重视人权的价值和普遍性原则，自1991年开始至2014年的23年间，中国国家不间断地向世界发布人权白皮书，在表达中国国家人权观、加强人权国际交流等方面发挥了重要作用。不同形式的国家人权白皮书发挥了尊重和保障人权的功用，国家人权实施报告体现了履行国家人权义务和承认人权普遍原则的功能，年度美国人权记录体现了中国对他国人权状况的道德关怀，国家人权行动计划的产生和实施确立了人权作为国家工程的战略意义。国家人权实施报告、美国人权状况记录报告和国家人权行动计划等构成了具有中国特色的人权白皮书体系，概括、总结和完善中国国家人权观有助于在全球化背景下提升国家形象，增强国家人权保障能力。

一　中国国家人权白皮书体系及其文本结构 [①]

　　白皮书是一国政府或议会发表的以白色封面装帧的重要文件或报告书的别称，发表政府白皮书是世界上许多国家和政府的做法和惯例。1991年发布的《中国的人权状况》是新中国成立以来发布的第一个人权白皮书，也是我国第一个政府白皮书，开启了向世界定期或不定期报告中国人权实施状况的国家行动。从类型上看，中国国家人权白皮书分为人权实施报告、美国人权实施报告和国家人权行动计划三个方面。

---

① 本文分析的中国政府人权白皮书资源截至2014年。

（一）中国人权实施报告

中国人权实施报告白皮书是对正在进行的中国人权状况的报告和总结，其形式分为人权整体实施状况报告和特殊主体人权实施报告两个类型。

1. 中国人权整体实施状况报告

中国人权整体实施报告是指年度或一定期限内中国人权的总体实施情况、经验和总结。截至2013年，这方面的报告有《中国的人权状况》(1991)、《中国人权事业的进展》(1995)、《1996年中国人权事业的进展》、《1998年中国人权事业的进展》、《中国人权发展50年》(2000年)、《2000年中国人权事业的进展》、《2003年中国人权事业的进展》、《2004年中国人权事业的进展》、《2009年中国人权事业的进展》和《2012年中国人权事业的进展》、《2013年中国人权事业的进展》等。在11份人权实施报告中，年度人权报告8份，跨年限人权报告3份。年度人权报告是当年的人权实施情况，跨年度人权报告是对截至报告发布时多年人权实施情况的总结性报告。年度人权报告从1996年开始形成，但不是每一年都发布年度报告。1995年和1996年以及2003年和2004年的年度报告是两个年份相连的年度报告。2004~2009年的5年间未产出年度报告，是年度报告不连续最长的期限。2000年既发布了年度人权报告，也发布了跨年度人权报告。

年度报告在名称上统一使用"人权事业的进展"，跨年度人权报告名称或用"人权状况"，或用"人权发展"等。年度人权报告长短不一，1991年的跨年度人权报告在结构上最为完整，篇幅最长，1996年度报告则相对简略，篇幅最短。年度报告和跨年度报告呈现了如下的叙述结构：生存权和发展权实施情况；政治权利实施情况；经济、社会和文化权利实施情况；人权司法实施情况；少数民族权利实施情况；国际人权交流活动情况等。不同人权报告的结构变化主要是对经济、社会和文化权利中的某些权利的取舍或强调,但生存权和发展权、政治权利、人权司法、少数民族权利、国际人权交流活动等实施情况是较为固定的叙事模式。2012年度人权报告一改过去二十多年间人权报告较为固定的叙述结构,分别从"经济建设中的人权保障""政治建设中的人权保障""文化建设中的人权保障""社会建设中的人权保障""生态文明建设中的人权保障""人权领域的对外交流与合作"等方面报告人权的实施情况。2013年度人权报告在结构上再次做出体现时代需要的创新,分别从发展权利、社会保障权利、民主权利、言论自由权利、民主权利、少数民族权利、残疾人权利、环境权利、人权领域的对外交流和合作等方面报告了人权实施情况。与其他年度人权报告相比,2013年度人权报告在章节上突出了具体权利,"言论自由权利"首次作为相对独立的章节出现,这一切都预示着中国国家人权话语在表达方式上的新发展。

2. 特殊主体人权实施报告

从1992年开始,中国政府不定期发布特殊人权主体报告,计有《中国改造罪犯的状况》(1992年)、《西藏的主权归属和人权状况》(1992)、《中国妇女的状况》(1994年)、《中国的儿童状况》(1996年)、《西藏自治区人权事业的新进展》(1998)、《中国的少数民族政策及其实践》(1999年)、《西藏文化的发展》(2000年)、《西藏的现代化发展》(2001年)、《新疆的历史与发展》(2003年)、《中国性别平等与妇女发展状况》(2005年)、《中国老龄事业的发展》(2006年)、《中国的民族政策与各民族共同繁荣发展》(2009)等。上述12份人权实施报告主要涉及罪犯、少数民族、妇女、儿童和老年人等特殊人权主体,其中少数民族人权报告7份,妇女人权报告2份,罪犯、儿童和老年人的人权报告各1份。特殊主体的人权报告是年度或跨年度人权实施报告的延续,更为详细地报告了特殊主体的人权保障状况。少数民族的人权状况报告所占比例最大,藏族人的人权状况报告4份，新疆少数民族的人权状况报告1份，显示出国家对西藏、新疆两个自治区少数民族的人权状况的高度重视。更加注重妇女、儿童、老年人等弱势群体的人权状况，此外，对罪犯的人权状况进行了关注。

（二）美国的人权纪录报告

从2000年开始，中国政府开始发布年度美国人权状况纪录报告，迄今连续发布了14份美国人权纪录报告，分别是：《2000年美国的人权纪录》《2001年美国的人权纪录》《2002年美国的人权纪录》《2003年美国的人权纪录》《2004年美国的人权纪录》《2005年美国的人权纪录》《2006年美国的人权纪录》《2007年美国的人权纪录》《2008年美国的人权纪录》《2009年美国的人权纪录》《2010年美国的人权纪录》《2011年美国的人权纪录》《2012年美国的人权纪录》和《2013年美国的人权纪录》等。[①] 从第一份年度美国的人权纪录开始，"美国的人权纪录"名称就固定下来。年度美国人权纪录报告每年定期发布，其间未有中断。年度美国人权纪录记载的是美国侵犯人权的事件、案件和行为，其资料来源主要是美国主流媒体的公开报道，并在文尾以注释形式注明出处。

美国人权纪录在前言或导论中提示同一年度美国发布的人权国别报告。[②] 针对美国的人权状况发布报告，而不同时发布美国以外国家的人权状况报告，与美国发布的针对中国的年度国别人权报告密切相关。美国的人权

[①] 年度美国人权纪录报告制度建立之前，针对美国的人权国别报告，国务院新闻办公室、中国人权研究会、新华社等权威机构通过发表文章予以回应和反驳，详见董云虎《关于国际人权斗争的几个问题》，载中国人权发展基金会编《中国人权的基本立场和观点》，新世界出版社，2003。

[②] 例如，《2013年美国的人权纪录》开宗明义指出："以世界人权法官自居的美国政府，在刚刚发布的《2013年国别人权报告》中，再次对世界近200个国家和地区的人权状况横加指责，妄作评论，但偏偏对美国自身的人权状况百般遮掩，讳莫如深。"

纪录专指美国坏的人权纪录，展示美国人权实施中的不良行为，它分别从生命与人身安全、公民权利和政治权利、经济和社会权利、种族歧视、妇女和儿童权利、侵犯他国人权等方面具体展示了美国人权糟糕的一面。年度美国人权纪录报告不是对美国人权国别报告中涉及中国人权状况内容的直接反驳，也不是一种答辩形式，作为一种反制措施，年度美国人权状况报告体现了中国维护主权和关注美国及其他国家的人权状况的政治行为和道德关怀。年度美国人权纪录报告在指出美国违反人权或侵犯人权的事实时，其衡量标准是人权。这里的人权概念是中国国家承认和认可的国际人权标准，既没有依据美国的人权观作为评判标准，也没有将中国国家的人权观施予美国政府，唯其如此，美国人权纪录报告在判断美国人权状况时才能显示规范性和客观性。

（三）国家人权行动计划

国家人权行动计划是以人权为主题的国家规划，其功能主要在于对未来若干年的人权保障和实施提出指导意见、工作目标和具体措施。2009年国家发布了第一份《国家人权行动计划》(2009~2010)，目前实施的是2012~2015年的国家人权行动计划。国家人权行动计划在结构上分为六个部分：经济、社会和文化权利，公民权利和政治权利，少数民族、妇女、儿童、老年人和残疾人的权利，人权教育，国际人权条约义务的履行和国际人权交流与合作、实施与监督等。在每一部分权利下面罗列了具体的权利。经济、社会和文化权利包括工作权、基本生活水准权、社会保障权、健康权、受教育权、文化权和环境权利等；公民权利和政治权利包括人身权、被羁押人的权利、获得公正审判的权利、宗教信仰自由、知情权、参与权、表达权、监督权等；少数民族、妇女、儿童、老年人和残疾人的权利包括少数民族权利、妇女权利、儿童权利、老年人权利和残疾人权利等。

国家人权行动计划是对未来一段时间内国家实施人权的行动指南和路线图。国家人权行动计划在功能上具有规划和设计的性质，但在规划期完成后需要验收并出具评估报告，视为国家人权整体实施报告的特殊形式，而定期或非定期的国家人权整体实施报告或特殊人权实施报告也是衡量国家人权行动计划完成状况的一个衡量标准。国家人权行动计划在强调人权作为国家义务的同时，开启和确认了国家人权工程的战略意义。

人权白皮书作为履行国家人权义务的方式在国内和国际两个方面发挥效能。从国内方面讲，人权白皮书是政府对公民享有的政府信息知情权的尊重，作为一项重要的政府信息，人权白皮书集中和系统地披露了国家和政府部门在尊重和维护人权上的规划、行为方案和具体措施。从国际方面讲，人权白皮书是全球人权对话议程中的国家报告制度的具体要求，通过这一报告制度，国家向全世界非正式报告其履行人权义务的情况和所采取的措施。人权白皮书侧重于向国际社会传达中国的人权概念和人权形象，人权白皮书的对象更多是"世界社会"、"世界公众"或"世界人民"等，其国际意义大于国内意义。[1] 这就将人权白皮书与政府工作报告、国家人权专门报告等政府和国家行为作出区分。政府工作报告主要面对国内公民，国家人权专门报告的对象是联合国及其相关专门人权机构。人权白皮书的受众是国际社会或全球社会，构成国际社会主体的是全球任何国家、政府、非政府组织、企业和个人。政府工作报告和国家人权专门报告是国内法和国际法规定的法定义务，人权白皮书多体现国家的道德义务，而且这种道德义务遵循了国际人权法的系列标准。

---

[1] 1995 年发布的《中国人权事业的进展》白皮书明确指出人权白皮书是"向国际社会阐述了中国在人权问题上的基本立场和实践"。2004 年发布的《中国改造罪犯的状况》认为把中国改造罪犯的情况介绍出来，"将有利于世界公众更好地了解具有中国特色的社会主义"。

二　中国国家人权观的特点

中国国家人权观的形成和发展是一个连续的、动态的历史过程，体现了鲜明的中国特色。从中国人权发展的内在视角理解中国国家人权观有助于增强中国国家人权观的现实性和可操作性。中国国家人权观的内在视角是指中国国家从自己发展需要的角度理解、接受和履行国际人权宪章的方法论，中国国家人权观既不是凭空产生的，更不是外部强加和赋予的。中国人权实施报告、美国人权状况纪录报告和国家人权行动计划等表达了中国国家人权观的形成、特点和发展过程，体现了人权观念的宣示功能、人权实施的中国方法论意义以及人权作为国家议程的战略价值。

（一）首要人权观

人权白皮书把遵循与确认生存权和发展权作为阐述中国人权观的出发点，成为衡量中国人人权状况的首要标准。生存权和发展权是人权的重要组成部分，它们是人权中的人权，是首要人权，其地位和重要性优于或重于其他人权。第一部人权白皮书奠定了中国人权观的人权实现等级秩序。无论人们对人权有什么样的认识和分类，生存权和发展权是当前和今后一段时间内中国人权观的首要人权。[①]

温饱一词贯穿于几乎所有的国家人权报告，即使 2012 年人权白皮书仍指出："中国有 13 亿多人口，不发展经济，不首先解决人民的温饱问题，其他一切权利都难以实现。"温饱是中国社会对生存权的通俗表达，首部人权

---

① 第一部人权白皮书起到了"出观点、定框架、定原则"的开创性地位，开启了中国国家直接面对人权问题的起点，《中国的人权状况》起草背景及其过程，见金同小《1991 年：中国人权白皮书那一小步》，《中国新闻周刊》2012 年第 2 期。

白皮书提出"人民的温饱问题基本解决了,人民的生存权问题也就基本解决了"的主张,而在另外一个段落,首部人权白皮书对生存权用了更为通俗的明确表达:"吃饱穿暖,这是长期陷于饥寒交迫困境的中国人民的最低要求。"满足人们的基本生活条件,解决人民的温饱问题构成了生存权的基本内容。至 1991 年,中国的改革开放已经持续 13 年,中国政府宣布基本解决了 11 亿人口的吃饭、穿衣问题,取得了历史性的成就。中国人在每天摄取的热量、平均寿命、婴儿死亡率、儿童身高等方面都达到或超过了国际平均水平。然而,温饱问题基本解决并不意味着生存权作为一项人权可以让出其在人权序列中的首要地位。基本解决不等于全部解决,已经解决不等于长久解决,一时解决也不等于稳定解决,还有少数人口没有解决温饱,在已经解决温饱的人口当中,其温饱状态也不是稳定的。在从"温饱"走向"小康"的过程中,人民的生存权始终就会受到威胁,生存权依然要发挥其作为首要人权的功能。

温饱在词义上接近《经济、社会和文化国际公约》第 11 条第 2 款规定的免于饥饿的权利。温饱不等同于吃饭权,吃饭权也不等同于生存权,它指向最低意义上的经济、社会和文化权利,与《世界人权宣言》第 25 条规定的主要内容相符,该条规定每个人有权:"……享受为维持他本人和家属的健康和福利所需的生活标准,包括食物、衣着、住房、医疗和必要的社会服务;在遭到失业、疾病、残疾、守寡、衰老或其他不能控制的情况下丧失谋生能力时,有权享有保障。"《经济、社会和文化权利》第 11 条和《儿童权利公约》第 27 条有大致相同的表述。以上人权公约规定的权利大致可以分为基本生活水准权和社会保障权,都与生存权和发展权具有内在的关联。

如果把生存权仅仅理解为吃饱穿暖或基本的生存条件的改善,则与已经取得的历史成就不相符合。从第二部人权白皮书开始直到 2012 年人权白皮书，对首要人权的表述开始发生变化，即从"生存权"向"生存权和发展权"转化。源于《发展权利宣言》的发展权不仅被理解为实现生存权的方法，也是更高层次的生存权的体现。1998年的人权白皮书在第一部分列明"人民的生存权和发展权"，在第四部分单列"公民的经济、社会和文化权利"，这种文本结构在《中国人权发展50年》《2000年中国人权事业的发展》《2004年中国人权事业的发展》《2009年中国人权事业的发展》中都有同等的安排。生存权、发展权和经济、社会和文化权利具有重合的地方，但单独使用则可以对中国人权事业的发展提供阶段性的阐述性话语。

生存权是从经济、社会和文化权利中提炼出来的独立权利，但生存权在国际人权宪章中不是一个单独存在的权利。将生存权从人权体系中独立出来并且作为首要的人权是中国国家人权观的特色和贡献。在宽泛的意义上，生存权是发展权的一个组成部分，与经济、社会和文化权利也有较强的亲缘关系，从发展权和经济、社会和文化权利的双重角度可以解释和说明生存权的存在及其价值。发展权指向个体权利，但对中国社会而言其侧重点在于集体权利。发展权被用来强化经济、社会和文化权利，后者作为一个被国际社会普遍认同的人权类型主要是从集体权利的角度发挥保障人权的功能。生存权和发展权既主张个体中国人的衣食住行的有效保障，也主张中国作为一个民族和主权国家的生存和发展资格，在这个意义上，生存权和发展权不仅是物质上的经济概念，也是保障民族和国家存在的政治概念。从中国百年来遭受外强欺凌和人民长期处于贫穷状况出发，生存权和发展权分别体现的个人主义和集体主义的双重价值就具有相得益彰的配套性功能。在中国有特色的人权语境下，生存权表达了个体公民的基本生活水准权，发展权强化了国家和民族维持和提高公民生存权的集体功用。国家是发展权所对应的最为重要的义务主体，《发展权利宣言》在其第8条第（1）款中规定，各国应在国家一级采取一切必要措施实现发展权利，并确保除其他事项外所有人在获得基本资源、教育、保健服务、粮食、住房、就业、收入公平分配等方面的机会均等。

首要人权观是中国国家人权观最具特色的地方，但并不表明中国国家人权观只注重生存权、发展权或经济、社会和文化权利。某些特定权利在国家人权事业中优先发展不意味着否认或轻视其他人权的重要性，首要人权观同样体现了公民权利和政治权利的相关内容。倘若没有获得政治上的公民权、经济上的参与权和社会上的平等权，就无法享有生存权、发展权或经济、社会和文化权利发展的成果。2009年人权白皮书和2012年人权白皮书提出了"公正、客观和非选择性方式处理人权问题"的原则，尽管"非选择性方式处理人权问题"的适用领域主要在国际人权合作领域，但也给中国国内人权的平等发展带来了启发性的适用价值。2013年中国向联合国人权理事会提交的《国家人权报告》中指出："国际社会应同等重视公民政治权利和经济社会文化权利以及发展权的实现，促进个人人权和集体人权的协调发展。……以促进和保护生存权、发展权为先导，协调推动公民权利、政治权利、社会权利、文化权利和特殊群体权利的保障。"因此，首要人权观与公民权利和政治权利的关系是相互补充和互为前提的关系。

（二）特殊主体人权观

在中国政府的人权白皮书中，另一个最具亮点的地方在于对特殊主体人权的高度重视。特殊主体主要是指妇女、儿童、老年人、残疾人以及少数民族。特殊主体的出现反映了中国社会成员的结构差异和事实不平等的历史或社会现状，在某种程度上，把妇女、儿童、老年人、残疾人和少数民族等作为弱势群体具有一定的合理性。相对于男人，妇女是弱势群体；相对于成年人，儿童是弱势群体；相对于年轻人，老年人是弱势群体；相对于汉民族，少数民族是弱势群体。妇女、儿童、老年人、残疾人和少数民族都是法律上的公民或人类意义上的人,然而,由于性别、年龄、智力、健康或文化等方面的客观差异(不是作为妇女、儿童、老年人、残疾人和少数民族的人的主观因素),致使妇女、儿童、老年人、残疾人和少数民族成为在政治、经济、社会和文化等领域中的弱势群体。

所谓特殊主体人权观就是在事实上处于弱势群体的人的人权保障观念和机制,但特殊主体人权不是与普遍人权相对立的概念,它自身就是普遍人权的组成部分。在人权分类学中,一种流行的观点对人权做出了"普遍人权"和"特殊人权"的分类,特殊人权因其特殊性和具体性而有了独立于普遍人权的效果。按照这种观点,女人的人权是只有女人才能够享有的人权,残疾人的人权是只有残疾人才能享有的人权,混淆了角色权利和人的权利的界限,最终消减了特殊主体所享有的普遍性人权。只有一个总的人权概念,它被不同的社会主体共同享有,这种意义上的人权是指每一个人作为人的资格的权利,而不论他们的性别、民族、年龄、身体状况、宗教信仰、财产等。"人权首先是一种道德意义上的权利,它要求平等地认可、保护和促进人之作为人所应有的利益和要求。从这一意义上讲,人权就是,只要是人,就应当享有的权利,换言之,只要是人,就应当获得承认和保护的某些利益和要求,这种权利或利益、要求通常被解释为自由、平等、安全和追求幸福。"[①]作为特殊主体成员,妇女、儿童、老年人、残疾人和少数民族等首先是作为人的身份而享有国际人权宪章确定的人权以及宪法赋予的公民权,只有把他们首先作为人和公民并且始终作为行动的前提,对特殊主体的人权保障才具有方向上的正确性和时代意义。

中国国家人权白皮书在保障特殊主体的人权方面首先着眼于他们作为人和作为公民的身份,并在这个前提下形成了不歧视和平等对待的原则。

[①] 夏勇:《人权与马克思》,载夏勇《人权概念起源:权利的历史哲学》,中国政法大学出版社,2001,第206页。

从人的身份角度看，妇女不再是男人的附属，儿童不再是父母的私有财产，残疾人不再是社会的累赘、绝大多数藏族同胞不再是解放前的奴隶。不歧视原则在这里所表达的是这样一种现代共识，即妇女与男人一样是人，儿童与成年人一样是人，老年人与年轻人一样是人，残疾人与健康人一样是人，少数民族与汉民族一样是人，由于都具有人的属性和本质性规定，妇女、儿童、老年人、残疾人和少数民族等享有人的尊严和人格。在人的身份意义上，妇女、儿童、老年人、残疾人和少数民族等既不高于也不低于分别相对应的男人、成年人、年轻人、健康人和汉民族的人的尊严和人格，在这个意义上，特殊主体的人权保障不具有特殊性，它只是从起点上重新确认了包括妇女、儿童、老年人、残疾人和少数民族在内的人的主体性原则。

从公民身份的角度看，妇女、儿童、老年人、残疾人和少数民族等人群都是被宪法和法律所确定的中国公民，享有宪法和法律规定的公民权利和政治权利，经济、社会和文化权利及发展权利。在政治权利方面，除了儿童、老年人因智力或年龄的因素受到法律限制外，妇女、残疾人和少数民族的政治权利得到格外的重视和加强，即通过设置特别的措施和方法强化妇女、残疾人和少数民族的政治权利。例如，为妇女和少数民族当选人大代表留有固定的比例，少数民族聚集的地区实行区域自治，为残疾人在公共场所设置专门的服务设施、提供特殊的就业渠道和更为优惠的创业条件。毋庸置疑，首要人权观对妇女、儿童、老年人、残疾人和少数民族等人群同样适用，只有优先保障了妇女、儿童、老年人、残疾人和少数民族等人群的生存权和发展权，国家的首要人权观才更为圆满和完整。值得注意的是，特殊主体人权白皮书在阐释妇女和少数民族的人权发展过程中，妇女和少数民族的公民权利和政治权利被放置篇首，其后才是妇女和少数民族生存权、发展权或经济、社会和文化权利的安排，这种表达结构与人权整体报告相比显示出自身的特点。

在规范的国际人权宪章视野中,公民权利和政治权利与经济、社会和文化权利以及发展权是相互依赖和不可分割的统一体。中国的特殊人权观在表达妇女和少数民族权利时首先注重他们的公民权利和政治权利并不因此而忽视经济、社会和文化权利,正如首要人权观在强调生存权和发展权时没有忽视公民权利和政治权利。只有优先保障特殊主体尤其是妇女和少数民族的公民权利和政治权利,特殊主体的经济、社会和文化权利才能与其他社会主体享有同等的保障。由于历史、文化和观念等因素,特殊主体尤其是妇女和少数民族的公民权利和政治权利更容易被忽视,这些社会成员在表达自己、社会交往和政治参与等方面更容易处于劣势地位。同样地,对特殊主体尤其是妇女和少数民族的公民权利和政治权利的强化不是赋予他们特殊的权利,而是对应当享有权利的持续强化,重申了特殊主体与其他社会主体享有法律赋予的平等的公民权利和政治权利。

(三)积极人权观

维护人权的方法从类别上可以简单地分为尊重人权和保障人权两个方面,这两个方面确立了国家履行人权义务方式上的差异。从尊重人权的角度看,国家履行人权的义务体现在国家尊重个人为了自我供给和经济、社会和文化权利有关的需求的目的,自由使用其拥有的或与其他人自愿拥有的资源。国家的不作为或积极的不作为将被认为是履行国家人权义务的合法方式,国家有义务尽可能不干涉个体和群体为了自我供给所做的努力。已经被法律宣布的公民权利和政治权利、文化权利、由市场规则决定的市场惯例以及与经济权利密切相关的财产权等都成为国家需要和应当尊重的对象。从保障人权的角度看,国家履行人权的义务体现在两个层面。在第一个层面,国家以保护的方式使人们免遭被其他人剥夺他们的已经享有的各种权利,并在这些权利被剥夺和被侵犯时提供公力救济。在第二个层面，国家有义务对那些不能自我供给的人给予援助或提供生存或其他与经济、社会和文化权利相关的商品和服务。尊重人权是消极的人权保护方式，保障人权则是积极的人权保护方式。

不同类型的中国国家人权白皮书在篇幅和结构上都显示了积极人权观的主要方面。中国积极人权观最鲜明的表现在于国家通过经济建设为主的指导思想，消灭贫困、解决温饱和实现富裕。规划和实施小康工程是国家的发展战略，贯穿于从改革开放初期到2020年的整个过程。《中国人权发展50年》中的一段话的表述最为经典："在大力发展经济、普遍提高全国人民生活水平的同时，中国致力于解决贫困人口的温饱问题。特别是改革开放以来，中国将解决贫困人口的温饱问题作为最紧迫的大事，由国家统一规划和部署，在全国范围内开展了有计划、有组织、大规模的扶贫开发工作。"改革开放35年里，中国成为世界上最快减少贫困人口的国家之一，中国无比自豪地宣布解决了世界上四分之一人口的吃饭问题。有计划地积极解决贫困人口的温饱问题只是规模宏大的小康工程的起点，随着中国国力的大幅度提高，GDP总量跃居全球第二，以社会保障为主题的高层次的小康工程也在有条不紊地进行。社会保障权是《世界人权公约》第22条规定的重要的经济权利和社会权利，它要求对公民实施与国情相适应的最低限度的社会保障，而不仅仅把精力放在弱势群体的援助、救助和救济等方面。时至今日，中国初步建立了世界上规模最大的符合现阶段中国社会实际的社会保障体系，尽管这与北欧等国家倡导和实施的福利社会和福利国家还存在相当大的距离，但对于一个人口多、底子薄、区域发展不平衡的后发国家而言已经是在力所能及的条件下履行国际人权公约的成功案例。

积极人权观在中国获得的成就是显而易见的，这也是以国家为主导的治国理政方式的必然结果。不过，从规范的意义上，积极人权观是"行为的义务"和"结果的义务"的综合产物。"行为的义务"要求国家为履行义务采取措施和行动方针。"结果的义务"则承认国家在选择其尊重人权的措施和方法上有完全的自主权。[①] 行为的义务通常适用于公民权利和政治权利,结果的义务则适用于经济、社会和文化权利,但从《经济、社会和文化权利国际公约》第2条规定看,"逐渐"充分实现权利虽然是渐进的,实现的方法由国家根据其国情自由选定,但国家需要立即采取力所能及的步骤。中国国家在"逐渐"实现中国人的人权方面选择了适合中国国情的方法,把生存权和发展权作为首要人权,但产生的人权阶段性成果也证实了中国国家履行人权的行为义务。

(四)普遍人权观

人权是表达人类社会普遍价值的基本范畴,也是第二次世界大战之后体现国际新秩序的重要标志。[②] 通过人权概念和人权精神表达国家行为正当性是当代国际新秩序的基本原理。第一部人权白皮书宣称"人权是一个伟大的名词""人权的崇高目标""充分实现人权"和"争取人权"等,这些有着划时代意义的人权词语确立了中国国家人权观的价值体系和精神导向。值得重视的是,人权概念也是被用来论证共产党和国家合法性的有力工具之一。

[①] 参见〔挪威〕巴德-安德斯·安德列亚森《第二十二条》,载〔瑞典〕格德门德尔·阿尔弗雷德松等编《〈世界人权宣言〉:努力实现的共同标准》,中国人权研究会组织翻译,四川人民出版社,1999。

[②] 对西方主导的国际秩序、第二次世界大战后形成的国际秩序以及苏联、东欧等国家巨变后的新秩序等三种秩序观的不同解读将分别形成人权哲学的基础。西方主导的国际秩序是以西方中心主义为主导的世界秩序,是被萨义德批判的东方主义的体现。第二次世界大战后的国际秩序则是被全世界大多数国家认同的国际秩序,但对苏联、东欧等国际巨变后的新秩序的表达则可能落入新的西方主导的国际秩序范畴,福山主义为此欢呼并作出了理论上的论证。拉兹认为苏联、东欧等国家巨变后导致了走向人权的"新兴的世界秩序"(emerging world order),见 Joseph Raz, "Human Rights in the Emerging World Order", *Transnational Legal Theory* 1 (2010), 31-47。

"中国共产党从成立之日起,就高举争民主、争人权的旗帜""中华人民共和国成立后,中国的人权状况得到了根本的改变""尊重和保障人权是中国共产党和中国各级国家机关的意志和行动"等表达从人权的视角阐述了中国共产党立党建党和中华人民共和国的正当性。如果看到人权概念在新中国成立以后很长一个时期都是政治和学术上的禁区,人权被视为资产阶级的专属概念遭到批判,① 通过国家人权白皮书对人权概念予以扶正并给予高度评价,预示着中国改革开放在思想和观念领域的进步和发展。

年度美国人权纪录报告依照人权普遍性原则对于美国政府实施人权状况予以观察、监督和批评。如果不是依照国际社会通行的人权普遍标准,对美国人权状况优劣将无法获得预期的效果。尊重他国主权,不干涉他国内政是联合国宪章确定的国际关系的基本准则,以人权标准批判或干预他国的人权状况并不必然导致对他国内政的干涉,这取决于国家行为是否严重侵犯人权。对于严重侵犯人权的行为,联合国和任何国家都有国际法义务和人道主义责任给予必要的关注和干预。人权白皮书认为人权本质上属于一国内部管辖的事项,但"对于危及世界和平与安全的行为,诸如由殖民主义、种族主义和外国侵略、占领造成的粗暴侵犯人权的行为,以及种族隔离、种族歧视、灭绝种族、贩卖奴隶、国际恐怖组织侵犯人权的严重事件,国际社会都应进行干预和制止,实行人权的国际保护"。揭示美国不良人权状况是关注、提升美国人民的人权状况的重要方法,但只有在统一的国际人权标准之下,连续、不间断发布美国的人权纪录才能被认为是体现了中国政府及其人民的国际正义行为。

从发布第一份人权白皮书开始,中国政府就表达了以国际人权法的原则和精神融入国家社会的愿望和决心。中国国家人权观与国际社会通行的人权

---

① 《人权不是无产阶级的口号》,《北京日报》1979年3月22日第1版。

观念和标准相一致,在很大程度上是国际人权宪章在中国的实践行为。在阐释中国国家人权实践获得进展的时候,作为人权白皮书依据的不仅有中国现行的宪法法律体系,也包括中国国家参与和签署的国家人权公约。人权白皮书无一例外地表达了中国政府履行国际人权公约的状况。截至2012年,中国加入包括《经济、社会和文化权利国际公约》在内的27项国际人权公约,向联合国提交《经济、社会和文化权利国际公约》2次履约报告,《儿童权利公约》4次履约或合并履约报告,《〈儿童权利公约〉关于儿童卷入武装冲突问题的任择议定书》1次履约报告,《消除对妇女一切形式歧视公约》8次履约或合并履约报告、《禁止酷刑和其他残忍、不人道或有辱人格的待遇或处罚公约》5次履约报告以及《残疾人权利公约》1次履约报告,截至2013年,中国政府向联合国人权理事会提交2次国家人权报告。全面履行国际人权公约受益主体主要是全体中国人民,也是对世界人民负责任的体现。中国作为主权国家有其特殊的国家利益,也有作为联合国成员国与其他成员国拥有基于国际人权宪章的共同利益,通过人权的视角维护国家的特殊利益和人类社会的共同利益是中国作为负责任国家的真实体现。

2011年中国特色社会主义法律体系形成,对该法律体系不同的学者和机构有不同的评论和解读,但将中国特色社会主义法律体系解读为"中国特色社会主义人权体系"则出自2013年中国国家的人权报告,在此之前,2012年人权白皮书已经指明"中国特色社会主义法律体系的形成,是中国人权事业发展的一个重要标志,实现了中国人权保障的法制化"。将中国的法律体系解读为人权法律体系确认了中国法律在尊重和保障人权的合目的性,这在原则上与国际社会确立的国家人权义务是相通的。如果不是以中国认同的国际人权宪章作为标准,向国家社会表达中国国际人权观就会难以理解。国内人权法和国际人权法只有相互补充和相互支持,才能共同服务于尊重和保障人权的目的。中国国家人权观包含了国际人权宪章规定的普遍人权标准,中国国家以自己的方式和话语表达和保障人权是履行国际人权宪章确定的共同标准的体现。

三 构建全球化背景下的中国国家人权观

首要人权观、特殊主体人权观、积极人权观和普遍人权观等构成了具有中国特色的社会主义人权价值体系和中国国家人权观。首要人权是中国社会发展必然要面对并且是无法超越的人权发展阶段，对特殊主体的人权的尊重、保护和保障又是重中之重，所有一切又需要依赖于国家主动和积极的行为，逐渐实现经济、社会和文化权利的规范性规定。中国人权白皮书历史、客观地描述了中国人权发展的内在轨迹和进展阶段，指出了中国人权进一步发展的空间和可能性。中国国家人权观既是实存的，又处于不断完善和发展的过程中。立足于中国当代社会的时代背景，以及中国深深楔入世界历史进程的客观现实，有必要对中国国家人权观念和行动做出符合中国国情的思考和谋划。

（一）构建作为国家战略的国家人权工程

人类社会进入 20 世纪七八十年代以来，随着全球化进程的加剧、人权意识的普遍提高以及全球环境危局的再现，履行人权的义务主体呈现出了多元化的特征。专门的非政府组织、地区间国家组织等非国家主体日益成为活跃且有成效的人权义务主体，此外，更多的公司和个人自觉参与到了维护人权事业当中。一些国际或国内性的非政府组织在某些专门领域所发挥的监督和保障人权的功效甚至超过国家，在一体化人权保障机制方面，一些地区性的超国家组织（例如欧盟）通过设立超越国家的人权机构，以司法的强制性规范力量保障人权的正确实施。尽管如此，作为重要的人权义务主体，国家履行人权的义务是其他义务主体不能替代且不可替代的,国家是主要的人权义务主体或第一义务主体。第二次世界大战后形成的以联合国为主导的国际秩序建立在主权国家机制的基础上,国际人权宪章一方面需要主权国家以自我认可的方式使国际人权宪章产生法律效力(自愿签约、批准和保留);另外一方面则需要主权国家为其管辖内的人民提供保障措施,尤其是对一国范围内的经济、社会和文化权利以及发展权的实施和保障需要国家去积极落实。就全球范围而言,至今还没有一个全球性国际机构有能力对地球上的每一个人都提供哪怕最低限度的平等的人权保障。

中国国家是履行人权义务的首要主体。新中国成立尤其是改革开放以来,中国国家从其历史发展的内在角度提出以解决人民的温饱和小康为主线的发展路径,"基本实现小康""总体实现小康"和"全面实现小康"贯穿于改革开放至2022年执政党的路线、方针和政策之中。小康路线是中国改革开放的总路线,它从国家的视角出发并通过国家的统筹、规划和实施,力求在最短的时间内解决世界上人口最多国家人民的生存和温饱问题。小康路线是国家路线,小康工程即是国家工程。对小康工程的合法性论证往往被归结于党的好政策或生产力发展的必然结果,如果站在国际社会的视角以及借用国际人权宪章的标准,小康路线作为国家工程成为名副其实的国家人权工程,这一结论体现了人类社会发展规律,[①] 可以认为,中国社会在没有借助人权概念的情况下自觉践行了人权义务。对于小康社会,中国人以及熟悉中国文化的人都具有不言而喻的共识,但对于国际社会而言则比较陌生。国家小康工程在客观效果方面体现了国家人权工程中的经济、社会和文化权利的一面,还不能包含与经济、社会和文化权利紧密联系且相互作用的公民权

[①] 马克思和恩格斯指出:"……为了生活,首先就需要衣食住以及其他东西,因此第一个历史活动就是生产满足这些需要的资料,即物质生活本身……即一切历史的一种基本条件。"见《马克思恩格斯选集》第1卷,人民出版社,1972,第32页。

利和政治权利。作为一个新的并且是完整的概念，国家人权工程需要在国家小康工程的基础上平等地容纳人或公民享有的公民权利和政治权利与经济、社会和文化权利以及发展权。因此，国家人权工程是对国家小康工程的重新表达和进一步发展，国家人权工程借助人权概念使国家小康工程具有了国际法上的合法性和正当性。

立足于国家小康工程的扎实基础，中国国家在改革开放30年之际以国家名义出台了国家人权行动计划，为国家人权工程提供了名正言顺的实践范例，成为人权领域中的顶层设计方案。在没有借助人权概念的情况下开启国家小康工程到自觉地以国际人权标准总结、规划和发展国家小康工程开辟了中国国家人权发展的新的模式，跳出了"三代人权观"构造的进化论模式。三代人权观执行了颇为简单的线性路线，人为地割裂了公民权利和政治权利与经济、社会和文化权利以及发展权的共时性特征。三代人权观不是解释中国人权发展状况的最佳理论范式，按照这种解释，跳跃式的发展是不允许的，任何一个国家都要先经过公民权利和政治权利的发展阶段并以此作为起点达致第二代人权及第三代人权，这种解释是对西方人权发展实践的理论化和体系化，将它适用于非西方国家尤其是中国则勉为其难。

（二）以人权名义参与全球化进程

全球化是人类社会发展的必然结果，适应全球化进程不仅是中国国家的必然行动，也是中国国家参与全球化议程的内在要求。人权是全球化议程中的重要内容，已经融入世界历史进程的中国社会主动、积极地按照国际人权标准介入国际社会可以为全球化议程提供中国的概念和力量。在这里有三个方面值得探讨，分别是中国跨国公司的人权规范、国际人权话语权和最低限度的人权干预。

第一，在经济全球化的浪潮中，中国改革开放所取得的巨大成就得益于外资的不断涌入，中国也成为世界资本的最佳投资地之一。与此同时，中国有实力的企业在国家政策的鼓励下走出国门，在海外投资建厂，成为推动全球经济复苏、改善投资地国家经济环境的有生力量。遵守和尊重投资地国家的法律和习惯是中国跨国公司的基本义务。不同国家的法律和经济社会政策不尽相同，中国跨国公司无须改变投资地国家的法律和政策，但作为跨国企业应当自觉承担其应有的企业责任。2000 年由世界著名企业建立的全球契约人权计划旨在号召跨国公司"支持并尊重国际公认的人权"，倡导跨国公司负有人权保障的道德责任，在消极的意义上这种道德责任要求跨国公司不得直接或间接地成为侵犯人权的同谋者。① 2011 年联合国人权理事会制定了《工商企业与人权：实施联合国"保护、尊重和补救"框架指导原则》，首次从全球规范的角度落实跨国公司的人权责任。② 中国国家鼓励我国企业在海外拓展市场和遵守投资地国家法律和习俗的同时，需要强化我国跨国公司的人权义务，为跨国公司提供落实其人权责任的培训机制，设立针对我国跨国公司履行其人权义务的专门监督和检查机构。跨国公司是国际贸易投资领域承担人权责任的独立主体，但国家负有指导和监督的责任，将我国跨国公司的人权履行行为纳入国家人权行动中，并在必要时将我国跨国公司人权履约情况作为人权白皮书的组部分。

第二，以人权作为口号干涉国家的内部事务成为冷战结束后国际政治最显著的特征之一。以人道主义危机（humanitarian crisis）、人道主义权利（humanitarian right）和人道主义干预（humanitarian intervention）等形成的新

---

① 韩冰：《简析联合国全球契约中的人权原则》，《人权》2012 年第 1 期。
② 跨国公司的人权责任理论可以分为公司责任自愿论和规制论两个方面，前者重在道德约束，后者则试图给公司的道德责任安装法律的"利齿"，尽管如此，正如安德鲁·克拉帕姆所指出的，在国际社会，"公司的人权政策仍处于幼稚期，而政府对这些政策的监督也刚刚起步。"参见〔英〕安德鲁·克拉帕姆《非国家行为人的人权义务》，陈辉萍等译，法律出版社，2013，第 248 页及第八章的相关讨论。

干预主义成为推行国际霸权主义，侵犯他国人权的新的方式。[1] 中国国家与西方国家在人权问题的争论焦点不仅表现在何种人权优先发展的问题，也表现在于西方社会在人权问题上所采用的双重标准，后者作为问题体现在借用人权话语掩盖其违反国际法的行径。[2] 具有强势地位的西方人权话语无视其他国家特别是发展中国家的发展阶段和文化状况，以维护人权之名侵犯人权。[3] 年度美国人权纪录报告无疑揭露了美国人权政策非正义的一面以及美国政府所扮演的双重角色。不过，需要认真对待的是，正因为人权在人类社会所具有的普遍正当性，这种正当性同时获得了包括中国在内的广大发展中国家的认可，一些西方国家才频频通过人权路线推行其霸权主义路线，这提醒我们注意，人权是个好东西，但人权不是唯有西方才有的好东西，更不是西方独有的好东西。

人权概念起源于西方并不因此导致西方独占人权，也不意味着其他国家只能被动或模仿西方人权观才能获得国家行为的正当性和合法性。应当区分两种意义上的普遍人权观，一是建立在西方自然法传统基础上的适用于西方社会的人权观，西方人权观遵循了霍布斯—洛克的自然权利学说，从个人主义出发推导出人权的价值和概念。二是以《世界人权宣言》为主导而形成

---

[1] 国际人权政治体现在非西方国家在经济、外交和军事等领域挑战西方的霸权主义，还表现在文化价值等领域维护特定民族宗教、语言和文化多元主义，见 Etienne Balibar, "on the Politics of Human Rights", *Constellations Volume 20, No.1*, 2013, 18-26。

[2] 一般认为，社会主义国家或第三世界国家对经济、社会和文化权利的认可度更高于西方发达国家，但断定西方社会无视或不注重经济、社会和文化权利也缺乏事实依据。在《世界人权宣言》诞生之前，美国总统罗斯福提出的"四大自由"中就包含了"免于饥饿的自由"，把该自由放置在经济、社会和文化权利比放置在公民权利和政治权利中更为合适。另一个典型个案是北欧等国家建立的福利国家模式则是公民经济、社会和文化权利发展的典范。

[3] 这种现象，杜兹纳揭露说："它从英国的扣留到美国的酷刑再到以色列为实现四名士兵获释而进行轰炸并造成数百名巴勒斯坦人和黎巴嫩人的死亡。"〔美〕科斯塔斯·杜兹纳：《人权与帝国》，辛亨复译，江苏人民出版社，2010，第214~215页。

的适用于全球社会的人权观，这种人权观在起源上综合了不同国家的文化和制度，同时在实现人权过程中体现了现实性和可操作性。中国参与了《世界人权宣言》关于人权文化和哲学基础的讨论，在一些关键性人权条款中注入了人权的中国概念。[1] 现代国际人权是人类社会的共同财富，我们很难把它看成是一种纯而又纯的由西方孕育的产物。[2] 一个不争的事实是，中国社会走出了将人权视为资产阶级专利品的年代，依据国际人权宪章，中国国家成为维护人权的重要实施者和捍卫者。以人权表达国家行为的正当性以及通过人权旗帜维护世界和平（正如下面所分析的那样）是体现中国国家软实力和作为负责任国家的重大选择。

第三，对于严重违反人权的国家、非政府组织和个人的适当制裁既是国际人权宪章的基本要求，也是中国国家履行国家义务的必然结果。有条件、适当的相对不干预取决于对严重违反人权的客观判断、联合国的授权以及中国国家实力等诸多因素，而是否获得联合国授权是判断合法干预与非法干预不可或缺的因素。国家通过自我实施的方法救济被严重侵犯的人权，这是私力救济在全球自然状态的再现。合理性论证不能取代或压制合法性论证。第二次世界大战后形成的国际秩序是联合国秩序，依赖或通过联合国的机制等公力救济方法救济被侵犯的人权是唯一合法的正义行为。以美国为首的西方国家以人道主义之名介入科索沃战争是非法行为，美国以发现大规模杀伤化学武器为借口入侵伊拉克是非法行为。合法或非法的人权干预行为不取决于

---

[1] See Mary Ann Glendon, *A World Made New:Eleanor Roosevelt and the Universal Declaration of Human rights*, New York:Random House, 2001.同时，见贺海仁《国际人权法的渊源与全球社会》，载贺海仁《法人民说》，中国社会科学出版社，2013。

[2] 阿玛蒂亚·森指出："西方世界在文艺复兴、启蒙运动、工业革命当中取得的重大成就改变了人类活动的性质，西方理当因此获得足够的赞美。但是认为这一切都是由一个完全独立的'西方文明'所发起，在光荣的孤立中形成的，这样一种假设则是彻头彻尾的幻象。"〔印〕阿玛蒂亚·森：《身份与暴力：命运的幻象》，中国人民大学出版社，2009，第49页。

干预行为是国家的单独行为或几个国家的联合行为，只要未经联合国授权或同意就都是非法的干预行为，在任何情况下，联合国授权都是人权干预的充分条件。合法的人权干预行为不排除通过军事行为防范、制止或纠正一个国家内的严重侵犯人权的行为，中国国家参与的联合国维和行动是在联合国授权下的一种受到严格限制的准军事介入行为。此外，从限制国家主权的绝对性角度讲，根据国际人权宪章而实施的国家人权报告机制、普遍定期审议机制和答复联合国人权特别机构的来函等也是合法的人权干预行为的类别，这种干预行为对完善规范的人权实施行为正在发挥越来越重要的作用。

合法的人权干预不仅反映了联合国授权具有的正当程序品质，而且在联合国授权的背后是主权国家的同意和自愿服从，这就决定了即使是合法的人权干预也是被内化为国家主权范围内的正义行动。在主权和人权的关系上，虽然人权高于主权的命题不能成立，但相反的结论也不一定成立，这取决于对主权和人权关系的正确考量。没有主权，人权难以得到持续的实施和保障，有了主权，人权也并非一定获得实施和保障。主权是包括了人权要素的国家权力，是人权的集合体，在终极意义上，主权无非是人权的另外表达形式。国家对联合国人权宪章的自觉认同和遵守是对主权的自我限制，有了这种自我限制，国家之间对人权问题的争论就不再是相互揭短的国际政治斗争，而是体现了理想品质的人权论证和人权对话。从历史上看，对大多数国家和社会而言，人权话语不是表达人的目的和人的幸福的主要话语，[1] 然而，一旦接受了国际人权宪章的原则规定（哪怕是保留性接受），人权话语就成为具有规范意义的正当性话语，确立了国家作为义务主体对待公

---

[1] 儒家通过赋予和督促官员履行伦理和道德义务间接保障了人权，儒家的一些基本政治概念（如仁）提供了支持人权的条件，参见 Joshua Cohen, "Minimalism About Human Rights: The Most We Can Hope For？", *The Journal of Political Philosophy* 12 (2004), 190-213。

民应当做什么和不应当做什么的共同标准。① 无论对国际社会还是中国国家而言，人权话语的产生和发展都是对人的生存状态及其价值的重新认知和界定，这是一种在现代性来临之际从人类社会角度处理人与人、人与国家关系的新的思考方式。

（三）开启人权司法保障新篇章

中国国家白皮书在描述公民权利和政治权利进展的同时，将人权司法作为相对独立的篇章显示了人权在司法领域中的重要性。人权司法是在司法领域中对人权予以尊重和保障的独特机制，属于公民权利的范畴。人权司法涉及公民在司法领域中的自由、人格和尊严等的限制和保护问题，处理的是司法机关与犯罪嫌疑人和罪犯以及相关刑事诉讼参与人的权利和义务关系。人权司法不是公民权利的全部内容，但无疑是中国社会急待处理好的重要问题，这些问题归纳起来主要包括：(1) 禁止对犯罪嫌疑人采取一切形式的刑讯逼供以及其他酷刑，最大化地防止司法领域中产生冤假错案。(2) 保障犯罪嫌疑人在侦查、审查起诉和审判中的辩护权，包括聘请律师和自我辩护等公正审判权。(3) 保障罪犯在服刑过程中享有除了被法律剥夺权利以外的法律权利。(4) 在非法或不公正地受到羁押、财产扣押、审判和服刑司法行为等造成损害后，有获得国家赔偿的权利。(5) 严格适用死刑，死刑只适用于法律规定的最严重的犯罪，在执行死刑的方式上采取最少痛苦的人道主义原则。(6) 保障任何公民不受任何形式的非法羁押和监禁。

一个社会以什么样的理念和方式对待犯罪嫌疑人和罪犯是衡量一个国家和民族文明程度的重要标志。犯罪嫌疑人和罪犯作为人权主体概念，超越了政治上的敌人概念，也与道德上的坏人概念迥然不同。犯罪嫌疑人和罪犯

---

① 《人权与主权的关系以及实施人权国际保护的准则的讨论》，参见李步云《国际人权保护与国家主权》，载李步云《论人权》，社会科学文献出版社，2010。

与其他人一样都是人，[1] 只不过他们是需要依法受到法律追究的人，无论他们需要承担什么样的与其罪责相适应的刑罚，始终都享有作为人的某些基本权利，这些权利即使在紧急情况下不可剥夺也不被克减。不可克减的权利适用于被国际社会认定的紧急状态，更遑论处在非紧急状态下的犯罪嫌疑人和罪犯。《公民权利和政治权利国际公约》宣布了下列权利为不可克减的权利：生命权，免受酷刑和不人道待遇权，免受奴役权，人格权，不因债务而受监禁权，思想、良心和宗教自由权以及不受溯及既往的法律惩罚之权。在这七项权利中，除了生命权在不同国家因保留死刑而存在不同认识外，免受酷刑和不人道待遇权，免受奴役权，人格权，不因债务而受监禁权，思想、良心和宗教自由权以及不受溯及既往的法律惩罚之权等权利适用于所有的人，包括犯罪嫌疑人和罪犯。

中国政府参加了《公民权利和政治权利国际公约》，并为批准该公约做积极的准备工作，批准该公约的准备行动是中国国家积极履行国际人权公约的重要体现。[2] 该公约的权利还未能适用于中国国家，但中国根据宪法和法律以国内法的形式规定了《公民权利和政治权利公约》中的主要部分，这些权利在很大程度上达到或接近于《公民权利和政治权利国际公约》规定的标准。尽管如此，进一步加大对公民权利和政治权利的保障，特别是提高人权

---

[1] 把罪犯作为人平等对待是人权白皮书的一贯立场，例如，《中国改造罪犯的状况》白皮书申明："中国在改造罪犯的实践中注意贯彻人道主义的原则。对罪犯不仅保障应有的生活条件，更尊重人格，禁止侮辱。"

[2] 人权白皮书多次表达了批准《公民权利和政治权利国际公约》的意愿，如2012年人权白皮书指出："中国政府已加入包括《经济、社会及文化权利国际公约》在内的27项国际人权公约，并积极为批准《公民权利和政治权利国际公约》创造条件。"《国家人权行动计划（2009~2010）》指出："中国已签署《公民权利和政治权利国际公约》，将继续进行立法和司法、行政改革，使国内法更好地与公约规定相衔接，为尽早批约创造条件。"《国家人权行动计划（2012~2015）》指出："继续稳妥推进行政和司法改革，为批准《公民权利和政治权利国际公约》做准备。"

司法的保障力度，仍然是今后一段时间内我国人权事业的中心工作之一。具有历史意义的十八届三中全会提出，国家尊重和保障人权，进一步规范查封、扣押、冻结、处理涉案财物的司法程序，健全错案防止、纠正、责任追究机制，严禁刑讯逼供、体罚虐待，严格实行非法证据排除规则，逐步减少适用死刑罪名。人权司法的提出和发展将为提升中国公民权利和政治权利提供更加有效的突破口。

四 小结

从拒斥人权概念到形成具有中国特色的中国国家人权观，显示了中国国家在认识、理解和履行国家人权义务的发展轨迹。1991年中国政府发布第一个人权白皮书之际正是苏联、东欧国家发生巨变的特殊时期，也是中国改革开放进入困境的特殊阶段。面对国内外的普遍质疑和苏联、东欧国家的前车之鉴，中国国家没有抛弃人权概念，而是果断地扛起了人权旗帜，在全世界树立了负责任的国家形象，为进一步改革开放提供了值得追求的目标选项。

中国国家人权观包含了国际人权宪章的共同标准。由中国国家参与发起并签署的《世界人权宣言》提出人权是"所有国家和人民努力实现的共同标准"，这些标准不是简单地重申18世纪个人权利的观念，在强调人人享有公民权利和政治权利的同时，提倡基于自由和平等为目标的经济、社会和文化权利。不同国家在实现人权共同标准上采取了不同的方法和路径，这些方法和路径符合《公民权利和政治权利国际公约》第1条规定的国家享有的集体自决权，凭借这项权利任何国家可以自由决定其政治地位，自由谋求他们的经济、社会和文化的发展及其方式。中国国家人权白皮书表达了中国国家履行人权义务的中国概念、中国方法和中国道路，连续不断地发布人权白皮书宣示人权的基本价值和理念，反映了中国国家追求人权价值的道德自觉和人权表达自信。在新的历史时期，国家面临着实现民族独立、国家富强和人民幸福中国梦的历史使命，继续通过包括发布国家人权白皮书在内的一切尊重和保障人权的方法和措施有助于巩固改革开放的成果，增强国家的发展的软实力，提高全面实现小康社会的质量和水平。

第十二章 国际人权法与全球治理

人权是17、18世纪资产阶级革命的产物，成为西方社会率先进入现代性的时代关键词，但只有在20世纪中叶以后人权才成为人类社会关注的普遍事物，使人权的本来意义具有了与其相适应的人类实践场域。[①] 形成这种状况的原因固然有自然权利哲学作为基础，但第二次世界大战给人类社会带来前所未有的灾难则是不可忽视的推动力。从人权哲学到人权实践的转化以及所开启的全球视角是人类社会历经苦难之后集体反思的结果，充满了悲情色彩。[②] 作为第一个人"类"意义上的权利宪章，世界人权宣言对战后国际人权事业发展产生了深远的影响。[③] 世界人权宣言第1条不仅发挥了开篇布局的帝王条款功能，也因其所包含的现代国际人权法哲学基础而成为国际新秩序的基本规范。

一　颇受争议的"权威人权观"

人权是在自然法理论框架下诞生和发展起来的现代性观念。自然法理论

[①] 人权一词，依其本义，是指每个人都享有或都应当享有的权利，是"人人的权利"。参见夏勇《人权概念起源：权利的历史哲学》（修订版），中国政法大学出版社，2001。

[②] 悲情的本来含义是痛苦和哀悼，但"悲情本身"也表示控诉、不公平、冲突、一个必须纠正的错误、一种必须修理的暴力，有关悲情的哲学意义以及它与友爱的关系，参见〔法〕德里达《〈友爱的政治学〉及其他》，胡继华译，吉林人民出版社，2011。

[③] 《世界人权宣言》发表60多年来，已被翻译成370种语言，从阿布哈兹语（Abkhaz）到祖鲁语（Zulu），从拥有十数亿使用者的中文到只有20人使用的中美洲方言，从分属完全不同语系的语言到有着共同历史渊源的方言，多种多样，见 http://www.un.org/chinese/News/fullstorynews.asp？newsID=13365。

假定，在人类社会中存在着合乎自然的正义，它是永恒、不变的高级法，被用来作为确立人类社会正义的终极根据。由于自然法中的"法"往往等同于"权利"概念，自然法也被称为自然权利。在自然法和自然权利之间或周围还存在着诸如自然正义、自然理性、永恒的法、人性、理性等范畴，它们从不同侧面论证了自然权利的正当性和合理存在。亚里士多德偏重自然正义，西塞罗、霍布斯、洛克注重自然理性或正确的理性，卢梭倾向平等公益等。在这些概念群中，权利概念迎合了时代的需求，集中表达了哲学家和立法者为现实社会寻求正义的冲动和追求。

对自然法理论的上述概括相对来说较为简单，但如果把上面提到的与自然法相关的概念一一分拣出来，诸如自然权利、正义、理性、人性、高级法、永恒的法等，就会发现这些概念都是未经证实的先验范畴，可以作为进一步发挥的本体论概念。在很多情况下，自然法理论家为了证明一个先验概念而不假思索地使用了另外一个或更多的先验概念，容易导致概念的循环论证和自我定义。针对人权的理论论证，我们可以这样设问并进行逻辑推论：为什么人权？因为自然权利；为什么自然权利？因为自然理性；为什么自然理性？因为自然正义；为什么自然正义？因为自然法。这个推论路线是可逆的，相反的推论路线也可以成立。"既然自然权利是由自然法这个终极、超验的权威来规定和支持的，那么，自然权利就是超越实在法而存在的，并且是不可剥夺的。既然本性是人所共有的，而且表现为人之作为人的基本规定，那么，本性的权利就是人所共有的。所以，自然权利或本性权利，就是人权。"[①] 未经证实的自然法概念群表达了超验哲学在西方的长期存在和影响，产生了独具特色的西方文化和哲学。

被解释的概念和用来进行解释的概念具有功能上的区别，前者主要是被

---

① 夏勇:《人权概念起源：权利的历史哲学》，中国政法大学出版社，2001，第139~140页。

研究的对象，而不是用来进行思考的话语。① 人权概念是用来解释并且论证正义之理的新时代关键词，无论构成人权基础的哲学理念是否具有超验性，都在试图证明人权作为衡量正义标准的理论追求和价值趋向。在自然法理论的背景下，构成人权渊源的标准至少存在三种哲学理据：第一，本性自由说。这是经典的本性（nature）说的展开，可以作为有别于性善说和性恶说的第三种人性理论。当卢梭在《社会契约论》开篇提出"人生而自由"时，他把这个命题作为社会契约论的论证前提而不是研究结果。第二，平等人格说。平等人格说与本性自由说是一个事物的不同表达，人们既可以说人生而自由，也可以说人生而平等，这种解说迎合了近代资本主义社会所需要的社会氛围，跳出了古典哲学长期以来在性善和性恶之间的伦理哲学范式，成就了功利主义原则指导下的实用主义哲学的产生和发展。恩格斯指出："只有能够自由的支配自身、行动和财产并且彼此处于平等地位的人们才能缔结契约。创造这种'自由'和'平等'的人们，正是资本主义生产的最主要的任务之一。"② 当然，资本主义所推崇的功效和效率并不当然成为人之所以为人的因素，从资本主义社会所需要的自由和平等也不能推导出自由和平等就是人的定在，但自由和平等对市场经济下的理性人则具有普遍适用的价值。第三，天赋人权说。天赋人权说是对本性自由说和人格平等说的形而上话语，为争取自由和平等的人们"披上了宗教的外衣"。宗教改革之后，"天"不再体现了上帝（God）的面孔，但借助与上帝具有同样权威的话语力量重述了人性的光辉和人自身的荣耀，完成了人本身作为权威和正当性来源的论证。

以上分析表明，通过并借助本性、人性和上帝（nature/human nature/God）等概念，自然法论者完成了自然权利学说的权利推定工作，这种权利

---

① 《论理词与论理的关系》，参见陈嘉映《说理》，华夏出版社，2011。
② 《马克思恩格斯选集》第4卷，人民出版社，1972，第234页。

推定的方法既是一种思维方法，也是一种社会实践方法。① 自然权利说是一个理论假设命题，它源于人是人这样一个不能证明而只能信仰的前提，在方法论上具有思想实验的性质。换句话说，自然权利话语在思维方式上遵循了"先信仰，后理解"的逻辑，在需要为一个新的时代寻找合法性和正当性的时候，自然权利成为"不言而喻"和"不证自明"的事物。"古典作家们将自然法的概念置于人类命运可观察的一致性之上，人类理性在不受激情影响之时可以发现自然法，而且自然法构成了实证法之优越性的终结源泉和最终原因。"② 自然权利不是真理却胜似真理，由于这一特性，自然权利就可以直接写入具有基础性规范的宪法性文件。1776年美国《独立宣言》写道："我们认为这些真理是不言而喻的：人人平等，他们都从他们的造物主那边被赋予了某些不可转让的权利，其中包括生命权、自由权和追求幸福的权利。"1787年法国《人权和公民权利宣言》宣称："组成国民议会的法国人民的代表们，认为不知人权、忽视人权和轻蔑人权是公众不幸、政府腐败的唯一原因，所以决定把自然的、不可剥夺的神圣的人权阐明于庄严的宣言之中……"在西方社会开创现代性的事业过程中，以自然权利为中心的西方主流哲学最终被大众文化所掌握，逐渐内化为西方文化的重要组成部分，重新构造了西方社会（包括西方社会所影响的其他地区和社会）的文化，形成和发展了现代性社会所需的重要价值观。

正如列奥·施特劳斯所指出的那样："一旦自然权利的观念出现并成为理所应当的之后，它就很容易地与存在着神启法的信仰相调和。"③ 像所有的神启法一样，自然权利以及由此形成的人权一旦被推向神法的地位，一种本来

---

① 有两种权利推定的方法，一是以英国为代表的经验式的权利推定，二是以法国、美国为代表的先验式的权利推定。参见夏勇《人权概念起源：权利的历史哲学》，中国政法大学出版社，2001，第150~160页。
② 〔美〕爱德华·S.考文：《美国宪法的"高级法"背景》，强世功译，三联书店，1996。
③ 〔美〕列奥·施特劳斯：《自然权利与历史》，彭刚译，三联书店，2003，第86~87页。

是质疑权威的表达反而会成为国际政治的工具。在战后国际政治的支配下，特别是在冷战和后冷战时期，国际人权法作为"历史终结论"的标志性成果粉墨登场，无视包括世界人权宣言在内的国际人权宪章的本来意义，由此形成的权利推论与人权固有逻辑和人类思维背道而驰，消解了人权在世界范围内的有效性，使一种要求在人类社会范围才能安身立命的合法性话语变成了带有西方色彩的地方性知识。如果人权的普遍性失去了人类社会的场域，人权的价值就会大打折扣，与这种"权威的人权观"斗争的各种特殊人权观就会风起云涌。从现代国际人权起源的角度看，世界人权宪章把握和规定了现代社会追求幸福的核心理念，它通过"自由""权利""尊严""平等""兄弟关系精神"等关键词张扬了人的价值主体，揭示了全球社会场域的基础和背景意义，从制度规范学方面坚守了全球人道主义或人类学，重申了人类社会大家庭的伦理哲学和社会学的双重立场。

二　人权关键词与立法技术

《世界人权宣言》是人类历史上第一个以人权为全部内容的世界性文件，也是第一次以国际法规范形式宣告和确立人之为人的法律性文件。[①] 宣言第1条是宣言的"基础"、"基石"和"信条"，是各个条款所列举权利的"出发点"和"框架"。回顾宣言起草的历史和过程有助于加深对世界人权概念的理解，提高不同文化背景和社会制度下理解和推进人权入法事业的发展。由八个国家代表组成的宣言起草委员会对第1条的话语表达方式的争论体现了起草者对人类负责的精神，显示了东西方文化之间对话和妥协的理性协商

---

① 中国政府始终重视《世界人权宣言》的地位和作用，2008年12月10日，中国人权研究会在北京举办纪念《世界人权宣言》发表60周年座谈会，胡锦涛主席致信指出："联合国在60年前发表的《世界人权宣言》，表达了世界各国人民对推进世界人权事业的共同愿望，对世界人权事业发展产生了重要影响。"

精神。[1] 不过，宣言虽然是联合国所有重要的人权国际法文件中用时最少并在没有反对票的情况下通过的法律文本，但也是联合国会员国在起草宣言过程中最少有共同点的条款之一，深刻反映了西方文化和非西方文化对人权基础认识上的真实差异。

（一）第1条定稿之前的不同文本表述

《联合国人权宣言》第1条规定：

【最终版】人人生而自由，在尊严和权利上一律平等。他们赋有理性和良心，并应以兄弟关系的精神相对待。

这些掷地有声的话语和表达方式今天已经成为世界通用的流行标准和文字，然而，从第1条的原始表述到最终形成颁行的文字经历了不断推敲、反复变动的复杂过程。

第1条的最初条款由法国代表勒内·卡森提出：

【版本1】作为一个家庭成员，人人都是自由的，拥有平等的尊严和权利，并应彼此视为兄弟。

这一原始条款提出了"自由""平等""尊严""权利""兄弟""家庭成员"等核心概念，随后在不同级别的会议上（起草委员会工作组、起草委员

---

[1] 人权入法和人权保障过程中的协商共识是协调人权普遍性与差异性关系的重要方法。"无论是在国际法与国内法关系上如何实现尊重主权与保障人权的平衡，还是就整个人权法而言如何获得广泛的共识，需要更多的'同情的理解'，而不能抱守成见和偏见；需要更多的真诚对话，而不能相互指责和消极对抗；需要更多的平等协商，而不能武断决定甚至诉诸武力。"参见罗豪才、宋功德《人权法的失衡与平衡》，《中国社会科学》2011年第3期。

会、人权委员会、经设理事会、联合国大会）对该条款逐次产生了下列几种代表性表述：

【版本2】人人皆为兄弟。作为被赋予理性的一个家庭成员，他们是自由的并拥有平等的尊严和权利。

在这一版本中，主要内容没有发生变化，但出现了"赋予理性"这一新的表述，经过辩论，这一版本又做出了如下调整：

【版本3】人人皆为兄弟。他们是一个家庭的成员，被赋予理性和良心。他们是自由的，并且拥有平等的尊严和权利。

基础词语仍然没有发生变化，但增加了"良心"一词。随着讨论的深入开展，新的词语不断被提出来，在人权委员会第一次全体会议上形成了如下的新表述：

【版本4】人人生而自由，在尊严和权利上一律平等。他们在本性上赋予理性和良心，并且应当彼此待如兄弟。

这一版的内容增加了"本性"和"天生"新词语，又根据人权委员会主席罗斯福夫人的提议调整了表达顺序以及把被动语式"被赋予"改为"赋予"。在人权委员会第三次会议期间，委员会吸收了早些时候贝格特鲁特和梅塔意见中的实质性内容："人"（men）和"待如兄弟"（like brothers）措辞被"人"（human beings）和"兄弟关系的精神"（spirit of brotherhood）所替代，其完整表达为：

【版本5】人人生而自由,在尊严和权利上一律平等。他们在本性上赋有理性和良心,并应以兄弟关系的精神相对待。

至此,除了"本性"一词,我们可以看到了接近定稿文本的文字表述。

表1 第1条各版本关键词的变化

版次	全文	关键词	增减的词（与上一版本相比）	留存的词（与上一版本相比）	始终留存的词（与各版本相比）
版本1	作为一个家庭成员,人人都是自由的,拥有平等的尊严和权利,并应彼此视为兄弟。	家庭成员、自由、平等、权利、尊严、兄弟			自由、平等、权利、尊严、兄弟
版本2	人人皆为兄弟。作为被赋予理性的一个家庭成员,他们是自由的并拥有平等的尊严和权利。	兄弟、理性、家庭成员、自由、平等、尊严、权利	理性（增加的词）	兄弟、家庭成员、自由、平等、尊严、权利	自由、平等、权利、尊严、兄弟
版本3	人人皆为兄弟。他们是一个家庭的成员,被赋予理性和良心。他们是自由的,并且拥有平等的尊严和权利。	兄弟、家庭成员、理性、良心、自由、平等、尊严、权利	良心（增加的词）	兄弟、家庭成员、理性、自由、平等、尊严、权利	自由、平等、权利、尊严、兄弟
版本4	人人生而自由,在尊严和权利上一律平等。他们在本性上赋予理性和良心,并且应当彼此待如兄弟。	生而、自由、尊严、权利、本性、理性、良心、兄弟	生而（增加的词）本性（增加的词）家庭成员（删去的词）	自由、尊严、权利、平等、理性、良心、兄弟	自由、平等、权利、尊严、兄弟

续表

版次	全文	关键词	增减的词（与上一版本相比）	留存的词（与上一版本相比）	始终留存的词（与各版本相比）
版本5	人人生而自由，在尊严和权利上一律平等。他们在本性上赋有理性和良心，并应以兄弟关系的精神相对待。	生而、自由、尊严、权利、平等、本性、理性、良心、兄弟	在词语上无增减	保留了版本4的全部词语	自由、平等、权利、尊严、兄弟
最终版	人人生而自由，在尊严和权利上一律平等。他们赋有理性和良心，并应以兄弟关系的精神相对待。	生而、尊严、权利、平等、理性、良心、兄弟	本性（被删去的词）	生而、尊严、权利、平等、理性、良心、兄弟	自由、平等、权利、尊严、兄弟

从上面的论述可以看出，在宣言第1条文字形成过程中，仅仅词语上的删减和增加就会引发不同的意见。增加的词语随着版本的进展逐渐增多，它们分别是理性、良心、本性、天生。从第三个版本开始，理性、良心和天生一直保持到最后。"本性"一词不是原始版本中表达，它只是在较晚的第四版本中才出现，停留的时间也最短，但所引发的问题也最多，最终的版本还是决定予以删除。此外，与原始版本相比，删除的内容是"家庭成员"，这个词语从第四个版本中就不再使用。然而，与其他词语的命运不同，从第一个版本到最后版本，"自由""平等""尊严""权利"始终存在，这几个关键词构成现代形式理性主义法律的骨干。同样需要特别注意的是"兄弟"一词作为始终存在的关键词，它展示了家庭隐喻和兄弟关系精神，这也是下面我们要着重发挥的主题。

（二）上帝、本性与良心

以上五种对第 1 条的表述是不同层面和级别的会议讨论并通过的版本，但这不意味着不存在其他内容的修改版本，一些国家还提出过与上述基本内容相异的草案。例如，有的国家建议应当把第 1 条的内容放到序言当中，[①] 也有的国家建议把"食物、健康、教育和工作权利"写进第 1 条等。[②] 这些建议或者远离了草案的结构或者引入了全新内容而从一开始就被否决。需要注意的是，巴西代表的下述带有鲜明的神学性的修正意见引发了激烈争论：

> 根据上帝的形象外表创造出来的（人类），他们赋有理性和良心，并应以兄弟关系的精神相对待。[③]

巴西的提案遭到了许多国家的反对，因为"在一个联合国文件中不该提到神性，因为联合国得以建立的哲学基础应当具有普遍性"[④]。这个辩论意见得到支持。巴西虽然撤回了自己的提案，却凸显了不同文化对人权哲学根源理解上的差异。这一问题重新引发了与会者对"本性"一词的质疑，认为"本性"在措辞上含糊且不适当引发，这是起草者一开始就应当避免的重要问题。

来自中国的张彭春提出了取消的理由。张彭春以人权委员会副主席身份指出："这种方法排除了任何理论上的问题，这些问题不能够也不应该在一个将为世界普遍适用的宣言中提出。"[⑤] 他论证说，当宣言无疑将为联合国多

[①] GAOR C3.p.38. 关于第 1 条的会议摘要主要包含在联合国大会第三次官方纪录中，这一资料来源的联合国缩略语是 GAOR C（下同）。

[②] GAOR C3.p.91.

[③] GAOR C3.p.55.

[④] GAOR C3.pp.100-101.

[⑤] GAOR C3.p.98.

数成员国接受时，在人权领域人口的多数不应该被忘记。中国人口占世界总人口的很大部分，有着不同于基督教西方的思想，这些思想中包含了得体的举止、礼貌、礼仪和为他人着想的传统。中国文化作为人类伦理道德的一个组成部分，对人们的行为方式有着极为重要的影响，但中国并没有提议在宣言中应该全部提及。其他国的代表们应当表现平等的态度，撤回在第1条修正案中提出的某些西方形而上学的东西。对西方文明来说，宗教不容忍的时代结束了。[1] 张彭春的辩论意见最终被大会采纳，他本人因其本着"设身处地"的儒家哲学立场被罗斯福夫人称为"协调的艺术大师"。时至今日，联合国对张彭春的评价仍在不断提及他从中国文化角度对世界人权概念的贡献：

> He was able to explain Chinese concept of human rights to the other delegates and creatively resolved many statemates in the negotiation process by employing aspects of Confucian doctrine to reach compromises between conflicting ideological factions. He insisted, in the name of universalism, on the removal of all allusions nature and God from the Universal Declaration of Human Rights.[2]

同其他反对者一样，张彭春认为本性的提法等同于宗教上的形而上学或基督教神学，这对于把上帝作为造物主的西方民族是不言而喻的信条，但对包括中国文化在内的非西方文化社会则有可能造成误解乃至不便，其有效性和普遍性可能会大打折扣，难免产生抵触或逆反心理，这或许是张彭春后来

---

[1] GAOR C3. p.98.

[2] http://www.un.org/Depts/dhl/udhr/members_pchang.shtm.

建议把像"理性和良心"这样在他看来同样模糊和带有特殊文化指向性词语一起铲除的重要因素。①

第 1 条草案中加入"良心"一词是张彭春的贡献,这个贡献被认为是儒家文化在宣言中最有力的体现。"理性"一词带有强烈的西方自然法哲学意蕴,良心一词是中国对公平、正义、公道等事物的传统表达。如果要用一个词来说明中西方对普遍正义的表达,在西方是理性,在中国是良心。中国文化对良心或良知概念推崇有加,以致可以形成"良心涵盖万物,涵育万理"的文化观。从文化解释学角度上看,"孔子之'忠',孟子之'诚',颜渊之'乐',曾参之'孝',《大学》之'正心诚意',《中庸》之'诚明'、'明诚',无不具有'良心'的含意,中国的儒学后来以'心性之学'、'内圣之学'这一系最为光大决非偶然。"② 传统中国的主流文化与良知的关系,正如王阳明诗句所言:"绵绵圣学已千年,两字良知是口传。"良心就其本质规定性而言表达了责任而不是权利、内在约束而不是外在赋权的特征。中国的良心观始终停留在伦理和道德层面,从"天地良心"的表达中推不出权利观念和权利保障体系,它不曾像西方那样把理性的内在力量转化为外在性力量,也未能转化为以保障人权为核心的强制规范。但是,良心一词出现在宣言中毕竟为由西方自然法哲学观主导的人权观念注入了中国人所熟悉(尽管不是独有的)的文化元素,为国际人权法注入了中国元素。

---

① 张彭春前后矛盾的原因,托雷·林霍尔姆是这样解释的,"鉴于张坚决反对巴西提出的'神学上'的建议,我的第六感官告诉我,冒犯性的内容是'本性'而不是'理性和良心'。稍后,张同意在第 1 条的第二个句子里保留'理性和良心',但不支持它们是划定人类尊严标准的底线,它们仅仅涉及义务方面的作用。"见〔挪威〕托雷·林霍尔姆《〈世界人权宣言〉:第一条》,载〔挪威〕格德门德尔·阿尔弗雷德松等主编《世界人权宣言:努力实现的共同标准》,中国人权研究会组织翻译,四川人民出版社,1999,第 53 页下脚注。
② 何怀宏:《良心论:传统良知的社会转化》,上海三联书店,1994,第 12 页。

（三）叠加有序的世界人权渊源和基础

从以上的讨论中可以发现，在一个世界范围内讨论人权观念，宣言的立法者首先否弃了以本性、神性和上帝为话语特征的西方话语，审慎地代之以相对温和、中性和包容性更强的文化概念，以便务实地解决世界人权的渊源和基础问题。这种策略性的结果没有出现被各方都认可和接受的一元论渊源和基础，而产生了多渊源、有层次、叠加的世界人权基础：（1）自由和平等；（2）理性和良心；（3）兄弟关系的精神（博爱）。从第 1 条的文字表达顺序看，或许其无意间的排列次序就道出了不同层次的价值排序，即自由和权利最先，平等和责任次之，最后是博爱精神。在这种排列组合中，理性、良心和兄弟精神都是被用来服务于自由和权利的价值观，正是由于自由和权利的存在，理性、良心和兄弟精神的存在才具有目的性和方向性。这一逻辑顺序也可以解读为权利和义务之间的某种抽象的平衡关系，也就是说，自由和权利的有效性和重要性应当同时体现出为他人负有责任的精神和态度，理性和良心更主要从义务的角度平衡了自由和权利，维系了权利与义务相对等的人权结构。①

由此可以看出，在宣言起草过程中，自由、权利、人格、平等等基础性概念一直没有发生变化，牢牢地占据在草案文本当中，不仅如此，宣言第 2 条还确认了自由和权利的优先性。因此，体现了自然权利理论的本性自由说和人格平等说并没有因为"本性、人性或神性"词语的消失而消除，而"人人生而"词语也为"天赋人权"的说法留下了位置。这样的结果或许不可避免，然而，真正需要提问的是：如果自由和权利不是根植于人的某种不变的

---

① 1997 年 9 月来自众多国家的前政要共同签署并向联合国提交了《世界人类义务宣言》，重申"对人类家庭所有成员的固有尊严及其平等的和不移的权利的承认，乃是世界自由、正义与和平的基础，并且意味着承担义务或责任"。

本性，什么才能是自由和权利的基础和渊源呢？起草者为了避免文化、哲学和意识形态争论而留下的真空是否让自由和权利成为无本之木的事物？换句话说，当宣言的起草者最终否定了实际上支撑自由、权利和平等等观念的本性说、自然说或上帝说等自然法基础，世界意义上的人权又要从哪里找到它的立足点并因此提供一种同人权的世界性相适应的人权理论呢？

三 家庭、人权与人的尊严

正如上面所提及的，世界人权宣言是人类社会历史上第一个通过人权话语维系世界社会秩序的国际法文件。把世界看作一个社会使世界人权宣言具有了重构人类社会共同体的高尚旨趣。宣言在序言中开宗明义地提出了这一宗旨："鉴于对人类家庭成员的固有尊严及其平等的和不移的权利的承认，乃是世界自由、正义与和平的基础。"重提家庭的概念使人类作为一个整体具有了拟制家庭共同体的效果，自由、权利、平等和尊严不再是抽象的标准，它们在"人类家庭成员"的限定下具有了现实和理想的双重价值。

（一）人类作为家庭共同体的实践需求

古往今来，家庭是人类社会中唯一持久不变地在其成员之间相互负责的稳定共同体，它通过血缘关系以及拟制的血缘关系（婚姻、收养等）为人类个体的生存和发展提供了坚实的社会环境。如果世界上还有什么可以称为不证自明的事物，家庭成员之间相互依赖和扶植的义务可以算作一个。家庭责任是有别于道德责任和法律责任的伦理责任，它只因为家庭成员身份而呈现出长久的互惠义务。那么，为什么享有家庭身份就在其成员之间具有了相互负责的义务呢？这是由人作为群居动物相互依赖和相互扶持的内在需要所决定的。人的相互依赖性产生了共同的需要和利益，并在此基础上形成了共同的文化和社会。

为了满足人在生存意义上的相互依赖性,农业社会通过家庭或扩大了的家庭组织方能存在和发展。工业社会则消除了唯有通过家庭才能实现生存需要依赖的机制,替代了家庭的部分或大部分职责,使得家庭成员对生存需要的满足不再局限于一个家庭、家族或家乡。贝克尔的新家庭经济学研究表明:"传统社会中的许多家庭功能已被现代社会中市场和其他组织所取代了,而后者则具有更高的效率。……为了提高家庭安排的效率,必须有国家的干预。"① 现代民族国家在一个远远大于家庭的范围内承担起了满足其成员相互依赖的社会条件和机制,在这个意义上,传统家庭的范围虽然不断在缩小,但拟制意义上的家庭范围却不断在扩大。随着后工业社会的逐步展开以及全球经济一体化的推进,超出民族国家范围内的人与人之间的相互依存性在全球范围内正在形成,正如民族国家突破了封建制度下的"闭家锁乡"的状况,全球经济一体化也打破了民族国家"闭关锁国"的局面。

全球社会形成是一个历史事实和历史进程,而不仅仅是一种价值判断。在预言未来的世界格局时,马克思在发表共产党宣言时就敏锐地指出:"过去那种地方的和民族的自给自足和闭关自守状态,被各民族的各方面的互相往来和各方面的互相依赖所代替了。物质的生产是如此,精神的生产也是如此。各民族的精神产品成了公共的财产。民族的片面性和局限性日益成为不可能,于是由许多种民族的和地方的文学形成了一种世界的文学。"② "各民族的精神产品"成为公共的财产指涉的乃是全球范围内的精神上的公共利益。但是,从规范的角度看,全球社会仍然是有待形成的新社会,有了全球

---

① 参见〔美〕加里·斯坦利·贝克尔《家庭伦》,王献生等译,商务印书馆,1998,第374~389页。
② 〔德〕马克思、恩格斯:《共产党宣言》,中共中央马克思恩格斯列宁斯大林著作编译局编,人民出版社,2006。

社会的事实并不等于有了全球社会的观念，后者作为一种意识和思想还需要逐渐完善和定型，只有等到全球社会观念成为一个较为独立和稳定的因素——正如民族国家观念形成的历史——才能真正确立全球作为家庭成员的基础，全球家庭成员的资格和地位也才能被世人所认同。

观念的形成取决于现实基础，但也可以越过现实而呈现出人的理性自负状态，后者总是不幸地表现为破坏人类团结的力量——战争、杀戮、种族歧视、殖民主义、帝国主义等。尽管有第一次世界大战的惨痛教训，关于人类平等与和平的观念仍然局限于以欧美为中心西方主义框架内，源于西方的资本主义向全球扩展的时候，本来可以顺理成章推出的全球社会观念却没有适时产生，依旧牢牢地禁锢于民族国家的狭小利益框架中，维系民族国家的特定文化和意识形态强化了民族国家的"小家子"格局。最为显著的一个例证是在第一次世界大战后的凡尔赛会议上，三个主要西方国家——美国、英国和法国断然拒绝了日本提出的一个建议，即在《国家联盟盟约》中增加"宗族平等"的规定。拒绝宗族平等的要求维持了当时美国国内歧视黑人的政治和社会现实、英国和法国的殖民主义、排犹主义政策，强化了人类分裂的历史，为第二次世界大战埋下了导火线。

世界人权宣言产生的动因之一是对第二次世界大战惨痛教训的回应，卡森作为宣言原始文本的起草者在为第1条所做的辩护意见中严肃指出："在过去的十年里，数以百万计的人丧失就是因为那些原则遭到粗暴践踏。人们认为已经安全埋葬掉了的野蛮再次出现并横行于世界。重要的是联合国再次重申人类的那些已经如此接近于毁灭的基本原则，应该明确回击可憎的法西斯主义……"[①] 由此可以看到，人类共同体在向世界社会转型的过程中，由于包括两次世界大战以及其他令人震惊的反人类罪行而被迫中断，乃至发生逆

[①] GAOR C3, p.99.

转。这些惨痛的历史教训促使人们真正坐下来进行理性的商谈。事实上，宣言的立法者和其他联合国成员国一边舔舐着还未愈合的人类创伤，一边认真和严肃地规划着人类社会的真正未来。

（二）宣言与斯多葛学派

从宣言的原始版本及其修改过程来看，宣言的主体精神和思想导向充满了自然法理论的浓厚气味。与此前已经存在并具深远影响的美国1776年《弗吉尼亚权利宣言》和1789年《法国人权宣言》等18世纪的人权文件相比，宣言没有超出近代西方文化哲学的视野和框架。被刻意删除的本性、自然或上帝等词语没有同时把它们所在的位置一起带走，人去楼未空，这些词语留下的痕迹还清晰可辨。在很大程度上，宣言在各处所称的"人人"可以是被放大了"美国人"或"法国人"的形象。如果按照美国人或法国人的形象去描述人，在画面上出现的或许就是典型的西方人，如同用西方人的形象刻画上帝一样。英国著名法哲学家米尔恩批评说："西方文明在科学、技术以及工业、商业方面卓尔不凡。但是，这并不能证明，将西方的某些价值和制度连同其一系列权利树立为普遍标准是正当的。西方对西方人来说，也许是最好的，但以为西方对人类大多数来说也是最好的，则没有根据。"[①] 这种批评是公允的，但是，就此否认宣言的起草者一定要在西方的标准下形成只体现西方意识形态和文化观念的宣言也同样有失公允。

宣言的立法者一开始就自觉地站在了人类的高度，以对人类全体及其未来负责的精神，在经验上套用了那个时代流行的近代法哲学观点，但重要的是它回溯到了近代自然法理论产生之前的古典哲学，特别是斯多葛学派的主要观点。在历史上，斯多葛派第一次完整地从人"类"的角度提出了人人平

[①] 〔英〕米尔恩：《人的权利与人的多样性：人权哲学》，夏勇、张志铭译，中国大百科全书出版社，1995，第4页。

等的观点,并始终把人的平等置于人类家庭的隐喻之下。斯多葛派没有明确提出人权的概念,但其基本主张包括:(1)人人皆体现宇宙精神(逻各斯);(2)人人因此皆生而自由、平等;(3)人人皆当以兄弟之爱相待,至少以诚信相待。[1] 如果把斯多葛主义与宣言第1条相比,的确有惊人的相似的一面。斯多葛派作为古希腊古典哲学的一个分支在基督教神学和近代自然法学产生之前创造性提出了本性平等的学说,这里的本性既不是神性,也不是自然性,而是源于人类家庭隐喻下的人的相互依赖和扶持的属性,因此把它称为自然而然的日常属性也不为过。斯多葛派在那个时代冲破了狭隘的社会纽带的束缚,"这种突破一方面把伦理利益的重点推向个人,另一方面推向那个最为广阔的团体(指全人类——笔者注),人类的每一个个体本身都属于这个团体"。[2] 在斯多葛派学者眼里,人不是抽象的人,它具体体现在具有家庭成员身份的具体社会关系之中,与其说斯多葛派发明了人人平等的学说,不如说承认和总结了共同生活的自然需要这一历史事实。共同生活的自然需要也是道德的生活。按照米尔恩的理解,世界上没有"超社会、超文化"的人,也没有"无社会、无文化"的人,但在特定社会和文化下的人都有为了过人的生活所必需的低限道德,它是普遍道德与特殊道德的结合,是人类在任何时代社会生活之所需。由低限道德出发进而开出低限人权观就具有了承认差异基础上的普适价值,"一个人之享有人权,就不能仅凭他作为一个一般的人资格,而是凭籍他作为某个特定社会的成员的资格,由该社会的规则和原则来规定"。[3] 这个社会乃是具有人类意义的世界社会,它不是被创造出来的,而是逐渐被发现并在它自身的逐渐圆满过

---

[1] Joseph Plescia, *The Bill of Rights and Roman Law:A comparative Study*, Austin and Winfield Publishers of Legal Commentary (1995), p.39.
[2] 〔德〕齐美尔:《社会是如何可能的:齐美尔社会学文选》,林荣远译,广西师范大学出版社,2002,第47页。
[3] 夏勇:《人权概念起源:权利的历史哲学》,中国政法大学出版社,2001,第255页。

程中首先由斯多葛学派展示出来。为此，世界社会的存在从总体上刻画了人类共同体的现实框架，它为一般意义上的人，也为具体的人提供了解释人与人平等的基础和方向。

（三）人的抽象性与人的身份

只要细心观察就可以发现，尽管在方法论上有着很大的差异，绝大多数传世的经典作品都是对人性或关于人性问题的严肃讨论和细致展开。这并不奇怪，倘若离开了刻画人的属性和特征的论题，社会科学还有什么值得推崇的价值？无论是对人性的先验性讨论，还是对人性的经验性归纳，只要可以满足或大体满足对人之生存需要的求解、阐释及其系统化，就不失为科学的理论。人的生存需要的具体内容和方式，在不同的时代和社会中往往有所不同，但超越了人之基本的生存需要的理论和哲学则是远离了人性的另类解释。宣言的起草者没有忽视人类文化的多样性，也没有一定要把抽象的人性强加于全体成员国，而是较为审慎地吸取了不同文化间的哲学观点，最大限度地避免使用带有特殊地域的文化词语或文字，以满足和体现世界范围内不同地区、民族和国家对宣言所宣示的人类原则的体认需要和实际成就。

宣言高调确认人类大家庭的事实，认可兄弟关系精神的存在，在人权意义上完成了人的抽象性和具体性的统一。在家庭成员资格的前提下，宣言看到了人之为人不仅是因为他有理性和良心——这一点使人在道德本性上具有一致性和同一性，同时它也确认了人的具体规定性，承认了人之为人的现实状况，它们由"种族、肤色、性别、语言、宗教、政治或其他见解、国籍或社会出生、财产或其他身份"等因素构成。人与人之间的区别大致上就是由这些因素造成的，规定了一个具体的人成为人的主要方面。如果没有这些因素的一种或几种，就不会有多样化的人类社会，或许也不会有人类社会。这些因素的大部分内容如种族、肤色、语言、出生，都具有某种程度的先天性，一个人在其一生中既无法自由选择也难以改变，由这样的差异所导致的区别几乎是"天生的"或"天赋的"。

这种由某一个或几个差别因素作为确定人之为人的标准的历史相对古老，但随着人的需要在内容上的扩展和形式上的多元化发展，承认通过更多的差别因素看待人和尊重人的历史也在不断向前推进，这也是文化和文明的最主要的区别，因为被称为文明的东西就是吸取和包含了更多差别因素的文化。在文明的逐渐演变过程中，特定的一个或几个差别因素不再能够满足与之相应的社会成员的需要，从氏族社会走向农业社会如此，从农业社会走向工业社会也是如此。对此，恩格斯指出："一旦社会的经济进步，把摆脱封建桎梏和通过消灭封建不平等来确立权利平等的要求提到日程上来，这种要求就必定迅速获得了更大的规模。……这种要求就很自然地获得了普遍的、超出个别国家范围的性质，而自由和平等也很自然地被宣布为人权。"[①] 从人的概念产生的那天起，关于人类家庭成员的身份也就确立起来，这意味着只有在人类的范围内，以及在他们的相互交往和不可分割的相互依赖关系中，那种已经形成或尚在萌芽之中而待开发的需要才可以基本得到满足，人权作为保障性的概念也合乎逻辑地产生了。

四　建构人类共同体

所有人类共同体都是生存需要的产物，不同的共同体为满足人的不同需要提供了社会空间和社会环境。第二次世界大战以后，人类社会通过的联合国宪章和世界人权宣言等纲领性世界文件宣布了在世界范围内保护人权的重要性，这同样是由人类社会在 21 世纪相互依赖性需求决定的。对人类共同

[①] 《马克思恩格斯选集》第 3 卷，人民出版社，1972，第 145 页。

体的建构有两种模式和方法,一是以共和理念为中心,凭借公民、世界政府等关键词建构世界共和国。二是从新熟人关系为出发点,建构世界社会。前者是政治理论,后者则是社会理论,它们都以人类社会的普遍价值为前提和导向。

(一)世界公民观念的理论追求

共和体制是以落实人民主权原则为目标的现代政权组织形式,是公共权力的重新组合和配置方式。与前现代国家的政体相比,共和制国家通过对公共权力的分配和制约确保公民的权利不受来自公权力的侵犯。在人类历史上,共和体制在理念和制度设计上第一次实现了人民当家作主的理想。在实现人民主权论的过程中,通过宪政的方式,它把人民的概念转化为公民的概念,确立了公民在法律面前人人平等的原则。

人民主权论一方面宣告了公共权力的来源和基础,另一方面又在民族国家的框架内确定了其清晰的边界,为此带来了国际交往过程中的外在局限性,这种局限性所导致的一个显而易见的后果,乃是民族国家对内实行民主而对外则肆无忌惮地实行专政,使得每一个民族国家看上去是被自然状态的汪洋大海包围的一个个孤立的文明岛屿。在这种局限性的支配下,"没有任何一个民族会把自己想象为等同于全人类……即使最富于救世主精神的民族主义者也不会像这些基督徒一样地梦想有朝一日,全人类都会成为它们民族的一员"。[①] 文明国家之间不发生战争的说法只是理论上的说辞,而且无视历史事实,倘若说这种说法成立,在第二次世界大战结束之前,世界历史中就根本不存在文明国家,更不要说它与野蛮国家的分野了。

有鉴于此,哲学家和立法者就开始着手建构以共和制为蓝本的世界公

---

① 〔美〕本尼迪克特·安德森:《想象的共同体:民主主义的起源与散布》,吴叡人译,上海人民出版社,2005,第7页。

民制度，像构建民族国家那样，它力图把每一个人都转化为不仅是一个国家的公民也同时是世界的公民，成为保障世界永久和平的制度性力量。世界公民和世界政府的关系正如公民与民族国家的关系，这种关系在逻辑上具有同一性质并具有同构属性。① 在康德的"人类普世国的公民"的基础上，雅斯贝尔斯进一步明确了世界公民的概念和内涵，提出了基于法治的世界邦联形式，指明了过去在较小范围内建立政府的过程可再现于国际邦联的形式之中。"雅斯贝尔斯的整个哲学工作……都是以一种'世界公民的观念'作为其朝向的。"② 雅斯贝尔斯虽然不赞同单一世界政府的形式，但其世界联邦政府没有超出康德的世界公民理念的框架。

精心对待世界公民并非哲学家的痴心妄想，对世界公民的追求本质上体现了哲学家在世界范围内重塑人与人和平关系（而不仅仅是国家与国家关系）的理想。这种理想是关于和为了人类的理想。阿伦特说："一种'人类'（mankind）的哲学不同于'人'的哲学，因为它坚持这样一个事实：居住在地球上的，并不是在孤独的对话中与自己交谈的'人'，而是相互谈话和沟通的'人们。'"③ 第一次世界大战后建立的国际联盟以及代之而起的联合国

---

① 早在《论永久和平》之前，康德就提出了"世界公民"的概念，在《世界公民观点之下的普遍历史观念》中，康德提出了建构世界公民及其政府的理据："大自然是通过战争、通过极度紧张而永远不松弛的备战活动、通过每个国家因此之故哪怕是在和平时期也终于必定会在其内部深刻感受到的那种匮乏而在进行着起初并不会是完美的种种尝试，然而在经过了许多次的破坏、倾覆甚至于是其内部彻底的精疲力竭之后，却终将达到即使是没有如此之多的惨痛经验、理性也会告诉给他们的那种东西，那就是：脱离野蛮人的没有法律的状态而走向各民族的联盟。这时候，每一个国家，纵令是最小的国家也不必靠自身的力量或自己的法令而只须靠这一伟大的各民族的联盟，只须靠一种联合的力量以及联合意志的合法决议，就可以指望着自己的安全和权利了。……然而，这却是人们彼此之间相处的需要所必不可免的结局，这种必定要迫使每一个国家达到野蛮人刚好是如此之不情愿而被迫达到的同一个结论，那就是：放弃他们那野性的自由而到一部合法的宪法里面去寻求平静与安全。"见〔德〕康德《世界公民观点之下的普遍历史观念》，载《历史理性批判文集》，何兆武译，商务印书馆，1990，第11~12页。
② 〔德〕汉娜·阿伦特：《黑暗时代的人们》，王凌云译，江苏教育出版社，2006，第75~76页。
③ 〔德〕汉娜·阿伦特：《黑暗时代的人们》，王凌云译，江苏教育出版社，2006，第82页。

机制都被视为走向世界公民社会的尝试。尽管松松垮垮的国际联盟至今还遭到世人的嘲笑,联合国也从未能摆脱受人指责的窘境,但通过联合国机制加强国家之间以及人与人之间积极团结的信念依旧存在。联合国当下的尴尬处境固然与潜在或明显的丛林法则有关,但现实主义的国家关系理论在观念与利益驱动方面有千丝万缕的关联。

温特指出了不同国家关系理论的社会学基础:"霍布斯文化的主体位置是'敌人',洛克文化的主体位置是'对手',康德文化的主体位置是'朋友'。……敌人的姿态是相互威胁,他们在相互使用暴力方面没有任何限制;对手的姿态是相互竞争,他们可以使用暴力实现自我利益,但是不会相互杀戮;朋友的姿态是相互结盟,他们之间不使用暴力解决争端,并协力抗击对他们的安全构成的威胁。"[①] 现实主义国家关系理论深刻体现了自然状态下的霍布斯文化——它崇尚血的逻辑,代之而起的新现实主义理论把握了洛克文化中的竞争而非暴力因素,但在总体上仍未建立起真正发挥机能的世界主义视角,除非把洛克法则过渡到关于永久和平的康德文化,即建立具有共和因素的全球治理规则,全球意识与制度之间的失衡将长久存在。

(二)拟制的熟人世界

中国学者重新解释和改造了"天下"的概念,把它作为解释全球社会的哲学基础,以期成为全球治理的中国概念。[②]《论语·颜渊》曰:"君子敬而无失,与人恭而有礼,四海之内,皆兄弟也。"兄弟是家庭概念,

---

[①] 〔英〕亚历山大·温特:《国际政治的社会理论》,秦亚青译,上海人民出版社,2008,第254页。

[②] 许倬云说:"天下一体的观念,可以为全球化现象开拓一个人类社会的共同体。"见徐倬云《我者和他者》,三联书店,2011,第15页。有关天下治理的进一步讨论,参见赵汀阳《天下体系:世界制度哲学导论》,江苏教育出版社,2005;秋风《天下》,海南出版社,2012。

但它不限于血亲关系，而是拟制的亲属关系，它同"友"的概念一样超出了血缘和特定的区域领域而具有超熟人属性。儒家文化是伦理文化的集大成者，它从家庭出发也以家庭为落脚点，为此型构了中国文化及其走向，形成和发扬了天下一体的观念。[1] 如果建构世界政府的理念和制度不想过早地沦为哲学乌托邦主义，就要注重世界社会的形成和意义。社会是不同于国家的非政治共同体。国家可以人为地设计和建构，社会却只能自然形成和缓慢进化，只有建立在特定社会基础上的政治共同体才是稳定的或超稳定的，要言之，关注和培养世界社会是构建世界政府的基础和前提。

在世界社会的形成过程中，首先需要改造现代性理论所支配的陌生人观念，不能忽视世界范围内正在形成的扩展的新熟人关系发展趋势。陌生人熟人化和把陌生人敌人化规定了两个迥然不同的人类社会发展方向。现代性理论关于陌生人定论阻碍了正在形成但具有自由秉性的"熟悉的世界"，在把现代性的价值趋向解释为不断扩展的陌生人社会时，现代性理论忽视了自由与群体扩大化成正比例关系的事实，为此，它要为熟人陌生化和陌生人敌对化这两种反熟人化路径负有责任，熟人陌生人特别是把陌生人敌对化的观念是导致人与人、国家与国家之间战争状态的根源之一。事实上，陌生人熟悉化不是理论假设而是经验的历史事实，涂尔干的研究表明："为什么个人越变得自主，他就会越来越依赖社会？为什么在个人不断膨胀的同时，他与社会的联系越加紧密？"[2] 在重构人类有机团结的过程中，重要的不是"去熟人化"，而是"再熟人化"，尽管在这个问题上还有很长的一段路要走。

---

[1] 不过，在家庭范围内，人与人之间因伦理身份而产生差异，放大这个差异形成了费孝通所言的差序格局，进而在政治生活领域形成人与人之间不平等的局面。承认和尊重人的差异性是儒家文化的主要贡献之一，但把差异变成在政治领域不平等的理据延缓了中国社会的现代化进程，这也是在提倡儒家文化时不能不谨慎对待的重要原因。

[2] 〔法〕涂尔干:《社会分工论》，渠东译，三联书店，2000，第11页。

家庭关系是熟人关系中最有代表性的现象，为人们津津乐道的信任是熟人关系的内在品质。唯有在熟人关系中才能生成并维系人际信任，即使社会信任也建筑在拟制的熟人关系基础上。彼得·什托姆普卡说："人际信任和社会信任的差别并不是那么显著和根本。事实上存在渐进的、扩展的信任的同心圆（concentric circle of trust）[或'信任的半径'（radius of trust）——用福山的话来说]，从最具体的人际信任到对社会客体的更抽象的信任。"[①] 然而，不幸的是，信任因为熟人关系的有限性而日益成为稀缺品，更因为极端的陌生人理论使熟人关系在现代社会日益丧失了正当性。因此，为了在更为广阔的人类社会领域中获得有机团结必不可少的信任，有必要扩展单一、传统且有限的熟人关系。

在解释社会是如何形成以及可能时，齐美尔指出："个体化使与最亲近的人结合的纽带变得松懈，但是对此的补偿是编织一条新的——实际的和理想的——同远处的人相结合的纽带。"[②] 个性的强有力的培养和强有力的个性评价，往往与世界主义的思想意识相伴相随，形影不离。为了能够高瞻远瞩，人们就必须超越最贴近的人，遥视远方。[③] 当我们说社会是自然形成的时候，主要是指在社会共同体中人人为了生存的需要所产生的相互依赖性机制。在历史的进程中，传统家庭的衰落与社会性组织的兴起是同步进行的，家庭的领域和功能逐渐被其他形式的社会性组织所接管和替代。在中世纪末到近代社会转变的关键时刻，扩展的家庭观念与日俱增，虽然它们是以拟制

[①] 〔波兰〕彼得·什托姆普卡：《信任：一种社会学理论》，程胜利译，中华书局，2005，第56页。在这里，无论是"信任的同心圆"还是"信任的半径"都确立了家庭成员角色的核心地位，否则被现代性信任理论所描述的社会或制度信任就会成为无源之水。

[②] 在动物界和植物界也有着相同的情况，物种起源论证明，家畜种类中的同一科、属部分的个体相互之间的差别明显大于在自然状态下的一个相应的科、属的个体之间的差异。参见〔德〕齐美尔《社会是如何可能的：齐美尔社会学文选》，林荣远译，广西师范大学出版社，2002，第44页。

[③] 参见〔英〕达尔文《物种起源》，舒德干等译，北京大学出版社，2005。

的方式隐蔽展开。阿伦特说:"将所有的人类活动带入私人领域,在家庭的样本上建立所有的人际关系,这一做法进入了中世纪中特殊的专业组织——行会,甚至进入了早期的商业公司——在那里,最初的家庭联合体……看来可以用公司(即在一起)一词来表达,也可以用诸如'吃同一块面包的人们'、'同舟共济的人'等短语来表达。"①

作为推动现代社会人类经济组织方式的公司在词源上有着与家庭一样具有"在一起"的功能,在其形成和发挥功能的过程中模仿了家庭的组织方式,推动了多种形式拟制家庭社会关系的产生。韦伯专门考察了家共同体与近代公司制度的关系,他说:"就经济与人际关系面而言,家共同体在其'纯粹性的'特性上,乃是基于严格的人际关系上的一个牢不可破的统一体,对外团结一致,对内则是日用财货之共产主义式的使用—消费共同体……这就是对近代资本主义法律形式发展颇为重要的连带责任制——商业公司的拥有者们对公司的负债负有连带责任——的历史起源。"② 在谈到各种形式的拟制为什么适合于社会的新生时代的时候,梅因满怀深情地指出:"真的,如果没有其中之一,即'收养的拟制',准许人为地产生血缘关系,就很难理解社会怎样能脱出其襁褓而开始其向文明前进的第一步。"③ 家庭关系之所以具有稳定与和谐的功能,除了基于基因和血缘的内在规定性之外,还为相互依赖的家庭成员的信任提供了天然的框架。

(三)家庭成员身份、公民与国际新秩序

公民身份是一个建构主义的产物,它不同于自由和孤立的自然状态下的

---

① 〔美〕汉娜·阿伦特:《人的条件》,竺乾威译,上海人民出版社,1999,第26~27页。
② 〔德〕韦伯:《经济行动与社会团体》,康乐等译,广西师范大学出版社,2004,第259~260页。
③ 〔英〕梅因:《古代法》,沈景一译,商务印书馆,1959,第16页。

个体，也不同于市民社会中自私自利的市民，公民身份是对一定范围内熟人关系（封建关系、特定范围的伦理关系）的否定之否定，但这并未导致家庭成员身份的衰落，在某种程度上，公民身份无非是家庭成员关系在国家领域中的扩大化，从西方的角度看，它是世俗化了的基督教身份关系。在过去的几百年间，民族国家承担了家庭和家族的大部分职能，也成为最为有效但十分隐蔽的熟人社会的转化方式。

现代公民身份是与民族国家相对应的抽象主体，它表达了个体对作为政治共同体的国家的集体认同和忠诚，确认了在国家范围内个体相互之间具有想象力的熟人关系。与范围更小的家庭、家族和封建自治领域相比，民族国家借助于拟制的熟人关系扩大了个体间的交往范围，在更为广泛的领域中形成了新熟人格局。哈贝马斯描述了这一转变在欧洲的出现过程："作为现代意识形态，民族认同一方面表现为克服地域主义局限的趋势。在19世纪的欧洲，民族在那些一直是陌生人之间建立起了一种新型的团结关系。从普遍主义角度扭转对村落和家庭、地区和王朝的赤胆忠心，是一个困难而又漫长的过程。"[1] 这种在陌生人之间建立起来的新型人际关系，按照安德森的话说，就是对原有不同范围的熟人关系的"想象的创造"，因为"所有比成员之间有着面对面接触的原始村落更大（或许连这种村落也包括在内）的一切共同体都是想象的。区别不同共同体的基础，并非他们的虚假/真实性，而是他们被想象的方式"。[2] 然而，想象的民族国家共同体的范围是有限的。现代公民身份起源于两种制度性背景，即自治城市和民族国家，这种格局表明，城市和民族国家范围之外的个体被排除在公民身份的权利之外。全球一体化格局产生之后，根植于民族国家的公民身份越发显得不合时宜，促使人

---

[1]〔德〕哈贝马斯：《包容他者》，曹卫东译，上海人民出版社，2002，第151页。
[2]〔美〕本尼迪克特·安德森：《想象的共同体：民主主义的起源与散布》，吴叡人译，上海人民出版社，2005，第6页。

们在更广的范围内并且一如既往通过想象的方式扩展人类的团结关系。特纳就此指出:"在这个日益全球化的世界,公民身份必须得到进一步发展,使之既能包容社会关系的全球化,又能容纳社会体系不断增强的社会分化。因此,公民身份的未来必须超越在民族国家的地位。"[1] 全球一体化需要公民身份突破民族国家的范围,在全球范围内承认人的身份,即平等的人的身份。

无论拟制的熟人关系还是想象的熟人关系,都阐明了人的身份的进化过程,开辟了熟人—公民—人作为主体的社会学路径,如今,这种进化过程要求从国际人权的角度获得正当性。从世界人权宣言的整个结构看,序言和第 1 条是前提和基础,第 28 条既是愿望也是条件,在基础和愿望之间是第 2~27 条的权利目录。事实上,宣言在多个条文中暗示了具有共和特征的理念和机制,例如法律面前人人平等,独立的司法救济、无罪推定、社会保障、实行法治等,这些规定都是对国内法的要求。值得注意的是宣言第 28 条规定:"人人有权要求一种社会的和国际的秩序,在这种秩序中,本宣言所载的权利和自由能获得充分的实现。"宣言的起草者充分认识到国际制度环境对保障宣言所列举的人的权利和自由的极端重要性,即建构有效和规范的"国际秩序"的意义。相互联系的各个国家和人民之间在生存意义上虽然还没有达到休戚与共的紧密程度,但缺少国际社会的合作或实施闭关锁国不仅自绝于世,也会因一意孤行而对人权采取随心所欲的态度和措施。

在全球一体化背景下,人的权利和自由在一国范围内是无法充分实现的,也会造成人权法的失衡问题。[2] 阿斯布佐恩·艾德评论说:"第 28 条谋

---

[1] 〔英〕布莱恩·特纳:《公民身份理论的当代问题》,载布莱恩·特纳主编《公民身份与社会理论》,郭忠华等译,吉林出版集团有限责任公司,2007,第 16 页。
[2] 国内法和国际法在人权问题上缺乏统一性是人权法失衡的原因之一。参见罗豪才、宋功德《人权法的失衡与平衡》,《中国社会科学》2011 年第 3 期。

求在国内和国际水平上克服享有人权的政治、经济和文化的障碍。那些必须加以改变的调整不仅包括国家内部的,而且包括整个世界的经济和技术权利关系,因为贫穷和富有、统治和排斥正是根植于这些权力关系当中。"[1] 宣言认识到通过人权改进全球治理结构的紧迫性,把获得正义的世界社会制度作为一项权利规定下来,为个人与世界制度之间的关联提供了规范力量。因此,有必要对现存的国家和国际的双重秩序以人权为标准进行结构调整。当然,在如何建构"一种社会和国际的秩序"方面,宣言并没有提供可操作性的方案。正如我们上面所指出的那样,宣言的立法者怀有强烈的家庭成员意识从事他们认为对世界、对人类未来有普遍价值的人权事业。把所有的成员国以及所有的人视为家庭成员的一分子,并在这个意义上不仅赋予他们"人"权,也给予他们家庭成员身份,后者使得在世界范围内建构全球市民社会成为可能。

五 小结

在践行世界人权宣言精神的过程中,支撑世界人权基础的两只手——一只手是以"自由、平等、权利和尊严"作为核心的个人权利观,另一只手是凸显"兄弟关系精神"的集体权利观——需要协调发挥作用,刻意强调前一只手而淡化或忽视后一只手导致了国际人权法的严重失衡,同时也会强化带有西方中心主义的男性化视角:父亲、丈夫、儿子、所有者、有产者、主人、君主等,遮蔽或阻碍了人类家庭关系的发展进程。这种人权的男性化视角在国际社会主要表现在"权威的人权观"上,如对"无赖国家"与"民主

---

[1] 〔挪威〕阿斯布佐恩·艾德:《联合国人权宣言:第二十八条》,载〔挪威〕格德门德尔·阿尔弗雷德松等主编《世界人权宣言:努力实现的共同标准》,中国人权研究会组织翻译,四川人民出版社,1999,第621页。

国家"的划分以及后者对前者的歧视性规训。[①] 倘若世界性的社会关系不能有效形成，建构全球一体化的人权体系就会缺乏根基，永远停留在哲学家的想象当中。营造全球社会关系需要通过拟制的熟人关系思维奠定全球政治关系的伦理基础，借此在全球范围内形成人与人之间的新熟人关系，这一思维模式曾让民族国家战胜封建社会促进了人类社会的进步。[②] 以家庭为支柱的权利伦理学在任何时候都是其他社会关系（道德关系、政治关系和法律关系等）的核心和基础。中国文化是人类文明的重要组成部分，透过世界人权宣言等国际人权公约，既可以促进中国优秀文化在全世界的散布，也可以为世界和平和发展提供具有普适意义的国际公共产品。

[①] 对无赖国家的讨论，参见〔法〕雅克·德里达《无赖》，汪堂家等译，上海译文出版社，2011。
[②] 《关于新熟人社会理论及其相关讨论》，参见贺海仁《无讼的世界：和解理性与新熟人社会》，北京大学出版社，2009。

图书在版编目(CIP)数据

小康社会的权利理论 / 贺海仁著. -- 北京：社会科学文献出版社，2016.9
ISBN 978-7-5097-9517-0

Ⅰ.①小… Ⅱ.①贺… Ⅲ.①公民权 - 研究 - 中国 - 现代 Ⅳ.①D921.04

中国版本图书馆CIP数据核字（2016）第176236号

小康社会的权利理论

著　　者 / 贺海仁

出 版 人 / 谢寿光
项目统筹 / 刘骁军
责任编辑 / 赵瑞红　关晶焱

出　　版 / 社会科学文献出版社・学术资源建设办公室（010）59367161
　　　　　　地址：北京市北三环中路甲29号院华龙大厦　邮编：100029
　　　　　　网址：www.ssap.com.cn

发　　行 / 市场营销中心（010）59367081　59367018
印　　装 / 三河市尚艺印装有限公司

规　　格 / 开　本：787mm×1092mm 1/16
　　　　　　印　张：19.5　字　数：255千字

版　　次 / 2016年9月第1版　2016年9月第1次印刷
书　　号 / ISBN 978-7-5097-9517-0
定　　价 / 78.00元

本书如有印装质量问题，请与读者服务中心（010-59367028）联系

版权所有　翻印必究